カオスに抗する闘い

ドゥルーズ・精神分析・現象学

Takuya Ogura
小倉拓也

人文書院

カオスに抗する闘い　目次

第Ⅱ部　器官なき身体

カバー写真提供：ＰＰＳ通信社

略号一覧

共著を含むドゥルーズの著作は、以下の略号で表し、参照箇所を「原著の頁番号／邦訳の頁番号」で示す。引用等の訳文は、邦訳を大いに参考にし、著者自身が訳出した。訳者諸氏に感謝し、その訳業に敬意を表する。

Gilles Deleuze（ジル・ドゥルーズ）

ES：*Empirisme et subjectivité. Essai sur la nature humaine selon Hume*, PUF, 1953
『経験論と主体性――ヒュームにおける人間的自然について』木田元＋財津理訳、河出書房新社、二〇〇〇年

NP：*Nietzsche et la philosophie*, PUF, 2010 [1962]
『ニーチェと哲学』江川隆男訳、河出文庫、二〇〇八年

PCK：*La philosphie critique de Kant*, PUF, 2008 [1963]
『カントの批判哲学』國分功一郎訳、ちくま学芸文庫、二〇〇八年

PS：*Proust et les signes*, PUF, 2006 [1964]
『プルーストとシーニュ――文学機械としての『失われた時を求めて』』増補版、宇波彰訳、法政大学出版局、一九八六年

B：*Le bergsonisme*, PUF, 2011 [1966]
『ベルクソニズム』檜垣立哉＋小林卓也訳、法政大学出版局、二〇一七年

PSM：*Présentation de Sacher-Masoch. Le froid et le cruel*, Minuit, 1967
『ザッヘル＝マゾッホ紹介――冷淡なものと残酷なもの』堀千晶訳、河出文庫、二〇一八年

DR：*Différence et répétition*, PUF, 1968
『差異と反復』上・下、財津理訳、河出文庫、二〇〇七年

SPE：*Spinoza et le problème de l'expression*, Minuit, 1968
『スピノザと表現の問題』工藤喜作＋小谷晴男＋小柴康子訳、法政大学出版局、一九九一年

LS：*Logique du sens*, Minuit, 1969
『意味の論理学』上・下、小泉義之訳、河出文庫、二〇〇七年

SPP：*Spinoza. Philosophie pratique*, Minuit, 1981
『スピノザ――実践の哲学』鈴木雅大訳、平凡社ライブラリー、二〇〇二年

FB：*Francis Bacon. Logique de la sensation*, Seuil, 2002 [1981]
『フランシス・ベーコン――感覚の論理学』宇野邦一訳、河出書房新社、二〇一六年

IM：*Cinéma 1. L'image-mouvement*, Minuit, 1983
『シネマ1＊運動イメージ』財津理＋齋藤範訳、法政大学出版局、二〇〇八年

IT：*Cinéma 2. L'image-temps*, Minuit, 1985
『シネマ2＊時間イメージ』宇野邦一＋石原陽一郎＋江澤健一郎＋大原理志＋岡村民夫訳、法政大学出版局、二〇〇六年

F：*Foucault*, Minuit, 1986
『フーコー』宇野邦一訳、河出文庫、二〇〇七年

P：*Le pli. Leibniz et le baroque*, Minuit, 1988
『襞――ライプニッツとバロック』宇野邦一訳、河出書房新社、一九九八年

PP : *Pourparlers 1972-1990*, Minuit, 2003 [1990]
『記号と事件――1972-1990年の対話』宮林寛訳、河出文庫、二〇〇七年

É : « L'épuisé », in Samuel Beckett, *Quad et autres pièces pour la télévision*, Minuit, 1992
『消尽したもの』宇野邦一＋高橋康也訳、白水社、一九九四年

CC : *Critique et clinique*, Minuit, 1993
『批評と臨床』守中高明＋谷昌親訳、河出文庫、二〇一〇年

ID : *L'île déserte. Textes et entretiens 1953-1974*, Minuit, 2002
『無人島 1953-1968』前田英樹監修、宇野邦一＋江川隆男＋加賀野井秀一＋財津理＋鈴木創士＋鈴木雅雄＋前田英樹＋松葉祥一＋三脇康生＋安島真一訳、河出書房新社、二〇〇三年；『無人島 1969-1974』小泉義之監修、稲村真実＋小泉義之＋笹田恭史＋杉村昌昭＋鈴木創士＋立川健二＋松葉祥一＋三脇康生訳、河出書房新社、二〇〇三年

DRF : *Deux régimes de fous. Textes et entretiens 1975-1995*, Minuit, 2003
『狂人の二つの体制 1975-1982』宇野邦一監修、宇野邦一＋江川隆男＋岡村民夫＋小沢秋広＋笹田恭史＋菅谷憲興＋杉村昌昭＋鈴木創士＋鈴木秀亘＋水嶋一憲＋宮林寛訳、河出書房新社、二〇〇四年；『狂人の二つの体制 1983-1995』宇野邦一監修、宇野邦一＋江川隆男＋小沢秋広＋笠羽映子＋財津理＋笹田恭史＋杉村昌昭＋鈴木創士＋野崎歓＋廣瀬純＋松本潤一郎＋宮林寛＋守中高明＋毬藻充訳、河出書房新社、二〇〇四年

LAT : *Lettres et autres textes*, Minuit, 2015
『ドゥルーズ――書簡とその他のテクスト』宇野邦一＋堀千晶訳、河出書房新社、二〇一六年

Gilles Deleuze et Félix Guattari（ジル・ドゥルーズ＋フェリックス・ガタリ）

AŒ：*L'Anti-Œdipe. Capitalisme et schizophrénie*, Minuit, 1972
　『アンチ・オイディプス――資本主義と分裂症』上・下、宇野邦一訳、河出文庫、二〇〇六年

K：*Kafka. Pour une littérature mineure*, Minuit, 1975
　『カフカ――マイナー文学のために』宇野邦一訳、法政大学出版局、二〇一七年

MP：*Mille plateaux. Capitalisme et schizophrénie 2*, Minuit, 1980
　『千のプラトー――資本主義と分裂症』上・中・下、宇野邦一＋小沢秋広＋田中敏彦＋豊崎光一＋守中高明訳、河出文庫、二〇一〇年

QP：*Qu'est-ce que la philophie?*, Minuit, 1991
　『哲学とは何か』財津理訳、河出文庫、二〇一〇年

Gilles Deleuze et Claire Parnet（ジル・ドゥルーズ＋クレール・パルネ）

D：*Dialogue*, Flammarion, 1996 [1977]
　『ディアローグ――ドゥルーズの思想』江川隆男＋増田靖彦訳、河出文庫、二〇一一年

Les cours de Gilles Deleuze（ドゥルーズ講義）

Cours: www.webdeleuze.com で閲覧できるドゥルーズの講義の記録は、略号と年月日で示す。

カオスに抗する闘い——ドゥルーズ・精神分析・現象学

失われたときを見いだすことでも、記憶の箱をこじ開けることでもなく、みずからの喘息のリズムに合わせて速度の支配者になること。それは滅亡に立ち向かうことだった。語り手は、いくつもの部分的な勝利にもかかわらず、この試みに挫折するだろう。

——『千のプラトー』

序論

自分自身から逃れ去る思考、すでに忘却によって蝕まれ、別の諸観念のなかへと落下した、漏出し、粗描すらままならず消失する諸観念——そして落下先の諸観念もまた、私たちの支配を逃れていく——、これら以上に苦しく、不安にさせるものはない。(QP 189/337)

フランスの哲学者ジル・ドゥルーズ(一九二五-一九九五年)は、今日、本邦の哲学的言説において馴染みのものになりつつある。その哲学は、主に「同一性」の批判と「差異」の肯定によって特徴づけられる。不変の本質や同一性を中心に据え、それらにもとづいて世界を捉えようとする哲学、つまり表象=再現前化の哲学が、差異を同一性に対して二次的で、それゆえに否定的なものとして規定するのに対して、ドゥルーズは、そのような同一性を経由することのない、つまり表象=再現前化されることのない、それ自体における差異を、真に実在的なものとして捉えようとした。それは、同一性がひとつの結果=効果でしかない世界、絶えず生成し、変化し続ける世界を、それがともなう非情さや残酷さもろとも、肯定する哲学であった。

しかし、そのドゥルーズが、みずから「老い」の書物と位置づける晩年の著作『哲学とは何か』の結論部分において、「これら以上に苦しく、不安にさせるものはない」という思考や観念の解体を、「カオス」と呼び、「私たちはただ、カオスから自分たちを保護するために、少しばかりの秩序を要求する」（QP 189/337）と書きつける。人生の終局にさしかかり、不可逆の老いに直面したドゥルーズの、諦念のようにも、あるいは祈りのようにも見えるこの秩序の要求は、生成変化し続ける世界を肯定した、私たちのよく知るドゥルーズと、一見すると驚くべき対照をなしている。とりわけ、若きドゥルーズの達成であり、ドゥルーズ研究において最も多くの注解がなされてきた主著『差異と反復』において、表象＝再現前化の秩序のはるか下、あるいはそのただなかで作動している、差異がうごめき、共鳴し合う、生や経験の創造性の母胎が、繰り返し「カオス」という語で形容され、称揚されていることを鑑みるなら、この対照はより際立ったものとなる。

このことは私たちに、次のような問いを立てさせずにはいない。ドゥルーズは、そのキャリアの過程で、自身がカオスと呼ぶものをめぐって、何らかの態度変更とでも呼びうるものを行ったのだろうか。彼は、若き日に肯定した生や経験の創造性を、老年において放棄し、むしろ私たち――とりわけ他ならぬ彼自身――を保護する秩序を希求するようになったのだろうか。これは哲学研究上の問いであると同時に、人生をめぐる問いでもある。それゆえ、単純な肯定でも、単純な否定でも、答えにならないだろう。私たちは、この問いを入り口にして、この哲学者の人生に思いを馳せながら、しかしあくまで哲学研究として、本書をはじめることにしたい。

1　二つのカオス

ドゥルーズは、自身がカオスと呼ぶものをめぐって、何らかの態度変更を行ったのか――この問いには、さしあたり次のような二段階の応答が可能である。

第一に、ドゥルーズは明らかに、自身がカオスと呼ぶものをめぐって態度変更を行っている。あるいは、より正確に言えば、ドゥルーズにおいてカオスの「深刻さ」が変わっており、この語によって指し示される事態が、『差異と反復』と『哲学とは何か』とでは異なっているのである。ドゥルーズ哲学には、密接に関係しながらも区別されるべき二つのカオス概念が存在しているということである。しかしこれらは、ドゥルーズ研究において、しばしば単純に同一視されるか、その身分の異同や関係が問われないできた[1]。このようなドゥルーズ哲学におけるカ

（1）例えば、グレゴリー・フラックスマンは、『哲学とは何か』のカオスをめぐる議論を、『差異と反復』および『意味の論理学』での表象＝再現前化の批判に結びつけながら、両者を短絡させるような記述を行っている。Gregory Flaxman, "The Subject of Chaos," in *The Force of the Virtual: Deleuze, Science and Philosophy*, Peter Gaffney (ed.), University of Minnesota Press, 2010, p. 208.

オス概念の身分の異同と関係は、テクストを丁寧に読解することによって明らかにすることができるものであり、明らかにすべきものである。本格的な議論は各章に譲るが、ここでは簡単に次のように整理しておこう。

一方で、ドゥルーズが『差異と反復』でカオスと呼ぶものは、表象＝再現前化の秩序の下、あるいはそのただなかで作動している、下‐表象的なものとしての「システム」のことである。このシステムは、複数の異質なセリーと、それらの共存と連絡からなり、その結果＝効果として現象を発生させる「構造」の謂いでもある。それは、すでに個体化された存在者たちからなる現働的な領野に対して、前個体的で、潜在的で、理念的な領野である。ここでのカオスとは、いわばシステムの名であり、システムに対して構成的なものである。表象＝再現前化の秩序の下、あるいはそのただなかで作動しているシステムの素描を主題とする『差異と反復』において、カオス概念はきわめて重要なものだと言えるだろう。

他方で、『哲学とは何か』で問題とされるカオスは、システムに対して構成的なものではなく、むしろシステムを破綻させ、不可能にしてしまうものである。ここには『差異と反復』との決定的な違いがある。例えば、アルベルト・トスカーノは、ドゥルーズの仕事全体におけるカオス概念を二つに区別し、『差異と反復』で肯定的に語られるそれを「哲学内的な」もの、『哲学とは何か』で問題とされるそれを「非‐哲学的な」ものと特徴づけている(2)。この区別は示唆的である。いわば、前者は、ドゥルーズの哲学体系のなかに有機的に位置づけられ、システムなどの重要な諸概念を説明してくれさえするものであるが、後者は、そのような設定それ自体を相対化するものである。さらに言えば、前者が、逆説的にも創造的である、云々、といったエクスキューズの入る、ある意味で都合のいい概念であるのに対して、後者は、創造的でも何でもない、エクスキューズなしの、端的な、文字どおりの破局や崩壊を指し示すものである。これらは、決して同一視されうるものではなく、厳密に区別されなければならない。

それでは、それぞれの場合において、まったく異なる、無関係な事柄が論じられているということなのだろうか。

ここから第二の応答へと移ることができる。たったいま確認したように、『哲学とは何か』で問題とされるカオスは、『差異と反復』のそれとは位相を異にしている。しかしそれは、『差異と反復』においても、カオスとは別の名によってではあるが、たしかに語られており、ドゥルーズが素描するシステムの端のような位置で、上手く位置づけられないまま、大した記述を割かれずに済まされているのである。つまり、『差異と反復』においてすでに、カオスと形容されるシステムそのものを破綻させるようなさらなるカオスが、まさに当のシステムとの微妙な関係において、萌芽的に提示されているのである。ドゥルーズは『差異と反復』の時点では、

(2) Alberto Toscano, "Chaos," in *The Deleuze Dictionary Revised Edition*, Adrian Parr (ed.), Edinburgh University Press, 2010, p. 47.

この位相をあまり重要視していないように思われるが、それが、老いが到来する晩年、『哲学とは何か』に至って、私たちがそれに対する闘いと、それからの保護を要求する「敵」（QP 191/341）として主題化されるようになるのである。

冒頭の問いに対するさしあたりの応答は、次のようにまとめることできるだろう。つまり、ドゥルーズは、自身がカオスと呼ぶものについてたしかに態度変更を行っているが、それは、若き日に肯定したものを老年において放棄したということではなく、若き日にすでに萌芽的に提示されていた問題が老年において前景化し、主題化されるようになったということである。『哲学とは何か』においても、従来の表象＝再現前化の批判が「オピニオンに抗する闘い」と呼ばれ、維持されているが、いまやそれに比肩するものとして「カオスに抗する闘い〔la lutte *contre* *le chaos*〕」（QP 191/341）が明示的に俎上に上げられ、それが哲学、科学、芸術を貫く共通の営みとして、そして不可逆の老いとともにある人生の課題として、論究されるのである。

2　主題と理由

本書は、ドゥルーズ哲学を、晩年に前景化する「カオスに抗する闘い」という観点から、体系的に読解するものである。本書は、この観点からドゥルーズの仕事を捉え返すことで、これまで注目されることのなかったドゥルーズ哲学それ自体の――こう言ってよければ――「秘密の一貫性」を明らかにし、ドゥルーズ哲学を新たな相貌のもとに現れさせることができると考えている。注意しなければならないが、これはドゥルーズ哲学を、晩年の仕事を完成形とする目的論的な図式に服させるものではない。実際、ドゥルーズが「カオスに抗する闘い」と呼ぶものは、『差異と反復』で萌芽的に提示されて以降、あるいは注視するならそれ以前の仕事からつねに、ドゥルーズのなかでときにひそかに、ときに明示的に、一貫して取り組まれているものである。それは、ドゥルーズの仕事を貫く一大問題系と言うことさえできるし、本書はそうであると主張する。

このことは、例えば、タイトルの酷似した二つの著作、『意味の論理学』と『感覚の論理学』に、比較的明瞭に見てとることができる。「意味」(sens)も「感覚」(sensation)も、ドゥルーズにとって表象＝再現前化に対する下‐表象的なものとしての価値を持つ概念であるが、同時にそれらには、「無形態的で無底の無意味」(LS 101/上152)や、もはやいかなる感覚も生み出すことのない「本当の「台無し」」(FB 102/146)に陥らないための、強力な「論理」が必要とされているのである。このことは表象＝再現前化の批判に対する補足的な注意書きなどでは決してない。この点は強調しておかなければならない。意味の論理も感覚の論理も、意味や感覚の全面的な破綻を回避する「少しばかりの秩序」――あるいは「少しばかりのコツ〔un peu d'art〕」(FB 53/74)――を、消極的に見いだすのではなく、積極的に構築することを主眼とするものであり、それらは他の著作の諸議論とともに、ドゥルーズにおける「カオスに抗する闘い」の問題系を形づくっているのである。

しかし、ドゥルーズ研究やドゥルーズをめぐる言説の多くは、現在の研究水準においてもなお、ドゥルーズ哲学の中心をやはり、『差異と反復』で提示される表象＝再現前化の批判と、下‐表象的なものとしてのシステムの素描に見いだし、その論理と内実を解明しようとするもの、そしていわばそのヴァリエーションとして、個別テーマをめぐる各論を展開するものが中心である。[3]「カオスに抗する闘い」は、端的にその存在を認知されないか、せいぜい表象＝再現前化の批判の補足的な問題として捉えられるばかりで、それ自体を主題的に取り上げ、論じる研究は、ほとんど存在しないというのが実情である。[4]このようなドゥルーズ研究における取り組みの欠如が、本書の試みを動機づける理由のひとつになっている。

しかし、それだけでなく、本書の試みを動機づけるより本質的な理由がある。それは、表象＝再現前化の批判と、「カオスに抗する闘い」とでは、ドゥルーズの概念体系において、後者の方が根本的な位置を占めているという理由である。これはきわめて重要な点である。ドゥルーズ哲学をその総体において捉えるなら、表象＝再現前化の批判によって見いだされる下‐表象的なものとしてのシステムは、そもそも「カオスに抗する闘い」によってはじめて存立可能となるものなのである。ドゥルーズが、システムの成り立ちに関する重要な諸観念――例えば、各章で見ていくように、「時間の総合」や「動的発生」や「ダイアグラム」など――を提示する際、根底にあるのはつねに後者のプロセスであり、それこそがシステムの存立にとって

「第一」(premier, primaire) なのである。(5) これなしには、表象＝再現前化の批判をとおして開示されようとする当のシステムそのものが、そもそも存立しえないのだ。

以上のように、現行のドゥルーズ研究やドゥルーズをめぐる言説における取り組みの欠如に

(3) 例えば、アンヌ・ソヴァニャルグは、国家博士号請求主論文である『ドゥルーズと芸術』(二〇〇六年)で、ドゥルーズと芸術の関係について該博な通史的研究を行っているが、その基調はやはり、現働的なものに対する潜在的なものの優位にもとづいた、表象＝再現前化の批判である。本書で論じていくことだが、ドゥルーズと芸術という主題に関して言うなら、ドゥルーズは『哲学とは何か』において、「カオスに抗する闘い」の観点から、芸術作品を「可能的なものの現存」と定義し、潜在的なものの優位から手を切る議論を構成しているのだが、ソヴァニャルグはその議論に一切触れていない。このことは彼女がもっぱら表象＝再現前化の批判の観点から演繹的にドゥルーズ哲学の種々の議論を捉えているという印象を与える。Cf. Anne Sauvagnargues, *Deleuze et l'art*, PUF, 2006.

(4) 管見のかぎり、その優れた例外が、千葉雅也『動きすぎてはいけない――ジル・ドゥルーズと生成変化の哲学』河出書房新社、二〇一三年である。本書の考えでは、千葉が取り出し主題化する「生成変化を乱したくなければ、動きすぎてはいけない」(PP 188/277) というドゥルーズの命題は、「カオスに抗する闘い」と通底するものである。しかし、「カオス」という語で何を理解するかについては、やや異なるかもしれない。

(5) 檜垣立哉は、ドゥルーズが、一九七〇年代以降、第一、第二……といった記述を可能にする垂直的な発生論の図式を放棄していることを指摘している。Cf. 檜垣立哉「ドゥルーズ哲学における〈転回〉について――個体化論の転変」、『ドゥルーズ／ガタリの現在』小泉義之＋鈴木泉＋檜垣立哉編、平凡社、二〇〇八年。しかしながら、当の「転回」以降も、表象＝再現前化の批判をとおして開示される下‐表象的なものとしてのシステムが、「カオスに抗する闘い」によってはじめて獲得されるものであり、後者が前者に論理的に先行するものであることに変わりはない。

加え、ドゥルーズの概念体系における重要性という点からも、「カオスに抗する闘い」が主題的に論究されなければならないのである。

3 前提的注解

ここまで、本書の入り口となる問いと、それに対する可能な応答、そして本書の主題と理由について明らかにした。次に、本論に入っていく前に、以上で示唆してきた二つのカオスについて、それらがどのように区別されるのか、そしてどのように関係しているのか、いくつかの必要な前提的注解を行っておこう。

3-1 『哲学とは何か』のカオス

ドゥルーズは、『哲学とは何か』のカオス概念を、イリア・プリゴジンとイザベル・スタンジェールが「時間の誕生」をめぐる議論で引き合いに出す、結晶化の不発をめぐる例から着想を得て定式化している。プリゴジンとスタンジェールが言及するのは、過融解水溶液（あるいは過飽和水溶液）が、結晶の核を形成しておきながら、結晶化せずに核を流産させる事態である(6)。これを独自に援用して、ドゥルーズはカオス概念を次のように定義している。

> カオスは、無秩序によってではなく、むしろ、そこに輪郭を現そうとする形態がすべてそれによって消散するところの無限速度によって定義される。カオスとは空虚であり、この空虚は、無ではなくある潜在的なもの〔un *virtuel*〕である。そこには、すべての可能な諸粒子、すべての可能な諸形態が含まれているのだが、これら諸粒子および諸形態は、共立性も準拠もなく、結果を生み出すことなしに出現してはただ即座に消失する。それは誕生と消滅の無限速度である。（QP 111-112/200）

カオスとは、経験を構成しうる諸要素が、現れると同時に消えるだけで、いかなるまとまりも帰結することのない「無限速度」である。無限速度とは奇異な表現であるが、ここではさしあたり、まばたきするたびに記憶喪失するような事態を思い浮かべればいいだろう。そこでは諸要素が、先行する要素を保持しながら展開したり、形をなしたりすることができない。「出

（6）「そのような水溶液においては、小さな結晶の核が形成されるが、それら核はいかなる結果ももたらさずに、現れそして溶解する」（Ilya Prigogine et Isabelle Stangers, *Entre le temps et l'éterinié*, Flammarion, 2009, p. 218）。なお、プリゴジンとスタンジェールは「量子論的空虚」（*Ibid.*, p. 217）をめぐる議論の文脈において水溶液の例を出しているが、少なくともそこではカオスという語を用いていない。本書は、プリゴジンとスタンジェールの議論はあくまで着想を与えるものであり、カオス概念はドゥルーズのオリジナルであり、ドゥルーズの議論に沿って理解すべきであると考える。それゆえドゥルーズのこの概念の用法が、ハードサイエンスにおけるそれに照らして正確か否かについては問わない。

現してはただ即座に消失する」がゆえに、諸要素が1、2、3……と展開することができず、絶えず1、1、1……であり続けるような事態である。諸要素はまさに「共立性」（consistence）を欠いている。諸要素がその都度消え去り、リセットされ、それゆえ連続することがない、非時間的とも言いうるこの空虚をもって、ドゥルーズはカオスを「誕生と消滅の無限速度」、あるいは「消失と現出が合致する無限の変化可能性」（QP 189/337）と定義するのである。それは「未分化な深淵、あるいは非類似の大洋」（QP 195/348）とさえ言われる。

このようにカオスは、そこにあらゆる可能な諸粒子、あらゆる可能な諸形態を含んでいるが、それだけでは何も生み出すことがなく、生まれつつあるものをただ流産させ続ける。『哲学とは何か』でドゥルーズは、哲学、科学、芸術を、カオスに介入し、諸要素を共立させたり、準拠づけたり、合成したりすることで、カオスを援用可能な力にする営みと考える。それは、それ自体としては生きることのできないカオスを、カオスに由来するがもはやカオスそれ自体ではないシステムへと変成させることである。このシステムへと変成したカオスを、ドゥルーズは「カオイド」と呼ぶ。このように、哲学、科学、芸術はともに「カオスに抗する闘い」を構成し、この闘いによって援用可能となったカオスの力、つまりカオイドによって、表象＝再現前化との闘い、つまりオピニオンに抗する闘いが可能となるのである。

しかし、これらの闘いは、哲学、科学、芸術のいずれによるものも、敗北をよぎなくされている。本書冒頭の引用にもあるように、思考は自分自身から逃れ去り、観念は漏出し、感覚は要素を取り逃し、何ひとつとどまることなくほどけていく。カオスから出来したものたちの、カオスへの不可逆的な崩壊。これが『哲学とは何か』における「老い」の問題である。

どろどろに溶けた諸感覚が、ますます縮約しがたくなっていく要素や振動を取り逃す。このような事態を構成するのは、客観的な断絶や解体、またそれだけでなく、ある途方もない疲労でもある。老いとはまさにこのような疲労である。（QP 201/359）

ドゥルーズは、生まれつきの肺の弱さ、ヘビースモーキング、結核などにみまわれ片肺を摘出した時期の『意味の論理学』において、アメリカの作家F・スコット・フィッツジェラルドの「言うまでもなく人生全体は崩壊の過程である」という言葉を引き、その「言うまでもなく」という副詞句を強調している（LS 180/上 268）。ドゥルーズ研究やドゥルーズをめぐる言説においてしばしば引き合いに出される比較的ポピュラーな言葉であるが、私たちはいまや、老ドゥルーズとともに、この言葉を文字どおりに理解すべきである。言うまでもない崩壊、すなわち老いのなかで、私たちはカオスに抗して手にした少しばかりの秩序、システムを、どうしようもなく失い、カオスへと落下していく。

このように「カオスに抗する闘い」は、私たちが生まれて、生きて、死んでいく存在であるかぎり、敗北をよぎなくされた、勝ち目のない闘いなのである。だからこそドゥルーズは、カオスを切り抜け、崩壊を乗り越える、「「来るべき民衆」の影」（QP 206/367）――それは「影」（ombre）でしかない――を幻視することで、『哲学とは何か』を閉じることになる。

3-2 『差異と反復』のカオス

次に、『哲学とは何か』で老いとともに前景化されるカオスが、それ以前のドゥルーズの仕事のなかにどのように位置づけられるのかを確認していこう。

すでに述べたとおり、『差異と反復』でカオスと呼ばれているのは、このようなカオスではない。先に見たとおり、『哲学とは何か』のカオスは「未分化な深淵、あるいは非類似の大洋」と形容されていたが、『差異と反復』のカオスは「未分化な深淵」であることを慎重に否定されている（DR 43/上 87; 356/下 281）。繰り返すが、それは、複数の異質なセリーと、それらの共存と連絡からなり、その結果＝効果として現象を発生させるシステムの名である――「システムの総体、すなわち一切を保持するカオス」（DR 162/上 331）。このカオス的なシステムは、表象＝再現前化の秩序に対する下‐表象的なものであり、主体や対象の固定された同一性を排除するものであるが、それでいて、システムを未分化な深淵と同化させない「秘密の一貫性」（DR 82/上 168）を備えている。

この「一貫性」（cohérence）は、実のところ、『哲学とは何か』の「共立性」（consistence）（まさに「一貫性」と訳すこともできる）と、概念上ほぼ重なるものである。『差異と反復』で肯定的に語られるカオスは、このように未分化な深淵から守られており、それゆえコスモスとの内的一致によって定義される「カオスモス」とも呼ばれる。そして、決定的な点だが、『哲学とは何か』では、カオスモスは明確にカオイドの水準に位置づけられている（QP 192/343）。つまり、『差異と反復』でカオスと呼ばれているものは、実のところ、『哲学とは何か』では、「カオスに抗する闘い」によってはじめて獲得されるところのカオイドに相当するものなのである。

しかし、先に触れたように、『哲学とは何か』における意味でのカオスは、それとは異なる語彙によってではあるが、やはり『差異と反復』でも姿を現している。ドゥルーズが、第二章冒頭で、「反復における不連続性と瞬間性の規則」というものに言及する箇所である。

反復には、権利上、呈示される個々のものはそれぞれ完全に独立しているという意味が含まれている以上、いかにして反復は、反復する事例や要素に何らかの変化をもたらすというのか。反復における不連続性と瞬間性の規則は、次のように定式化される。つまり、先行するものが消えてしまわなければ、後続するものは現れない、と。〔……〕しかし、反復が出来上がるそばから壊れていく以上、いかにして「二番目」、「三番目」、また「同じである」などと言うことができるだろうか。（DR 96/上197）

これは有名な「時間の三つの総合」における、第一の総合以前の、非時間的位相である。そこでは、「瞬間の継起は、時間をつくることはなく、それどころか時間を壊してしまう。それは生まれようとしてはつねに流産する点を示すだけ」（DR 97/ 上 199）である。これはまさに『哲学とは何か』でカオスを定義する「誕生と消滅の無限速度」にほかならない。時間の三つの総合とは、この非時間的位相であるところの不連続的瞬間を、セリー化し、それらセリーを共存、連絡させ、現象発生のシステムへと総合することであるが、それは実のところ、『哲学とは何か』の意味においてカオスからカオイドを構成する「カオスに抗する闘い」に相当するものなのである。

もう一点、この同一視を正当化すると同時に、それ自体が大きなテーマともなる、ある重要な傍証をあげておきたい。それが、二つの著作における「疲労」および「老い」の位置づけである。先に見たように、ドゥルーズは『哲学とは何か』で、「どろどろに溶けた諸感覚が、ますます縮約しがたくなっていく要素や振動を取り逃す」事態、私たちがカオスへと落下する事態を「疲労」と呼び、その不可逆的様態を「老い」としている。これと同様に、『差異と反復』においても、時間の第一の総合によって不連続的瞬間が縮約されることで構成されたセリーが、再び不連続的瞬間へとほどけていくことが「疲労」と呼ばれているのである。

疲労は、心が、みずからが観照するものをもはや縮約できないような契機、つまり、観照と縮約が解体するような契機を示している。（DR 105/ 上 215）

『差異と反復』

時間の三つの総合　　現働化

不連続的瞬間（非一貫的）　⇄　カオス（一貫的）　⇄　表象＝再現前化（固定的）

疲労　　反－実現*

＊実際には『意味の論理学』に出てくる表現

『哲学とは何か』

カオスに抗する闘い　　現働化

カオス（非共立的）　⇄　カオイド（共立的）　⇄　オピニオン（固定的）

老い　　オピニオンに抗する闘い

図１　『差異と反復』と『哲学とは何か』の体系の対照

このように、誕生と消滅の無限速度としてのカオスに落下していくことと、不連続的瞬間としての非時間的位相へとほどけていくことは、いずれも「疲労」と概念化されており、そこでは明らかに同じことが問題となっているのである。そして、単に同じことが問題となっているだけではなく、『哲学とは何か』では、不可逆的な疲労としての「老い」が主題化されている。この「疲労」と「老い」の問題が、不連続的瞬間／カオスをめぐる『差異と反復』からの一貫性と、『哲学とは何か』の独自性とを、同時に示唆してくれるのである。

　以上の考察から、『差異と反復』と『哲学とは何か』におけるカオス概念の異同と関係について、図1のように図式化することができる。

4　ドゥルーズ・精神分析・現象学

以上述べてきたとおり、本書は「カオスに抗する闘い」を主題としてドゥルーズ哲学を体系的に読解するものである。しかしそれだけでなく、その主題を同時代の哲学的、思想的布置のなかに位置づけ、多角的に考察し、展開するために、いわば縦糸に対する横糸として、ある重大な問題に光を当てたい。それが、ドゥルーズ哲学と、精神分析および現象学との理論的交渉関係である。

一般に、精神分析と現象学は、ドゥルーズ哲学の「敵」として認定されている。(7) よく知られているように、『アンチ・オイディプス』においては、精神分析は、本来は家族という単位を持たずに直接的に社会を貫く無意識の生産的な欲望を、「去勢」という欠如の導入を介して、当の家族という単位に押し込め、幾重にも媒介するものとして、痛烈な批判の対象となっている。また、現象学は、意識の志向性の理論、超越論的領野への経験的な自我の形姿の混入、根源的臆見などが、とりわけそこで陰に陽に前提とされる人間的な主体性を理由に、ドゥルーズの仕事の全体において一貫して批判の対象となっている。精神分析と現象学はいずれも、ドゥルーズにおける同一性の批判と差異の肯定の観点からすれば、いくつかの留保をともなうにしても(8)、結局のところ、ある仕方で同一性を擁立し、それによって差異を媒介する、表象＝再現前化の思考形式ということになるのである。

しかしながら、現在の研究水準からすれば、ドゥルーズの哲学を単に「敵」に対する「反」(9)によって特徴づけたり、説明したりするなどということは、まったく不十分であり、不適切で

---

(7) それぞれの議論それ自体は、精神分析と現象学に対して必ずしも否定的ではないが、例えば、Leen De Bolle, "Preface: Desire and Schizophrenia," in *Deleuze and Psychoanalysis: Philosophical Essays on Deleuze's Debate with Psychoanalysis*, Leen De Bolle (ed), Leuven University Press, 2010, p. 8; Alain Beaulieu, *Gilles Deleuze et la phénoménologie*, Sils Maria, 2004, p. 257 が、それらを「敵」（enemy, ennemie）という語で形容している。

(8) 少なくとも、『差異と反復』と『意味の論理学』の時点では、ドゥルーズは無意識の科学としての精神分析を、とりわけその構造主義的な展開を念頭に、彼が意識の哲学とみなす現象学に比して、肯定的に援用している。

(9) 精神分析に関しては、ドゥルーズ自身が「反‐オイディプス」を掲げていることは周知のことだが、現象学に関しては、ピエール・モンテベロがベルクソン主義の立場から明示的に「反」を標榜している。Cf. Pierre Montebello, « Deleuze, une anti-phénoménologie? », in *Chiasmi International*, no. 13, Vrin, Mimesis and Penn State University, 2011. 同様に、Anne Sauvagnargues, *Deleuze. L'empirisme transcendantal*, Paris, PUF, 2009 も、明示的にではないがベルクソン主義の立場からドゥルーズ哲学を反‐現象学的なものとして位置づけようとしている。このような現象学に対する断固たる拒絶については、現象学者のナタリー・ドゥプラが、そこに透けて見える対独フランス思想ナショナリズムを批判し、ドゥルーズと現象学の生産的な架橋を試みている。Natalie Depraz, « L'empirisme transcendantal. De Deleuze à Husserl », in *Revue germanique internationale*, no. 13, CNRS, 2011, p. 125.

さえある。実のところ、ドゥルーズと精神分析および現象学とのあいだには、表向きの対立よりもはるかに複雑な理論的交渉関係がある。(10) 本書は、この理論的交渉関係に独自に分け入っていくが、とはいえそれは、両者の共通点や妥協点を探し出したり、そうすることで「敵」との和解を演出したりすることを目的とするものではない。本書はあくまで、本書の主題である「カオスに抗する闘い」に、とりわけ、その闘いの根本的な契機を構成すると本書が考える「器官なき身体」の導出の論理、そして「モニュメント」の合成の論理に、精神分析および現象学との対決がいかに積極的な意味を持っているのかを、そしてその対決の実相を、明らかにすることを目指す。

そのために本書は、精神分析については、ジクムント・フロイトやジャック・ラカンに加えて、前期ドゥルーズがかなりの紙幅を割いてコミットしているメラニー・クラインの精神分析の意義と限界について踏み込んだ考察を行う。そして、現象学については、後期ドゥルーズが感覚と芸術の哲学のなかで積極的に援用する、エルヴィン・シュトラウスとアンリ・マルディネの現象学に注目しながら、晩年におけるモーリス・メルロ゠ポンティとの謎めいた対決の意味を明らかにする。ドゥルーズは、これら精神分析および現象学との対決をとおして、器官なき身体およびモニュメントの概念を練り上げており、その対決の実相を明らかにすることによって、器官なき身体とモニュメントがその根本的な契機を構成する「カオスに抗する闘い」を、同時代の哲学的、思想的布置のなかで、理論的により厳密に論じることが可能となるだろう。

5　構成

最後に、本書の構成を示しておく。本書は、この序論と、九つの章からなる三つの部と、結論から構成される。

第一部「システム」では、主に一九六〇年代後半の哲学的主著である『差異と反復』と『意味の論理学』を読解し、ドゥルーズがカオスという語で形容するシステムの内実の解明を試みる。そのうち第一章では、『差異と反復』の存在論を読み解きながら、そこでカオスと呼ばれるものを、「シミュラクル」としての「差異」を内容とし、「永劫回帰」としての「反復」を形式とする、ひとつのシステムとして明らかにする。第二章では、『差異と反復』の時間の三つの総合をめぐる議論を、先にも言及した「反復における不連続性と瞬間性の規則」に焦点を当てて批判的に読み解き、カオス的とされるシステムの成り立ちと、そのシステムそれ自体の破綻可能性について論じる。第三章では、『意味の論理学』を読解し、主に言語と身体という観点から、下‐表象的なシステムに相当する「表面」の構造と、それが破綻して露呈する「深

(10) とりわけ、ラカン派精神分析との関係については、近年では踏み込んだ考察と展開がなされている。これについては、千葉雅也『動きすぎてはいけない』前掲書、一六二‐一八〇頁：松本卓也『人はみな妄想する——ジャック・ラカンと鑑別診断の思想』青土社、二〇一五年、三八二‐四〇六頁を参照。

層」の生の様態について分析する。ここにおいて「器官なき身体」が「カオスに抗する闘い」の根本的契機を構成するものとして提示される。

第二部「器官なき身体」では、第一部で提示された器官なき身体の概念の、ドゥルーズにおける一九四〇年代からの発生史を、「単為発生」および「第二の起源」という観念を中心に据えて、精神分析理論との関係に注目しながら跡づけていく。そのうち第四章では、一九四〇年代から一九六〇年代まで繰り返し問われる「無人島」と「他者」の問題について、単為発生と第二の起源の観点から考察する。第五章では、『ザッヘル゠マゾッホ紹介』を集中的に読み解き、ドゥルーズの倒錯論、とりわけマゾヒズム論の意義を、「単為発生による第二の誕生」という観点から特定する。第六章では、『意味の論理学』の動的発生論におけるクラインの受容の意義と限界とに焦点を当て、まさに単為発生による第二の誕生を遂行するものとして、器官なき身体が要請され、導出されることを明らかにする。

第三部「モニュメント」では、一九七〇年代以降、器官なき身体がそれと同一視される〈形象〉の理論を、後期ドゥルーズの感覚と芸術の哲学に定位して、現象学との理論的関係に注目しながら論じる。そのうち第六章では、『アンチ・オイディプス』で精神分析のシニフィアンの概念に取って代わるものとしてジャン゠フランソワ・リオタールから援用された〈形象〉の概念が、『感覚の論理学』において器官なき身体と同一視されるに至ること、そしてそこで問題となっているのがやはり「カオスに抗する闘い」であることを確認する。第八章では、『感覚の論理学』と問題を共有する『哲学とは何か』の感覚論および芸術論において、老ドゥルーズが故メルロ＝ポンティに向けた「肉は柔らかすぎる」、「肉こそが担われなければならない」という謎めいた言葉の意味を、ドゥルーズが参照しているシュトラウスとマルディネの感覚の現象学を検討しながら明らかにする。第九章では、『哲学とは何か』で提出される「モニュメント」の概念、そしてその「行為」としての「仮構」の概念を、カオスのただなかで自己定立し、「その短い持続と共存する永遠のなかで」（QP 157/280）、おのれだけで持ちこたえる、限りある「現在」の哲学を構成するものとして論じ、長きにわたるドゥルーズの理路が辿り着く「民衆」の問題を考察する。

本書全体をとおして、敗北をよぎなくされた、勝ち目のない闘いとしての「カオスに抗する闘い」に、ドゥルーズがいかなる絶望と望みを見たのか、そしていかなる答えを見いだしたのかが明らかにされるだろう。

第Ⅰ部　システム

第一章　差異と反復

『差異と反復』は、ドゥルーズの国家博士号請求主論文であり、まごうことなき主著である。当時すでにドゥルーズは、ヒューム、ニーチェ、カント、プルースト、ベルクソン、ザッヘル゠マゾッホ、スピノザなど、個別の哲学者や作家を主題にした重要な論文や著作を世に問うている。(1)『差異と反復』は、それらの成果を動員しつつ、ドゥルーズがみずからの哲学を体系的に提示し、「「哲学すること」を試みたはじめての書物」（DRF 281／下 157-158）である。そこで試みられているのは、私たちの世界の捉え方を支配する思考形式である表象゠再現前化の批判

（1）『スピノザと表現の問題』は、国家博士号請求副論文であり、『差異と反復』と同年の刊行であるが、フランソワ・ドスによれば、一九五〇年代の終わりにはほとんど完成していたという。François Dosse, *Gilles Deleuze et Félix Guattari. Biographie croisée*, La decouverte, 2007, p. 177.（フランソワ・ドス『ドゥルーズとガタリ——交差的評伝』杉村昌昭訳、河出書房新社、二〇〇九年、一六一頁）これらのモノグラフに関する研究としては、Micheal Hardt, *Gilles Deleuze: An Apprenticeship in Philosophy*, University of Minnesota Press,

と、そのはるか下、あるいはそのただなかで作動している、下‐表象的なものとしての潜在的で理念的なシステムの素描である。

すでに序論で、ドゥルーズがこのシステムを複数の異質なセリーの共存と連絡からなるものとして定式化し、カオスという語で形容していることを見たが、ドゥルーズはそのシステムを、「差異」と「反復」の概念を用いて、存在論的な観点から定義し、論じてもいる。それによると、差異はシステムの「内容」であり、反復はシステムの「形式」である（e.g. DR 382/下 339）。そして、以下で見ていくように、そのうち差異の概念が「シミュラクル」として、反復の概念が「永劫回帰」として練り上げられていく。つまり、シミュラクルとしての差異をその内容とし、永劫回帰としての反復をその形式とする、文字どおりの「差異と反復」が、カオスという語で形容されるシステムなのである。

本章では、『差異と反復』で提示されている差異と反復の概念について、以上で示したシステムの内容と形式という観点から基礎的な読解を行う。「基礎的な」というのは、本書の試みにとって基礎となるという意味であるが、同時にドゥルーズ哲学の基本概念、基本枠組を押さえることも含意している。それゆえ本章は、序論で提示された批判的な観点を念頭に置きながらも、一般的注解に近い作業となるだろう。

1　時代の空気

ドゥルーズは『差異と反復』の冒頭で、その主題が「時代の空気のなかにある」（DR 1／上11）と述べている。ドゥルーズがここで時代の空気と呼ぶのは、マルティン・ハイデガーの存在論、構造主義、現代小説、そして精神分析を含む諸科学、これらにおける「差異」と「反復」の主題化である。ドゥルーズは、同時代の思想的営みにおいて前景化する差異と反復の概念を、「全面化した反ヘーゲル主義」（DR 1／上12）を構成するものとみなし、みずからもそこに身を置こうとするのである。そして、このような自身の哲学的試みの方向定位のなかで明確な批判対象とされるのが、表象＝再現前化である。

同一性——それがどのような仕方で考えられるにしても——の優位が、表象＝再現前化の世

1993（マイケル・ハート『ドゥルーズの哲学』田代真＋井上摂＋浅野俊哉＋暮沢剛巳訳、法政大学出版局、一九九六年）が代表的である。ハートは、モノグラフの時期をドゥルーズにおける「哲学の徒弟時代」と形容し、とりわけベルクソン研究、ニーチェ研究、スピノザ研究を、ドゥルーズ哲学の生成にとって重要なものとみなしている。また、山森裕毅は、ハートが主題化していないヒューム研究とプルースト研究を押さえた上で、『差異と反復』に至る理路をより細やかに跡づけている。山森裕毅『ジル・ドゥルーズの哲学——超越論的経験論の生成と構造』人文書院、二〇一三年。

界を定義する。しかし、現代思想は、諸々の同一性の喪失から生まれるように、表象＝再現前化の破産から、そして同一的なものの表象＝再現前化の下で働いている、あらゆる諸力の発見から生まれるのである。（DR 1／上 12）。

表象＝再現前化を定義するのは「同一性の優位」である。それは、本質であれ、概念であれ、主体であれ、不変の同一的なものを中心に据え、それを基準として、差異を、類比や対立や類似の関係において規定するような思考形式を意味する。この思考形式、すなわち表象＝再現前化においては、差異は、同一性を第一にして、それを媒介にすることによって、二次的、否定的に規定される。それゆえ、そこでは差異が差異として思考されることはない。ドゥルーズが試みるのは、まさに、差異を差異として思考することである。「私たちは、それ自体における差異を、異なるものと異なるものの関係を、それらを〈同じもの〉に連れ戻し、否定的なものを経由させてしまう表象＝再現前化の形式から独立して、思考したい」（DR 1-2／上 12）。それでは、そのような差異としての差異、つまり「それ自体における差異」は、いかなるものとして捉えられるのだろうか。ドゥルーズは次のように述べている。

現代の世界はシミュラクルの世界である。そこでは、人間は、神より生きながらえることはなく、主体の同一性は、実体の同一性より生きながらえることはない。あらゆる同一性は、見せかけのものでしかなく、それよりも深い戯れ、すなわち差異と反復の戯れによって、ひとつの光学的な「効果」のように生産されたものでしかない。(DR 1/上 12)

ここでドゥルーズは、みずからが探求する差異の概念を、反復の概念とともに、「シミュラクル」として捉えようとしている。シミュラクルとはさしあたり、引用にあるように、同一性がそれの効果でしかないような、同一性に先立つものとしての、差異の戯れである。そして、「シミュラクルは、異なるものが異なるものに、差異それ自体によって関係するシステムである」(DR 355/下 284)と言われているように、ドゥルーズはシミュラクルがある種のシステムを構成すると考えている。このような、同一性に先立つものであり、かつシステムを構成する差異の身分を理解するには、先ほど取り上げた「時代の空気」のなかで、とりわけ構造主義が重要であると言えるだろう。このことは、ドゥルーズが「何を構造主義として認めるか」(一九六七年)において、同時代の構造主義を、まさに「時代の自由な空気」あるいは「時代の精神」(ID 238/下 60)と呼んでいることからもうかがい知れる。

現代思想としての構造主義は、一般に、フェルディナン・ド・ソシュールの言語学と、クロード・レヴィ゠ストロースの人類学に端を発するとされる。この思想は、近代的な思考に通底し、同時代の実存主義にも見られた人間中心主義、主体中心主義に異を唱え、人間゠主体を、その関与から独立して存在し、むしろそれを支配しさえする「構造」の効果へと解消しようとした。構造主義は、神のものであれ、その死後の空位を占めようとする人間のものであれ、いかなる同一性も、それだけで存在する実体的なものとしては信じず、それに先立つ、言葉の通常の意味では非実体的な差異の関係、差異の戯れこそを、逆説的にも、世界の脱中心化された本体とみなすのである。

このように構造主義にとっては、世界の本体は、差異の関係としての構造であり、同一性によって規定される具体的な存在者は、構造が生み出す効果にすぎない。ドゥルーズは、このようないまだ同一性を有さない差異の関係からなる構造に、「潜在的なもの」という存在論的な身分を与える。それに対して、そのような差異によって生み出される効果の世界、つまり同一性によって支えられた存在者たちの世界が、「現働的なもの」と呼ばれる。ドゥルーズの存在論においては、潜在的なものこそが真に実在的なものなのである。差異／同一性、下-表象的なもの／表象＝再現前化、潜在的なもの／現働的なもの、このような価値づけられた軸が、ドゥルーズ哲学の大きな枠組を構成している。

しかし、構造主義はドゥルーズにとって単なる流行思想であるだけではない。ドゥルーズは、構造主義を、自身が企図する「新たな超越論的哲学」を可能にするものとして捉えてもいるのである。「構造主義は、新たな超越論的哲学と切り離すことができないのであり、この超越論的哲学においては、領野がその領野を満たすものに優位する」（ID 244／下67）。カントの超越論的哲学が、経験の可能性の条件である超越論的なものを、それ自体が経験的であるはずの自我をモデルとした主体性（超越論的主観性）に見いだしたのに対して、ドゥルーズはそのような主体性さえそのひとつの効果であるような構造こそ、真に超越論的なものだと考えるのである。この超越論的なものは、同一性によって支えられた現働的なものの姿形、つまり人称的な主体性や、個体化された事物の状態や、概念的な一般性を有さない、「非人称的で前個体的な特異性」（LS 178/上265）からなる潜在的な領野である。ドゥルーズは、このような特異性のみからなる超越論的なものを、「超越論的領野」と呼ぶ。

ドゥルーズが表象＝再現前化の批判をとおしてあらわにしようとするのは、このような同一性に先立つシミュラクルとしての差異の世界、つまり非人称的で前個体的な特異性からなる世界である。ドゥルーズはこのような世界を、生や経験の母胎として、真に実在的なものとして思考し、それを潜在的で理念的な構造として、ひとつのシステムとして描こうとするのである。

以上が、ドゥルーズの哲学のおおまかな、きわめて基本的な姿である。以下では具体的に、ドゥルーズがシステムを定義する差異と反復を、それぞれシミュラクルと永劫回帰として明らかにしていこう。

2　差異――シミュラクル

ドゥルーズは、表象＝再現前化を批判する際、多くの哲学者たちを引き合いに出して批判を加えている。そのうち最も重要なものは、「現代哲学の使命はプラトニズムの転倒と定義された」（DR 82/ 上169）と述べられているように、プラトン批判である。しかし、注意しなければならないが、ここでの「転倒」（renversement）は、単に否定的な意味においてのみ言われているわけではない。ドゥルーズは、一方で、プラトンのイデア論を西洋哲学における表象＝再現前化の根本的契機とみなしながらも、他方で、プラトニズムのなかに表象＝再現前化を超えていく契機を見いだしてもいる。ドゥルーズは、プラトニズムを単に拒絶するのではなく、むしろ、それを文字どおり「転倒」させることをとおして、みずからの哲学を形づくろうとするのである。(2) ドゥルーズが探求する差異の概念としてのシミュラクルが見いだされ、定式化されるのも、このプラトニズムの転倒においてである。

2-1　プラトニズムの批判

周知のとおり、プラトンは、感覚的世界における多様な存在者に対して、永遠不変の実体としての〈イデア〉を世界外に擁立した。世界内で様々に描かれる個々の三角形が、理念的な三角形を不完全なかたちで実現したものにすぎないように、プラトンにおいて世界内の存在者は、〈イデア〉をモデルとするコピーにすぎない。このとき「モデルは、〔モデルは、高次の本来的同一性を享受すると考えられており〔……〕、それに対してコピーは、〔モデルとの〕派生的な内的類似にしたがって判断される」（DR 165-166/ 上339）。多様な存在者は、〈イデア〉にどれだけ近く、似ているか、すなわち〈イデア〉が第一次的に所有する純粋な質をどれだけ分有するかによって、序列化されるのである。多様な存在者を同一的なイデアとの類似関係において判断するプラトニズムは、まさに表象＝再現前化を体現するものだと言えるだろう。

このように、プラトニズムは、モデルとコピー——あるいは本体と影像——を区別し、前者にしたがい後者を判断し、世界に序列を導入する。しかし、ドゥルーズによると、これはプラトニズムの表層的な部分でしかなく、プラトニズムの真の動機は別にあるという。その動機とは、モデルとコピーの区別を打ち立てることをとおして、それよりも深い、ある別の区別を打ち立てることである。それが、「モデル－コピー」の区別における後者、すなわちコピーを、さらに「コピー－シミュラクル」へと区別することである。少し長くなるがまとめて引いておこう。

プラトニズムの真の区別は、モデルとコピーのあいだにではなく、二種類の影像（*idoles*）のあいだにある。コピー（*icônes*）はその第一の種類にすぎず、第二の種類はシミュラクル

（2）例えば、ジェイムズ・ウィリアムズは、『差異と反復』の英訳が renversement を、破壊的な意味合いが強い to overturn と訳していることに注意を促し、より適切な訳語として to reverse を提案している。James Williams, *Gilles Deleuze's Difference and Repetition: A Critical Introduction and Guide*, Edinburgh University Press, 2003, p. 79.

(*phantasmes*)によって構成される。モデル - コピーの区別は、コピー - シミュラクルの区別を打ち立て、適用するためだけに存在する。なぜなら、コピーは、モデルの同一性の名のもとに、そしてそのイデア的なモデルとの内的類似のおかげで、正当化され、救済され、選別されるからである。モデルという観念は、影像たちの世界と全面的に対立するためにではなく、良い影像たち、内的に類似する影像たち、つまりイコンを選別し、悪い影像たち、つまりシミュラクルを排除するために介入する。(DR 166/上 339-340)

ドゥルーズによれば、プラトニズムにおけるモデルとコピーの区別は、その結果として、コピーを、モデルと内的に類似するものと、内的に類似しないものとに区別するために導入されるという。すなわち、〈イデア〉が体現する本来的同一性にもとづいた判断は、その質を二次的に分有する「良い影像」たちを序列化するのだが、このことは同時に、その分有の程度がゼロであるまがいものたち、つまりいかなる質も分有しない「悪い影像」たちをあぶりだし、序列化された秩序から排除するのである。このような、モデルと内的類似を有さないコピー、〈イデア〉が第一次的に所有する質を分有しない悪い影像たちが、「シミュラクル」と呼ばれるのである。シミュラクルを悪しきものとして――それも「道徳的に」――世界から放逐すること、これがプラトニズムの真の目的なのである。

だからこそ私たちには、最も重要な哲学的決定がプラトンによって下されたように思われるのである。すなわち、差異を、第一次的なものとして仮定された〈同じもの〉と〈似ているもの〉の諸力へと従属させる決定。差異はそれ自体においては思考されえないものだと宣言し、差異とシミュラクルを無底の大洋に送り返す決定。(DR 166／上 340)

差異を同一性に従属させ、つき合いやすいものに仕立て上げ、その尺度から外れるそれ自体としての差異については、思考しえないものとして、悪しきものとして、放逐する。この「最も重要な哲学的決定」をプラトンが下したことをもって、ドゥルーズは、西洋哲学における表象＝再現前化の根本的契機をプラトニズムに見いだすのである。

2-2 プラトニズムの転倒

しかし、すでに言及したとおり、プラトンに対するドゥルーズの評価はこのかぎりではない。プラトニズムは、表象＝再現前化としては完成されたものではなく、みずからに抗うような契機を内蔵しているのである。むしろ、ドゥルーズが表象＝再現前化を完成させたとみなすのは、ひとつの類を対立する諸々の種へと分割し、最高位の類から最低位の種までを覆う分割の体系をつくり出したアリストテレスの哲学である。

アリストテレスは、あるものが何であるかを決定するとき、それをひとつの類のうちの適切な種へと割り当てる。例えば、人間が何であるかを決定するとき、それを「動物」という類のうちの「理性的な」という種へと割り当てる。この割り当て、つまり種的差異への分割は、あるものが何であるかについて、否定的、対立的な規定を構成する。このような類‐種関係は、最高位の類から最低位の種までを論理的一貫性において覆いつくす、巨大な分割と分類の階層秩序を形づくるだろう。そこでは、差異は、あらゆる水準において、類の同一性を前提とした、否定的、対立的な種的差異というかたちで考えられるのである。「差異が対立にまで進み、矛盾にまで追いやられるのは、類概念における同一性の形式との関係においてのみである。種的差異は〔……〕そこにおいて差異が概念一般と和解するだけの、ある特殊な契機を指し示している」(DR 47-48/上 97)。このように、アリストテレスにおいても、差異は、不動の同一性を中心に据え、それとの関係において規定されているという意味で、表象＝再現前化の思考形式に従属しているのである。

ここまでで、プラトンとアリストテレスを、いずれも表象＝再現前化の哲学を体現するものとして見てきた。しかし、ドゥルーズによると、プラトンとアリストテレスは、差異の概念について、本来的にはまったく異なっているという。たしかに、プラトンのイデア論も、存在者たちを分割し、そこに差異を導入するものである。しかし、その分割と差異は、アリストテレスにおけるような同一類における対立的な種的差異ではない。プラトンにおいて肝要なのは、あるものが何であるかを決定するために、それを論理的に一貫する分類の体系に首尾よく位置づけることではなく、むしろ「ひとつの混合物のなかの、純粋なものと不純なもの、良いものと悪いもの、真正なものと真正でないもの」（DR 84/上173）、これらを「選別する」ことである。どういうことだろうか。

ドゥルーズはここで、プラトンの『ポリティコス』と『パイドロス』の例をあげる。『ポリティコス』では、政治家が「人間を飼育する」術を持つ者と定義されるが、それに対して商人、耕作人、パン屋、体育教師、医者などが、「真の飼育者は私である」と主張する。同じく『パイドロス』でも、立派な狂気と真に恋する者をめぐって、恋人、詩人、聖職者、占い師、哲学者などが「我こそが」と競合する。この競合する要求者たちを選別し、真に人間を飼育できる者や、真に恋する者を選りすぐることが問題となるのだが、ドゥルーズによれば、そこで要求者たちは、アリストテレスにおけるような論理的な「対立」（antiphasis）によって分類されるのではなく、「対抗」（amphisbetesis）によって競い合うという。

この「対抗」とはどのようなものだろうか。『哲学とは何か』に比較的詳しい記述がある。ドゥルーズはそこで、哲学地理学の観点から、古代ギリシアのポリスにおける要求者たちの対抗について、それを「自由人たちの対抗、全面化した運動競技、すなわちアゴーン」（QP 9-10/12）と規定している。そしてそれを、明示的に、宗教的あるいは神話的な超越性と対置している。対抗とは、宗教的、神話的な起源を援用する超越的な原理による媒介なしに、つまり不動の同一性によって媒介されることなしに、要求者たちが競い合うことなのである。ここに超越的な原理が介入し、それにもとづく秩序が打ち立てられるのは、「対抗の試練を前もって拒絶する憎悪」(QP 45-46/79)によってでしかない。対抗の領野それ自体はそれゆえ、超越なき、憎悪なき、内在的な領野なのである。[3] このような対抗の肯定的な特徴づけは、まさに『差異と反復』におけるプラトンの選別の議論に当てはまるものである。

> プラトン哲学全体を貫き、諸々の学問や技術の分類を支配するただひとつの問題は、つねに、対抗者たちの真価を測ること、要求者たちを選別すること〔……〕である。問題なのは、差異をつくること〔faire la différence〕であり、それゆえ、無媒介的なものの深さのなかで、無媒介的な問答法を、危険な試練を、糸も網もなしに遂行することである。(DR 85/上174)

このように、対抗における選別は、それ自体としては、無媒介的に、つまり超越的な原理や同一性による媒介なしに、「差異をつくること」なのである。対抗する要求者たちは、同一性による媒介がないがゆえに不等であり、しかし同一性による媒介がないがゆえにまた等しく、互いに競い合い、差異をつくる。そのようにしてつくり出される差異を、ドゥルーズは、「概念一般のなかで、つまり類と諸々の種のなかで媒介された差異ではない、純粋な差異、差異の純粋概念」(DR 84/上173 強調引用者)として捉えるのである。ここに、アリストテレスに対するのとは一線を画す、プラトンに対するドゥルーズの高い評価を認めることができるだろう。

しかし、この純粋な差異の可能性は、プラトンが選別の原理として「神話」を介入させることで、裏切られる。まさに――プラトンがソフィストに向けた憎悪のように――「対抗の試練を前もって拒絶する憎悪」がやってくるのだ。

『ポリティコス』は、太古において世界および人間たちを支配する神のイメージを援用する。文字どおりの意味では、この神だけが、人間たちの〈王‐飼育者〉の名に値する。しかしまさに、この神との関係においては、すべての要求者たちが等しいわけではない。政治的人間に――その人間が古代の〈神‐飼育者〉というモデルに最も近いという理由で――特権的に帰されるような、人間の共同体に対するある「世話」が存在するのである。(DR 85/上 175)

『パイドロス』でもまた、受肉以前に魂が観照した神話的な記憶内容としての〈イデア〉が引き合いに出されることで、特権的な要求者が特定される。こうして、神話的なモデルが、それとの類似によって要求者たちが序列化されるところの根拠的同一性として君臨するようになる。結局のところ、「プラトニズムは、それ自体における差異を思考する代わりに、差異をす

(3)『哲学とは何か』では、哲学地理学の観点から、このような対抗が、ギリシアをして「偶像を寄せつけない土地」(QP 46/79)として哲学誕生の地たらしめた条件として論じられており、ドゥルーズはこのような対抗の領野を「内在平面」のひとつのあり方と考えている。

でに根拠に関係づけ、同じものへ従属させ、媒介を神話というかたちで導入する」(DR 91-92/上189)のである。

無媒介的に「差異をつくること」としての超越なき対抗、純粋な差異の可能性は、かくして、選別の超越的な原理として神話的な起源的根拠が導入されることで、致命的に媒介され、表象＝再現前化され、二次的で否定的な差異に取って代わられる。そして、先に見たとおり、この表象＝再現前化の思考形式においては、無媒介的な、つまり媒介されざるものであるかぎりでの純粋な差異、それ自体における差異は、「シミュラクル」という名で、思考されえないもの、悪しきものとして、表象＝再現前化の世界から放逐されるのである。こうして、先に言及したように、プラトニズムは西洋哲学における表象＝再現前化の根本的契機を担うに至るのである。

しかし、ここでまさに、ドゥルーズはプラトニズムの単なる拒絶ではなく「転倒」を要請する。それは、神話的な「根拠」の導入によって放逐された純粋な差異、それ自体における差異、つまりシミュラクルを、「脱根拠化〔*effondement*〕」(DR 92/上191)[4]によって、再び解き放つ試みである。ドゥルーズは、プラトニズムの転倒によって開示されるシミュラクルの世界を、「脱根拠化された非定形のカオス」(DR 94/上195)と呼ぶ。まさに、下‐表象的なものはカオスという語で形容されるのである。しかし、それは「非定形」ではあるが、例えば、プラトンがデミウルゴスによって形を付与されると考えたような、外側から秩序を受け取らざるをえない形式なき無秩序のようなものではない。シミュラクルの世界としてのカオスには、「ただひとつの「法則」があり、それは、それ自身の反復にほかならない」(DR 94/上195 強調引用者)。ドゥルーズはこのように、カオスに固有の法則を「反復」と規定する。そして、その形式ならざる形式を、次に見ていくように「永劫回帰」として論究するのである。

3 反復——永劫回帰

以上で見てきたように、ドゥルーズがプラトンに見いだしたのは、一方で、超越的な原理なしに、つまり同一性による媒介なしに「差異をつくること」としての「対抗」であり、他方で、神話的な根拠である〈イデア〉の導入によって序列化された世界である。ドゥルーズは、この根拠を「脱根拠化」することによって、〈イデア〉の導入によって放逐された純粋な差異、それ自体における差異を、再び解き放とうとする。それがプラトニズムの転倒の意味である。しかし、先ほど確認したように、プラトニズムの転倒によって開示されるシミュラクルの世界は、形式なき無秩序ではなく、「反復」という法則を、つまり「永劫回帰」という形式を持っている。以下では、以上で見た対抗の議論を、ドゥルーズが存在の一義性という概念へとまとめて

(4) effondement はドゥルーズの造語である。財津理は、『差異と反復』ドイツ語版の訳注を参照して、それが effondrement (崩壊) と fondement (根拠) の合成語であることを示唆している (DR 上490)。

いることを確認し、そこから永劫回帰の概念について見ていくことにしよう。

3-1　存在の一義性

問題となっているのは、単に秩序と無秩序を対立させて、無秩序を称揚することではない。では、永劫回帰として規定されようとしている、シミュラクルの世界に固有の法則について、つまりある種の秩序について、どのように考えることができるだろうか。ドゥルーズが二つの「ヒエラルキー」のあり方について述べている箇所を引いておこう。

諸々の存在を、それらの限界にしたがって、そしてひとつの原理との近さや遠さの度合にしたがって測定するようなヒエラルキーがある。しかし、諸々の事物や存在を、力能の観点から考えるヒエラルキーもある。その場合、問題なのは、絶対的な観点から捉えられた力能の度合ではなく、ある存在が、その度合がどうであれ、おのれのなしうることの果てまで進むことによって、ときに「跳躍する」かどうか、つまりみずからの限界を超出するかどうかを知ることである。（DR 55/ 上 111-112）

ドゥルーズは、前者のヒエラルキーを「定住的配分」、後者のヒエラルキーを「ノマド的配分」という言葉で呼んでもいるが（DR 53-54/ 上 109-111）、これらは明らかに、私たちが見てきた、〈イデア〉の導入によって打ち立てられる序列と、超越なき「対抗」とにそれぞれ対応している。対抗においては、要求者たちは、超越的な原理による媒介がないがゆえに不等であり、しかし超越的な原理による媒介がないがゆえにまた等しく、競い合い、「差異をつくる」のであった。そこではまさに、要求者たちは、原理による尺度にしたがってではなく、おのれのなしうること、つまり「力能」において競い合うのである。このような等しくあるものたちの不等であること、あるいは不等なものたちの等しくあることを、ドゥルーズは「存在の一義性」という概念で論じる。

等しい存在は、諸々の事物がその等しい存在のなかで不等なものであり続けながらも、仲介も媒介もなしに、すべての事物へと無媒介的に現前する。しかし、すべての事物は、絶対的な近さのうちに存在するのであり、そこでは、ヒュブリス〔限度のなさ〕が事物を支え、大きいものも小さいものも、優れたものも劣ったものも、何ひとつとして、存在を多少なりとも分有したり、類比によって存在を受け取ったりしない。存在の一義性は、それゆえ、存在の等しさをも意味するのである。（DR 55／上 113）

アリストテレスの類‐種関係の階層秩序や、プラトンのイデア論における分有による序列化においては、存在者はその存在を、当の階層や序列において、優劣をともなって受け取る。こ

のとき存在は、存在者について異なる意味において、あるいは類比的な意味において言われる。(5)

存在の一義性という概念においてまず重要なのは、このような階層や序列なしに、存在が、あらゆる存在者について、ただひとつの同じ意味において言われるということである。存在の一義性についての印象的なくだりを、ドゥルーズのヴァンセンヌ講義（一九七四年）から引いておこう。

> 存在が一義的であるというのは、存在という語で想定される諸々の意味のあいだに差異がないということ、そして存在がすべての存在者についてただひとつの同じ意味において言われるということである。ある意味では、**ダニが神である**ということである。（Cours 19740114 強調引用者）

存在の一義性においては、いかなる階層も序列もなしに、「ダニが神である」ことになる。これは、ドゥルーズ自身がそう言うように、「狂った考え〔pensée démente〕」（Cours 19740114）である。ダニと神を短絡させ、イコールで結ぶほどまでに、「存在がすべての存在者についてただひとつの同じ意味において言われること」、つまり、存在の階層や序列の徹底的な拒絶と、それによる等しくあるものたちの不等であることの肯定、あるいは不等なものたちの等しくあることの肯定、これらのことを、ドゥルーズが存在の一義性ということで言わんとすることとして理解することができる。

3-2　永劫回帰

ドゥルーズは、プラトニズムの転倒において浮上するシミュラクルの世界、その「対抗」としてのあり方を、「存在の一義性」という概念によって論じようとしている。ドゥルーズはここで、ドゥンス・スコトゥス、スピノザ、ニーチェの三者を主要な契機として参照しながら、哲学史における存在の一義性の彫琢について独自に記述していく。そこでドゥルーズが問題とするのは、一義的な存在が、無関係的＝無差異的ではなく差異的であることをどのように定式化することができるかという点である。言い換えれば、多様なものが一様なものへと還元されることなく、多様なままそれにもかかわらず「等しい」ことをどのように定式化することができるかという点である。この観点からスコトゥス、スピノザ、ニーチェを辿ることで、存在の一義性が「永劫回帰」に結びつけられることになる。

（5）存在の一義性は、哲学史的には「存在の多義性」および「存在の類比」に対置されるものである。ここでは哲学史的な詳細に立ち入らずに簡略化しているが、これらには、アリストテレス以降、中世哲学および神学を貫いて続く膨大な議論がある。この点については次の研究を参考されたい。田中敏彦「ドゥルーズと哲学史」、『西洋哲学史の再構築に向けて』渡邊二郎監修、哲学史研究会編、昭和堂、二〇〇〇年；Daniel W. Smith, "The Doctrine of Univocity: Deleuze's Ontology of Immanence," in *Deleuze and Religion*, Mary Bryden (ed.), Routledge, 2001.

スコトゥスは、スコラ哲学および神学の文脈において、支配的であった存在の類比に抗して、存在の一義性を主張したことで知られている。ドゥルーズによれば、スコトゥスは、数的区別ではない形相的区別と様態的区別を導入することで、中性的な存在を、その本質を失わせることなく、多様な属性と様態へと区別し、直接的に関係させることができたという。このとき様態は、「存在と属性にとって可能な諸々の強度的な諸変化」と考えられ、例えば白色の互いに還元不可能な「この度合」が、個体化する諸差異、個体化の諸様相となる。存在の一義性は、これら諸差異と諸様相すべてについて、存在が同じ意味において言われることである。(6)「形相的区別と様態的区別は、一義的存在が、それ自体において、それ自体によって、差異に関係する二つのタイプである」(DR 58/上 119)。しかしドゥルーズは、スコトゥスの一義的存在が、あくまで思考の対象として案出され、それゆえに超然とした中性的なものであり、それ自体は無関係的＝無差異的なものであることを難点として、スピノザを召喚する。

スピノザにおいては、一義的存在は、諸様態に対してもはや中性的で無関係的なものではなく、表現的である。諸様態はその個体化する諸差異として実体に内在し、おのれになしうるかぎりにおいてそれを表現する力能の度合として考えられる。そして実体は、この諸様態すなわち個体化する諸差異の外では現実存在しない。表現されるものがそれを表現するものの外では現実存在しないということが、表現の論理である。こうして、一義的存在と諸差異とが互いに表現的な関係を結び、一義的存在の中性的で無関係的＝無差異的な超然たる特徴が残存させていた、階層と序列の危険を払拭するのである。しかし、ドゥルーズは、スピノザの哲学においてもまた実体と諸様態とのあいだにある種の無関係＝無差異が存続していると指摘する。すなわち、「スピノザの実体は明らかに諸様態に依存してはいないのだが、諸様態は実体に依存しており、しかも実体は〔諸様態に対して〕別のものでしかない」（DR 59／上 121）。諸様態が、それらからは独立した実体に一方的に依存するのであれば、結局のところ、多様なものが一様なものに還元されることにならないだろうか。このとき――不動の一者が多様な様相を呈するというように――〈同じもの〉について差異が言われており、それではいまだ〈同じもの〉の優位と、それにもとづく階層や序列の危険を払拭し切れないのである。

それゆえ、ドゥルーズは次のような条件、および「逆転」を要求する。

〔諸様態が実体について言われるのではなく〕実体が、それ自体、諸様態について言われ、しかも諸様態についてのみ言われるという条件が必要になるだろう。そのような条件が満たされるのは、存在が生成について言われ、同一性が異なるものについて言われ、一が多について語られる、等々、といったような、より一般的なカテゴリー上の逆転という対価を払う場合だけである。（DR 59／上 121）

（6）ドゥルーズのスコトゥス解釈の是非については、山内志郎『「誤読」の哲学――ドゥルーズ、フーコーから中世哲学へ』青土社、二〇一三年を参照。

重要なのは、一を前提としてそれが多であるということではなく、反対に、一を前提としない多が、それにもかかわらず一であるということである。そしてドゥルーズによれば、これを成し遂げたのが、ニーチェの永劫回帰なのである。永劫回帰は、あらかじめそれとしてある同一的なものが、永遠に繰り返され、還帰してくるのではなく、「すべての先行的な同一性が廃止され、解消されるような世界（力能への意志の世界）を前提にしている」（DR 59/上 122）。回帰である以上、それはある種の〈同じもの〉、同一的なものを表しているが、それは、同一性なき諸差異について言われる同じもの、すなわち、多について言われる一であり、「生成について言われる存在」にほかならない。「永劫回帰は、「同じもの」を還帰させるわけではない。そうではなく、還帰するということは、生成するものについて言われる唯一の〈同じもの〉を構成するということである」（DR 59/上 122）。多様なものに先立って同じものがあり、それが多様な様相を呈するのではなく、同じものに先立って多様なもの、つまり差異があり、それが同じものを構成するのである。そして、「差異によって生産されるそのような同一性が、「反復」として規定される」（DR 59/上 122）のである。

かくして、〈同じもの〉に媒介されないがゆえに不等であるものたちの、それにもかかわらず等しくあることの、すなわち対抗するシミュラクルの世界の形式が、存在の一義性、そしてそれを真に達成する永劫回帰によって規定されるのである。シミュラクルの世界とは、起源的根拠の同一性に媒介されない「脱根拠化された非定形のカオス」なのだが、その不等なものたちは、それにもかかわらず、不等なもの、異なるものだけを還帰させ続ける永劫回帰という形式によって、単なるバラバラの無秩序とみなされることなく、ある「一貫性」（cohérence）を有するものと考えられるのである。それは、先行する同一的なものの一貫性を排除する「秘密の一貫性」（DR 121／上 248）と呼ばれる。シミュラクルとしての差異をその内容とし、永劫回帰としての反復をその形式とする下‐表象的なシステムは、まさに一貫したカオス《カオ・コエラン》としての「カオエランス〔chao-errance〕」（DR 80／上 169）、あるいはアイルランドの作家ジェイムズ・ジョイスの表現を借りて、「カオスモス〔chaosmos〕」（DR 80／上 169）と呼ばれる。『差異と反復』において、カオスは、表象＝再現前化の秩序に対して、粗野な自然としてではなく、「アナーキー」として発見される。このことが意味しているのは、それが、一切がバラバラであるような形式なき無秩序ではなく、ひとつのシステム、つまり永劫回帰という秘密の一貫性に貫かれた、差異と反復のシステムだということである。

　以上、本章では、『差異と反復』の差異と反復の概念について、それぞれをシミュラクルと永劫回帰として、ドゥルーズがカオスという語で形容するシステムの内容と形式を構成するものとして見定め、基本的な議論を行った。次章では、『差異と反復』第二章における時間の三つの総合をめぐる議論を詳細に読み解き、このようなシミュラクルと永劫回帰からなるシステムの内実を明らかにしていこう。

第二章　流産する非時間

第一章では、『差異と反復』において、ドゥルーズが「差異」と「反復」の概念を、下‐表象的なものとしてのシステムの「内容」と「形式」を構成するものとしていること、そしてそれぞれを「シミュラクル」と「永劫回帰」として論じていることを見た。本章では、『差異と反復』第二章に焦点を当てて、そのようなシミュラクルと永劫回帰からなるシステムの成り立ちについて、より詳細な議論を行う。

『差異と反復』第二章は、現在、過去、未来をめぐる時間の三つの総合について論じるものであるが、その後半部分でドゥルーズは、「システムとは何か」というセクションを設け、そこで「システムの一般的な三つの次元」（DR 155／上 317）に言及している。その三つの次元は、記述上はあいまいに重なり合う部分もあるが、基本的には、1．バラバラな諸要素のセリー状への組織化、2．それら組織された諸セリーの共存と連絡、3．共存し連絡する諸セリーからの当の諸セリーには還元不可能な現象の発生、と考えることができる。重要なのは、これら三つの次元がそれぞれ時間の三つの総合に対応させられているという事実である（DR 155／上317）。それゆえ、時間の三つの総合の議論は、単に時間論としてだけでなく、システムと呼ばれるものがいかに構成され、作動するのかについて詳述するものとして捉えられるべきものである[1]。

以下では、時間の三つの総合の議論の読解をとおして、ドゥルーズがシステムと呼ぶものの内実に迫っていきたい。その際、本書が注目するのは、時間の第一の総合でも、第二の総合でも、第三の総合でもなく、それらに先立つ非時間的位相である。時間の三つの総合は、ドゥルーズ研究のなかでもとりわけ多くの注解がなされてきたテーマだが、この非時間的位相に特別の価値を認めるものはほとんどないと言わなければならない[2]。序論で示したとおり、この非時間的位相は『哲学とは何か』のカオスに――そして三つの総合はカオイドすなわちカオスモスの構成に――相当するものであり、この位相を中心に据えて時間の三つの総合を読解することによって、ドゥルーズの哲学を「カオスに抗する闘い」という問題系において捉えなおす基本的な視座を得ることができるだろう。

1　時間の第一の総合

序論でも述べたように、ドゥルーズは、時間の三つの総合の前提となる非時間的位相を「反復における不連続性と瞬間性の規則」という言葉で表している。ドゥルーズはここで、デイヴィッド・ヒュームの経験論的哲学を念頭に、一般性へと超出されることのない個別要素の果てしない反復を問題としている。

反復には、権利上、呈示される個々のものはそれぞれ完全に独立しているという意味が含まれている以上、いかにして反復は、反復する事例や要素に何らかの変化をもたらすというのか。反復における不連続性と瞬間性の規則は、次のように定式化される。つまり、先行するものが消えてしまわなければ、後続するものは現れない、と。〔……〕しかし、反復が出来

（1）時間の三つの総合をシステムの議論に紐づけて概説するものとしては、例えば、朝倉友海「ドゥルーズ『差異と反復』における時間論とシステム論」、『流砂』第三号、批評社、二〇一〇年がある。また、ヘンリー・ソマーズ＝ホールは、『差異と反復』の強度概念の諸特徴が時間の三つの総合に対応していることを指摘しており、間接的に時間の三つの総合をシステムの議論と関連づけている。Henry Somers-Hall, *Deleuze's Difference and Repetition*, Edinburgh University Press, 2013, p. 166ff.

（2）多くの研究が、三つの総合を弁証的な乗り越えの過程を描くものとして捉え、第三の総合を重視している。Cf. 檜垣立哉『瞬間と永遠――ジル・ドゥルーズの時間論』岩波書店、二〇一〇年；James Williams, *Gilles Deleuze's Philosophy of Time: A Critical Introduction and Guide*, Edinburgh University Press, 2011. 千葉雅也は、ドゥルーズにおけるヒューム主義を強調する立場から第一の総合を重視する議論を展開しており、その際にこの位相に光が当てられている。千葉雅也『動きすぎてはいけない――ジル・ドゥルーズと生成変化の哲学』河出書房新社、二〇一三年、一二〇－一二二頁。

上がるそばから壊れていく以上、いかにして「二番目」、「三番目」、また「同じである」などと言うことができるだろうか。(DR 96/上 197)

反復における不連続性と瞬間性の規則とは、経験を構成しうるものとして与えられる諸要素が、原則として瞬間的かつ不連続的であり、ある要素は、別の要素と共存することなく、後者が現れるときには消えてしまっており、保持されないということである。諸要素は、1、2、3……と先行する要素を保持しながら展開していくことはできず、あたかもまばたきするたびに記憶喪失するかのように、いつまでも1、1、1……であり続ける。それゆえ、このような不連続的瞬間は、「正確にはいまだ反復と呼ぶことはできない」(DR 96/上 198)のであり、そこにおいて何かが繰り返された、何かが変わった、等々と言うことはできない。「瞬間の継起は、時間をつくることはなく、それどころか時間を壊してしまう。それは生まれようとしてはつねに流産する点を示すだけ」(DR 97/上 199)である。

ドゥルーズは、このような状態が私たちの経験の出発点だと考える。経験の連続性や、それに統一を与えている主体性――不動の精神的なものであれ、運動する身体的なものであれ――を前提とする哲学は、このような状態を、本来的であるはずの連続性の二次的な抽象物とみなしたり、何らかの病的異常状態とみなしたりするだろう。しかし、ドゥルーズにとっては、そのような連続性や主体性は、それを前提として何かを説明できるものではなく、反対に、それ自体が説明されなければならないものなのである。それゆえ、このような不連続的瞬間から出発して、いかにしてそれらが結びつけられ、関係づけられ、何らかのまとまりが構成されていくのかが問われなければならない。これが時間の総合の根底にある問いである。

では、非時間的位相からの初発的な総合、つまり「時間の第一の総合」は、いかにして遂行されるのか。ドゥルーズはヒュームに倣い、「想像」(imagination)こそがそれを可能にすると考える。

> ヒュームが説明するには、互いに独立した、同じあるいは似ている諸事例は、想像のなかで融合される。想像はここで縮約の能力として、つまり感光板として定義される。想像は、後続するものが現れたときに、先行するものを保持する。想像は、諸々の事例、要素、振動、等質的瞬間を縮約し、それらを融合し、ある種の重みを持った内的な質的印象をつくり出す。(DR 96-97／上 198-199 強調引用者)

一般に想像と言えば、現前しないものをいまここにありありと思い描くことであるが、ここで重要なのは、想像が「後続するものが現れたときに、先行するものを保持する」という点である。反復における不連続性と瞬間性の規則によれば、「先行するものが消えてしまわなければ、後続するものは現れない」(DR 96／上 197)のであった。想像は、そのような即時的に消

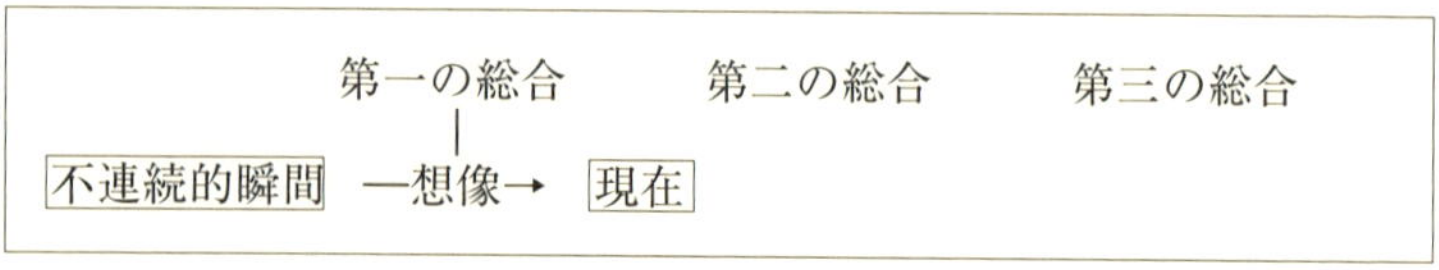

図1　時間の第一の総合

え去り交代するしかない不連続的瞬間を、消え去らせることなくとどめておくことを可能にするのである。この能力が「縮約」（contraction）と呼ばれる。こうして、1、1、1……というその都度消え去る不連続的瞬間は、想像による縮約によって、先行する瞬間を保持しながら、1、2、3……と展開しはじめることができるようになる。バラバラな諸要素が、局所的にセリー化されはじめるのである。

　このように想像は、直前の瞬間を把持し、直後の瞬間を期待することで、反復における不連続性と瞬間性の規則を乗り越え、厚みのあるまとまりを構成する。この厚みのあるまとまりが「生ける現在」と呼ばれる。ここで二つの点に注意しよう。第一に、「現在」は「瞬間」ではないということである。これらを混同してはならない。瞬間が、いわば不連続的な点であるのに対して、現在は、把持された瞬間としての過去、期待される瞬間としての未来をおのれのなかに含み持つ、ミニマムな時間的シークエンスである[3]。第二に、それゆえここでは、現在だけが存在し、その現在のなかに、現在の二つの次元として、過去と未来が属しているということである。換言すれば、生ける現在とは、過去や未来と並ぶ時間の一次元なのではなく、その構成とともに非時間的位相から時間が発生するような、そしてそのなかに過去性と未来性を胚胎したような、時間の創設的様態だということである。それゆえドゥルーズは、現在を「時間の土台〔fondation〕」（DR 108／上 221）と呼ぶのである。

このように、不連続的瞬間である非時間的位相から、想像によって厚みのある現在を構成すること、時間の土台を構成することが、時間の第一の総合である。

2　幼生の主体、崩潰した自我、疲労

ドゥルーズは、時間の第一の総合を「受動的総合」としている。それは、時間の第一の総合が、あらかじめ主体が存在して、その主体が能動的、意志的に遂行するものではないということである。(4) 時間性と同様に、主体性もまた、バラバラな諸要素の想像による縮約によってはじ

（3）ドゥルーズは「把持」（retention）という語を「フッサールの用語法」（DR 109／上 222）としており、ここではヒュームだけでなくフッサール、とりわけその内的時間意識の現象学が念頭に置かれていると考えられる。時間の第一の総合を、後続する第二の総合に従属させる立論をするなら、ここでのフッサールの取り扱いは——とりわけ第二の総合に着想を与えているベルクソンとの対比において——否定的なものとなるが、第一の総合および生ける現在に固有の重要性を認めるならそのかぎりではなくなるかもしれない。ちなみに、後の『千のプラトー』のリトルネロ論では、フッサールの内的時間意識の現象学は明示的に批判されている（MP 362／中 283）。

（4）山森裕毅は、時間の三つの総合を、『経験論と主体性』および『カントの批判哲学』以来の感性、記憶、思

めて、ミニマムなまとまりを得ることができるのである。私たちは、「諸々の縮約、把持、期待からなるひとつの総和」(DR 99/上204)にほかならないのであり、「私たちは、私たちがそこから生まれてくる当のものを縮約する＝習慣づけることによってのみ存在する」(DR 101/上208)。それゆえ私たちは、「私たちがそれであるところの原初的な習慣」(DR 101/上208)なのである。想像であり、縮約である主体。ドゥルーズは、このような主体を「幼生の主体」(DR 107/上219)と呼ぶ。私たちは、生まれ落ちたいまだ恒常性なき世界、瞬間ごとに消滅し、転変し続ける世界で、このように想像によってみずからに暫定的なまとまりを与えることで、生へと乗り出していくのである。このような想像、縮約は、感覚的水準における自己および世界の原初的な総合であり、幼生の主体はそれゆえ、「私たちがそれであるところの原初的な感受性」(DR 99/上204)とも呼ばれる。

ところで、ドゥルーズは幼生の主体に言及する同じ文のなかで、それを「崩潰した自我」(DR 107/上219)とも呼んでいる。能動的に行動する主体に先立ち、受動的に総合されるのだから、それが「幼生の」と形容されることは理解に難くない。しかし、なぜそれは「崩潰した」ものでもあるのか。ドゥルーズはこの表現によって、想像によって縮約されたものとしての主体や自我が、脆く危ういものであることを示そうとしているのだが、それは必ずしも、現代思想において広く共有されている主体や自我を乗り越えられなければならない障害とする方向性——例えば、ジャコブ・ロゴザンスキーが「自我殺し」[5]と呼ぶもの——とは一致するものではない。むしろ、そのような主体や自我の脆弱性は、時間の第一の総合がはらむ原理的な困難に起因するものなのである。

その困難は、時間の第一の総合によって構成された現在が、原理的に局所的で有限なものである点にある。つまり、想像による諸要素の縮約は、直前直後の要素のみを保持しておくことができるにすぎず、現在はそれを越えて永続することがないのである。「永続的な現在は物理的に不可能」（DR 105／上 214）であり、そうである以上、想像による縮約が構成するのは、「ある一定の持続としての現在」（DR 105／上 214）でしかなく、それは持ちこたえることなく、再び不連続的瞬間へとほどけていかざるをえない。この局所的で有限であるがゆえにどうしようもなく可滅的である現在を、ドゥルーズは「消尽する現在〔un présent qui s'épuise〕」（DR 105／上 214）[6]と呼ぶ。ちなみに、この消尽する現在は、晩年の『消尽したもの』において主題化さ

考に関わる能力論の文脈に位置づけ、第一の総合における想像が、主体による感性の経験的使用ではない、感性の超越的行使に関わるものであることを示唆している。山森裕毅『ジル・ドゥルーズの哲学——超越論的経験論の生成と構造』人文書院、二〇一三年、二一二－二一四頁。

（5）「自我を消し去るべき錯覚として告発する——現代思想において広く支配的な——傾向」。Jacob Rogozinski, *Le moi et la chair. Introduction à l'ego-analyse*, Cerf, 2011, p. 13.（ジャコブ・ロゴザンスキー『我と肉——自我分析への序論』松葉祥一＋村瀬鋼＋本間義啓訳、月曜社、二〇一七年、一三頁）

（6）ドゥルーズは正確には「消尽したり過ぎ去ったりする現在〔un présent qui s'épuise et qui passe〕」（DR 105／上 214）と書いているが、後に見るように『差異と反復』の用語法では「過ぎ去る」は「消尽する」とは

れる消尽の概念の前駆的形態である。

このように、時間の第一の総合がはらむ原理的な困難とは、縮約されたものが必ずやほどけるということ、つまり構成された現在が消尽することをまぬがれないということである。そしてドゥルーズは、このようなほどけること、消尽することを、「疲労」と呼んで概念化する。(7)

疲労は、心が、みずから観照するものをもはや縮約できないような契機、つまり、観照と縮約が解体するような契機を示している。(DR 105/上 215)

この疲労の概念が、幼生の主体が崩潰した自我でもある理由を説明してくれる。なぜなら、縮約されたものが原理的にほどけるものであるとすれば、縮約されたものである主体や自我もまた原理的にほどけるものだからである。「私たちは、諸々の観照〔縮約〕から構成されているのと同程度に、諸々の疲労からも構成されている」(DR 105/上 215)。しかしと言うべきか、やはりと言うべきか、『差異と反復』では、このことはきわめて楽観的に捉えられている。ドゥルーズは次のように述べている。「崩潰した自我は、おのれを構成する全疲労において〔……〕、それでもなお、神の栄光を、すなわちおのれが観照し、縮約し、そして所有するものの栄光を歌い上げる」(DR 108/上 220)。若きドゥルーズは、『差異と反復』では、疲労が不可逆的なものになることを考えておらず、ほどけた諸要素はいくらでも再‐縮約可能なものだと

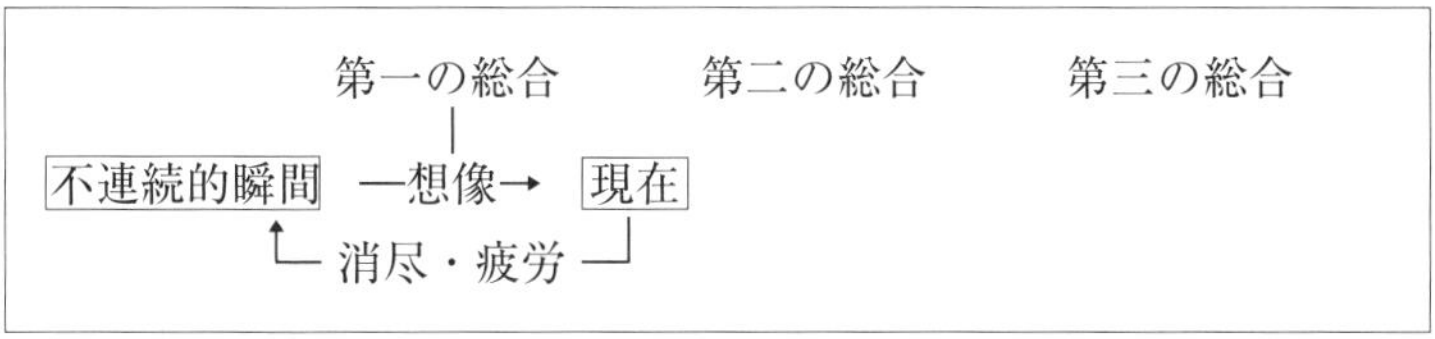

図２　消尽あるいは疲労

考えているように見受けられる。

ともかく、ここまで見てきたように、不連続的瞬間から出発して、想像による縮約によって構成されるもの、つまり時間の土台としての現在、そしてそれと外延を同じくする幼生の主体は、本性上、局所的で有限なものであり、必ずやほどけ、消尽する。そしてそれは、単に主体や自我が脆く危ういものであるということだけではなく、時間の第一の総合の原理的な困難を、言い換えれば、時間の総合がつねに破綻の危機にさらされているということを意味している。それゆえ、消尽あるいは疲労を、時間の三つの総合の図式化において、図２のように位置づけることができるだろう。

真逆の事態を表すので、混乱を招く可能性を鑑みて、ここでは意図的に等位接続詞以下を訳出していない。

(7) ドゥルーズは『消尽したもの』において、疲労と消尽をそれぞれ異なる概念として区別しているが（É 57/7）、『差異と反復』では特に区別することなく、ほとんど同じ意味で用いている。ちなみに疲労と消尽の概念は、「老い」の概念とともにひとつの問題系を構成しており、その起源を最初期論文の「女の記述」（一九四五年）に遡るものであり（LAT 254/324, 259/329, 265/336）、ドゥルーズ哲学のなかで最も長く、一貫して用いられているものである。このことの詳細ついては、小倉拓也「ドゥルーズにおける「可能的なもの」の概念再考――最初期論文群から晩年までを貫くものとして」、『フランス哲学・思想研究』第二三号、日仏哲学会、二〇一八年、近刊を参照。

3　時間の第二の総合の要請

以上で見てきたとおり、時間の第一の総合は、その原理的な困難によって、現在を越えて展開していくことができない。つまり、不連続的瞬間1、1、1……を縮約した厚みのある現在が、あたかも今度はそれ自体もまた不連続性と瞬間性の規則に服すかのように、いつまでも現在、現在、現在……であり続けるのである。前者がまばたきするたびに記憶喪失することに喩えられるとすれば、後者は——あくまで喩えであるが——振り向いたり視線を移したりするたびに記憶喪失することに喩えられるかもしれない。このことが意味しているのは、現在が、構成されては消尽するばかりで、過ぎ去らないということである。現在が消尽することと、現在が過ぎ去ることは同じではない。現在が過ぎ去るということは、その現在が「かつての古い現在」というかたちで、「現行の新たな現在」におけるひとつの記憶内容として保存されるということにほかならないが、消尽とはまさにそのような保存がかなわないことだからである。それゆえ私たちは、「消尽する」と「過ぎ去る」を、時間の総合における正反対の事態として理解することができる。[8]

このことが、時間の第二の総合が要請される理由を明らかにしてくれる。時間の総合が消尽において破綻することなく、さらに進展していくためには、不連続的瞬間を個別要素として含

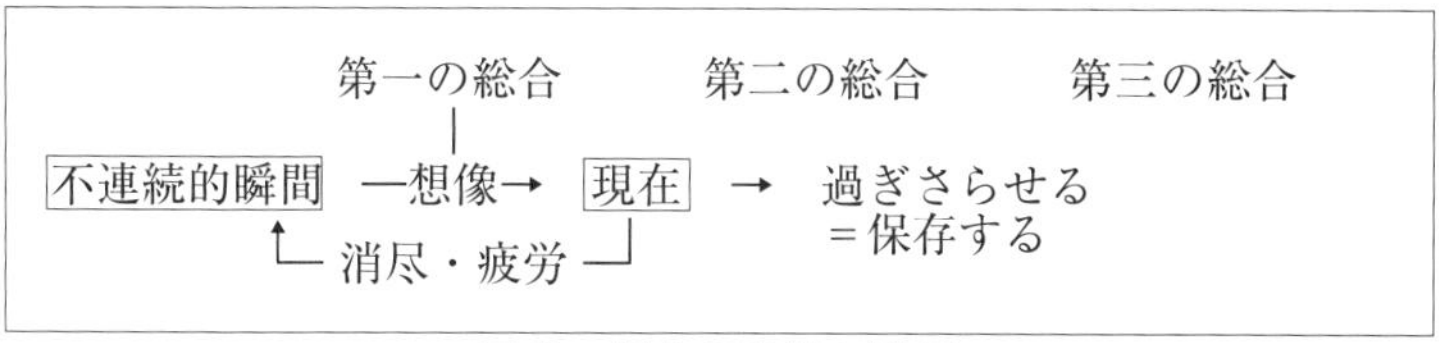

図３　総合の破綻と進展

み持つ局所的な現在それ自体を、さらに個別要素としてそのなかに含み持つような、大域的な時間の形式がなければならないのである。これは、縮約された現在がそのなかを過ぎ去り、そのなかに保存されるような、さらなる時間の形式の要請である。だからこそ、ドゥルーズは、「時間の第一の総合がそのなかで遂行されるような、ある別の時間がなければならない」（DR 108/ 上 221）と主張し、これを時間の第二の総合の問題として主題化するのである。

このように見ると、時間の総合全体が根本的には何のためのものなのかが理解できるだろう。しばしば、時間の第二の総合は、もっぱら現在が過ぎ去ることを可能にする時間の形式の総合として理解され、論じられるが、そもそもなぜ現在は過ぎ去らなければならないのか。現在が過ぎ去るということは、現在が消尽することなく、それ自体として保存されるということである。それゆえ、時間の第二の総合は、根本的には、不連続的瞬間か

（8）本章註6を参照。事実、ここ以降、時間の第二の総合の段になると、「過ぎ去る現在〔présent qui passe〕」（DR 108/ 上 220; 109/ 上 222; 111/ 上 227, etc.）という言葉だけが繰り返し使用され、現在についてそれが「消尽する」という表現は出てこなくなる。

ら想像による縮約によって出来した私たちが、再び不連続的瞬間へとほどけてしまわないために要請されているのである。時間の第一の総合、第二の総合に一貫するのは、このように不連続的瞬間に対する抗いであり、ここではまさに「カオスに抗する闘い」がそれとして主題化されることなく展開されているのである。

4　時間の第二の総合

時間の第二の総合は、「時間の第一の総合がそのなかで遂行されるような、ある別の時間」の総合である。第一の総合が時間の土台を構成することなのだから、この別の時間の総合は、土台がそこに拠って立つさらなる土台のようなものの総合ということになる。ドゥルーズはそれを、土台から区別して「根拠」（fondement）と呼び、「時間の根拠、それは〈記憶〉である」（DR 108／上 221）と規定する。注意しなければならないが、ここでの〈記憶〉は、言葉の素朴な意味で何かを能動的、意志的に思い出すことに関わるそれではない。なぜなら、そのように思い出すことができるとき、すでに現在は過ぎ去り、保存されているからである。第二の総合において見いだされなければならないのは、そもそも現在を過ぎ去らせ、保存する時間の形式である。それはどのようなものとして考えることができるだろうか。ドゥルーズは次のように述べている。

〈記憶〉は、時間の根拠的な総合であり、この総合が過去の存在（現在を過ぎ去らせるもの）を構成する。（DR 109／上 222)。

ドゥルーズはここで、「現在を過ぎ去らせるもの」を「過去の存在」（l'être du passé）と呼んでいる。これはきわめて強い言葉づかいである。「存在」ということで言わんとされているのは、過去が、私たちの意識の作用とは無関係に、独立して存在するということである。それは、能動的、意志的に思い出すことができる個別の記憶内容――かつて現在であったもの、つまり過ぎ去ったもの――ではなく、それらすべてを過ぎ去らせ、保存する、超越論的な時間の形式である。ドゥルーズはこの時間の形式を、「ア・プリオリな、一般的な、それ自体としての、純粋過去」（DR 110／上 226）と規定する。この純粋過去が、能動的、意志的に思い出すことに先立って、「超越論的な受動的総合」（DR 110／上 226）によって構成されなければならないのである。ドゥルーズはこの着想を、アンリ・ベルクソンの『物質と記憶』（一八九六年）の成果に帰している。いまや問題圏は、ヒュームからベルクソンへ、想像から記憶へ、生ける現在から純粋過去へと移行するのである。

では、現在が過ぎ去ることとは、どのようにして可能なのだろうか。想像によって不連続的瞬間を縮約した厚みのある現在は、局所的かつ有限であり、いつまでも現在、現在、現在……のままなのであった。そのような現在をいくら積み重ねても、構成されてはほどけていくばかりであり、時間が現在を越え出て、過去が構成されることはない。それではなぜ、そしてどのようにして、現在が過ぎ去り、保存されることが可能となるのか。ドゥルーズはここで、ベルクソンに着想を得て、逆説的な答えを導き出す。

ドゥルーズは、『ベルクソニズム』においてすでに次のように述べていた。

> 私たちは「現在」の観点から思考することにあまりに慣れてしまっている。私たちは、ある現在が過ぎ去るのは、別の現在がそれに取って代わるときだけだと思い込んでいる。しかしよく考えてみよう。かつての現在が、それが現在であると同時に過去になるのでなければ、いかにして新たな現在は到来するというのか。ある任意の現在は、それが現在であるのと同時に過去であったのでなければ、いかにして過ぎ去るというのか。過去は、それが現在であったのと同時に、最初から構成されていたのでなければ、決して構成されることはないだろう。ここに、いわば時間の根本的な態勢があり、また記憶の最も深いパラドックスがある。つまり、過去は、それがかつてそうであった現在と「同時的」であるというパラドックスが。
> (B 53-54/60-61)

過去はそれがかつてそうであった現在と同時的でなければ、つまり現在ははじめから過去だったのでなければ、現在が過ぎ去ることはない。ドゥルーズは『差異と反復』で、この過去と現在の同時性のパラドックスを含む、「過去の四つのパラドックス」を論究しながら、次のような答えを提出する。思い切って要約してしまおう。それは、現在が過ぎ去るためには、過去全体が、現在の構成と同時に、むしろそれに先立って、それ自体として存在しなければならず、構成される現在はすべて、はじめから、そのような過去全体の一部、一水準でなければならない、というものである。つまり、現在から出発して過去を構成するのではなく、過去を中心に据えてそのなかで現在を位置づけなければならないということである。「過去の四つのパラドックス」を書き下すなら、次のようにまとめることができる。

1. ある過去は、その過去がかつてそうであった現在と、同時的でなければならない（DR 111／上227）。奇妙に聞こえるかもしれないが、これは、現在が過ぎ去るための論理的あるいは思弁的要請と考えるのがいいだろう。超越論的なものを、経験的なものに訴えて解消してしまうことなく、それ自体として探求するには、ジェイムズ・ウィリアムズが言うように、いくつものパラドックスを「必然的に思弁的なモデルの内で」[9] ねばり強

（9）「諸々のパラドックスは、解消されるのではなく、むしろ必然的に思弁的なモデルの内で創造的に変形されなければならない」。James Williams, *Gilles Deleuze's Philosophy of Time*, *op. cit.*, p. 63.

く思考し抜く必要がある。現在は、過ぎ去ることができるためには、それが構成されると同時に、はじめから、すでに過去でなければならないのである。

2. すると、過去全体が、現在と共存していることになる（DR 111/上227）。第一のパラドックスが示しているのは、過去と現在が同時的であるということであり、そうであれば、過去と現在はひとつの同時的な連続体、ひとつの全体を形づくっていると考えることができる。むしろ、現在とは、このひとつの連続体、ひとつの全体の、一状態、とりわけその「最も収縮した」（DR 111/上227）状態として考えることができるのである。

3. 現在が過去の一状態にすぎないのであれば、過去だけがそれ自体として存在するのであり、現在はそれ自体としては存在しない。過去は、権利上、現在を必要とせず、それとは無関係に、それだけで即自的に存在する。それゆえ、過去全体は前存する、つまりあらかじめ存在する（DR 111-112/上228）。まさに「過去の存在」と呼びうるものである。この過去の存在、つまり純粋過去が、時間の土台である現在を個別内容として過ぎ去らせ、おのれのなかに保存する、すべての土台の土台としての「時間の根拠」なのである。

4. 以上の同時性、共存、前存という三つのパラドックスから、ドゥルーズはベルクソンの有名な「逆円錐」のメタファーを引き合いに出す。ここにおいて、過去は、おのれの様々な水準の差異とともに、おのれ自身と共存する（DR 112/上 230）ことが示される。

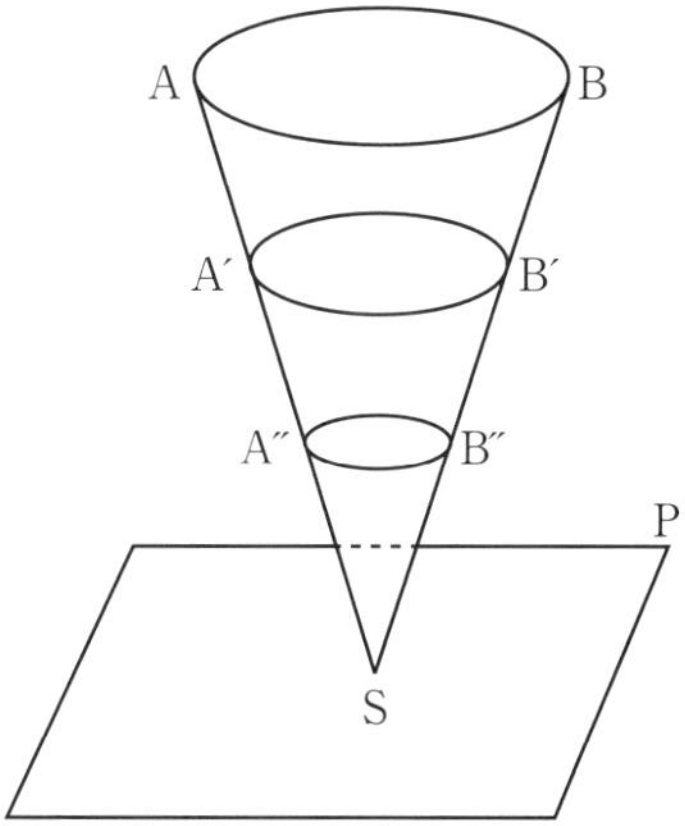

図４　ベルクソンの逆円錐[10]

この逆円錐は、それ自体で即自的に存在する過去全体を表している。現在Sは、過去全体の最も収縮した状態であり、過去全体は、その収縮‐弛緩の様々な度合、様々な水準、様々な状態とともに、おのれ自身と共存している。時間の第一の総合における現在、現在、現在……は、この第二の総合によって、ひとつの同じ過去全体における、度合、水準、状態の差異として、互いに共存し、連結し、共鳴することになる。ドゥルーズはこのことを明確に述べている。

（10）Henri Bergson, *Matière et mémoire. Essai sur la relation du corps à l'esprit*, PUF, 2012, p. 181（アンリ・ベルクソン『物質と記憶』熊野純彦訳、岩波文庫、二〇一五年、三二一頁）より。

継起的な諸現在の可能な非一貫性あるいは対立〔つまり、現在、現在、現在……〕がどれほど強力だとしても、それら諸現在のひとつひとつは、それぞれ異なる水準で、「同じ生」を営んでいる。それは運命と呼ばれるものである。〔……〕運命は、それら継起的な諸現在のあいだの、局所化されえない諸連結を、諸遠隔作用を、繰り返しと共鳴と反響のシステムを〔……〕含んでいるのである。(DR 113/ 上 230-231)(11)

以上が、時間の第二の総合、時間の根拠の総合である。現在はいまや、それ自体として存在するただひとつの純粋過去の一状態、一水準として捉え返され、現在は消尽することなく、すべてがこの純粋過去の諸状態、諸水準として、同時的に共存し、保存されるのである。あたかも、純粋過去という一者がまず存在し、それが現在という多様な様相を呈するかのようである。時間の第一の総合においては、過去の方が現在に属す一次元だったのだが、第二の総合においては、このように現在の方が過去に属す一次元となるのである。

ここで強調しておくべきなのは、この純粋過去がただひとつの全体を形づくるということ、そしてその全体が――現在が局所的かつ有限であるのに対して――大域的かつ非有限なものだということである。時間の第二の総合が要請されたのは、現在が局所的かつ有限であるがゆえに、どこまでも、現在、現在、現在……となるからであった。もし過去が、それら諸現在をいくらかだけ含むことができる有限なものであるなら、またもや、過去、過去、過去……となり、時間の形式の要請は無限後退となる。それゆえ、現在の局所性と有限性に由来する時間の第一の総合の困難は、一挙に、大域的かつ非有限なただひとつの全体としての「純粋過去」の超越論的総合によってのみ突破されうるのである。

これは言い換えれば、第二の総合において要請される時間の形式は、諸要素の可滅的な保持では不十分で、不滅的な保存でなければならないということである。この点において、ドゥルーズはベルクソンの純粋過去論を、驚くべきことにジャック・ラカンの精神分析理論に接合する。諸要素の保持の可滅性は、私たちが見てきたとおり、それが「想像」によるものであること、いわばそれが「想像的なもの」であることに起因している。これに対してドゥルーズは、ラカンの語彙を念頭に、不滅的な保存を「象徴的なもの」と考えるのである。「諸現在、あるいは諸セリーは、現実においては継起するが〔つまり、現在、現在、現在……であるが〕、しかし、純粋過去あるいは潜在的対象との関係においては、象徴的に共存する」(DR 162/ 上 332 強調引用者)[12]。

(11) ベルクソン自身は次のように述べている。「瞬間ごとに帰結するものが、記憶の無限に数多くの可能な諸状態であって、それら諸状態は、私たちの図式で言えば、断面A′B′、A″B″、等々によって表されている。これらは、先に述べておいたとおり、それぞれに私たちの過去の生全体を反復するものである」。*Ibid*, pp. 187-188.(同書、三二二頁)

(12) ここでの潜在的対象とは、精神分析における「ファルス」に相当するものである(DR 139/ 上 286-287)。また、引用中、「現実においては〔en réalité〕」とあるが、ドゥルーズは想像的なものと現実(réalité)は対立

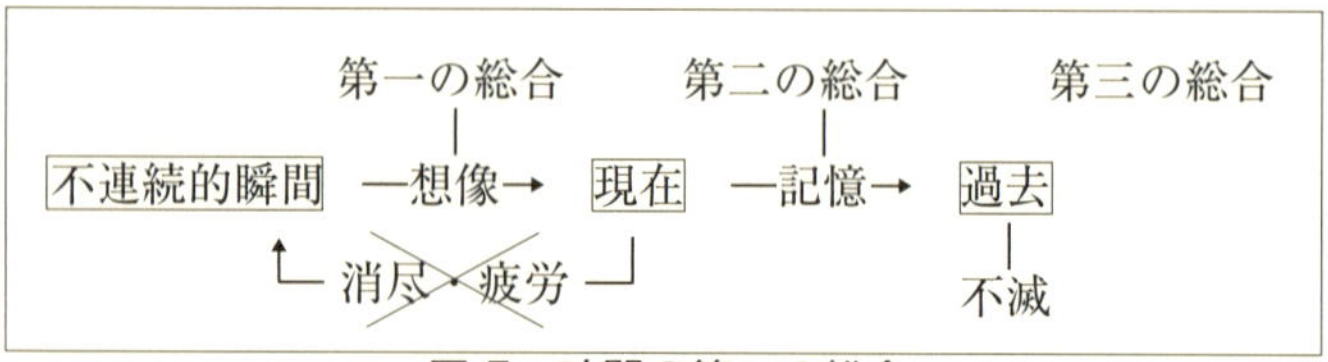

図5　時間の第二の総合

ラカンが「『盗まれた手紙』のセミネール」（一九六六年）において、無意識的記憶の不滅性を保証するものについて、「象徴的決定の絆以外のいかなる絆も存在しない」[13]としたように、ドゥルーズもまた、純粋過去における保存の不滅性を象徴的なものだと考えるのである。

5　時間の第三の総合の要請

このように、時間の第二の総合は、時間の形式であり根拠である純粋過去の超越論的な受動的総合として論じられる。しかし、ドゥルーズは、今度は時間の第二の総合の問題点を指摘し、そこから時間の第三の総合を要請する。なぜ時間の第二の総合は不十分なのか。ベルクソンから援用された純粋過去は、現在でも、それが過ぎ去ったものとしての個別の記憶内容でもなく、それらをみずからの度合、状態、水準の差異とする、ひとつの全体、ひとつの連続体であった。ドゥルーズはこれが、みずからが退けようとしていたプラトニズムになってしまう危険があると考えるのである。つまり、純粋過去と、その度合、状態、水準の差異としての諸現在の関係が、モデルとしての〈イデア〉と、それが一次的に所有する質を二次的に分有するコピーの関係、これと同様のものになってしまう危険である。ドゥルーズは次のように指摘している。

> おそらく、この時間はみずからの根拠を、ある即自のなかに、つまり〈イデア〉という純粋過去のなかに見いだしている。その〈イデア〉は、諸現在の順序を、それら諸現在のイデア的なものに対する類似の大小にしたがって、円環のかたちに組織する〔……〕。〈イデア〉は、継起的な諸現在がそこから出発して時間の円環のなかで組織される根拠のようなものであり、それゆえ、〈イデア〉それ自体を定義する純粋過去は、必ずや、またもや現在の観点から、ひとつの神話的な古い現在として表現されてしまう。（DR 119/ 上 243）

時間の根拠である純粋過去と、その度合、状態、水準の差異である諸現在が、プラトニズム的なモデル＝コピーの関係にあるなら、それらは互いに内的に類似し、表象＝再現前化の関係にあることになる。すると純粋過去は、現在に対して相対的なものとなってしまい、純粋過去の純粋である所以を失い、単なる古い現在として表象＝再現化の対象となってしまう。このよ

しないとしている。「たとえ想像的なものの諸権利をまとめて現実の諸事実に対立させても、なお究極的あるいは根源的と考えられる心的「現実」が問題となる」（DR 137-138/ 上 283）。

（13） Jacques Lacan, « La séminaire sur « la Lettre volée » », in *Écrits*, Seuil, 1966, p. 52.

うな両者の類似関係、相対関係が、時間が「円環」をなす事態である。「自分が根拠づけるものに対して相対的であること、自分が根拠づけるものの諸特徴を援用すること、そしてその諸特徴によって立証されること、これが根拠の弱点である」(DR 119／上 244)。

あるいは、このことは次のようにも考えることができる。先にも触れたとおり、純粋過去と諸現在は、一者とそれが呈する諸様相のようであり、それが第一章で私たちが確認した、存在の一義性の歴史におけるスピノザの不十分な点と重なっているのである。そこでは、実体が超越的な一者として君臨し、諸様態をみずからの同一性に回収することで、表象＝再現前化の論理を払拭し切れない危険が問題とされ、それを乗り越えるものとしてニーチェの永劫回帰が必要とされたのであった。

このように考えると、時間の第二の総合に対する批判的な視座が、第一章で見た、プラトニズムの批判、そしてスピノザの不十分な点の批判とそれに対するニーチェの召喚、これらと並行していることが分かる。事実、ドゥルーズはここで、時間の根拠に対して「脱根拠化」を遂行することで、その閉じた円環を切り開くことを、時間の第三の総合として要請するのである。「根拠がいわば「折れ曲がって」、私たちをある彼岸へとせき立てざるをえないとすれば、それと同様に、時間の第二の総合は、時間の第三の総合へと超出する」(DR 119／上 244)。このように、時間の第三の総合はまさに、時間の根拠に対する脱根拠化によって、ニーチェ的な永劫回帰として見いだされることになるのである。

6　時間の第三の総合

ドゥルーズは、時間の第三の総合を遂行する脱根拠化を、シェイクスピアの『ハムレット』における「時間がその蝶番から外れた」という詩的表現になぞらえる。「蝶番、つまりカルドーとは、時間によって測定される周期的な運動が通過するまさに基軸的な点に、当の時間が従属することを保証するものである」（DR 119／上 245）。蝶番とは、時間がそれをめぐって円環を形成する「基軸的な点」であり、純粋過去と諸現在の円環を形成するもの、それらを表象＝再現前化の関係に置くものである。これに対して、「おのれの蝶番から外れた時間は、発狂した時間を意味する」（DR 119／上 245）。この発狂した時間において、「時間は基軸的なものであることをやめ、順序的なものに、つまり、時間の純粋な順序へと生成する」（DR 120／上 246）。脱根拠化によって、時間の円環は、時間の順序となるという。どういうことだろうか。

まずは近似的な喩えに訴えよう。蝶番とは、例えば、サーキットレースのスタート＝ゴール地点のことである。スタート＝ゴール地点は、レースを「周回」として、まさに円環として形成することを可能にするものである。このとき、各周回は、レースのスタートの反復、あるいはレースの到達点であるゴールの逆照射された反復であり、レースのあらゆる時点は、そのような不動の同じものの反復のなかに組み込まれ、はじまりと終わりからなる有機的な全体の部分あるいは内容をなす。では、この蝶番が外れればどうなるだろうか。コースは、文字どおり脱中心化され、はじまりも終わりもない果てしない直線と化すだろう。そこでは、レースのあらゆる時点は、もはや周回という観点からは捉えられず、何にも還元不可能な、その都度一度きりの、特異なものとなるだろう。これが「時間の純粋な順序」の近似的な喩えである。

ドゥルーズは、時間における蝶番の脱臼を「中間休止」と呼ぶ。中間休止は、はじまり＝終わりである同じものの反復からなる有機的な全体の部分をなすことがない、不等な〈前〉と〈後〉へと、つまり純粋に形式的な〈前〉と〈後〉へと、時間を順序として配分する。ドゥルーズは、時間の有機的な連続的全体性、そしてそのもとでのあらゆる全体－部分関係を排除するこのような時間の苛烈な形式性を、「時間の純粋で空虚な形式」（DR 122/上 251）と呼ぶ。この時間の純粋で空虚な形式は、あらゆる現在を、円環を形成することのない、その都度一度きりの特異なものにする。このような、その都度一度きりの特異なものは、同じものの反復においては出会われることのない、絶対的に新しいものである。ドゥルーズはこのような時間の純粋で空虚な形式を、まさに、同じものではなく異なるものだけを回帰させ続けるものとしての、「永劫回帰」としての反復とみなすのである。

注意しなければならないのは、時間の円環を脱臼させ、永劫回帰という空虚な形式を切り開く時間の第三の総合が、決して時間の総合の破綻などではなく、あくまで総合の進展であるということである。時間の根拠の脱根拠化を、単に純粋過去を失うこととして捉えるなら、それは純粋過去によってのみ保存されえた現在をも消尽するがままにし、時間の総合は不連続的瞬間へとほどけることになる。しかし、永劫回帰は、それがいかに脱根拠的なものだとしても、いかにその破壊性が強調されようとも、不連続的瞬間ではない。不連続的瞬間は、差異も反復もない瞬間の非時間的な呈示の繰り返しであり、そこには同じものもなければ新しいものもない。

それに対して時間の第三の総合は、中間休止による〈前〉と〈後〉の配分という形式性、順序性を持ち、この形式性、順序性によって、その都度一度きりの、特異なもの、新しいものの反復を可能にするものである。ドゥルーズは、この形式性、順序性を、根拠の持つ一貫性や同じものの一貫性を排除するが、それにもかかわらず時間を不連続的瞬間へとほどけさせることのない、「秘密の一貫性」(DR 121/上 248)と呼ぶ。脱根拠された時間は、この一貫性によって、不連続的瞬間ではなく、順序としての反復の形式を備え、特異なもの、新しいものを生み出し続ける、永劫回帰の時間になるのである。

時間の第三の総合は、現在と過去の円環、つまり習慣と〈記憶〉の円環のなかですべてを既知のもとに生きる私たちの生に、脱根拠化というかたちで裂け目を与え、しかしその裂け目に飲み込まれてしまうのではなく、それをスプリングボードのようにして、習慣と〈記憶〉の円環のなかでは出会われることのない、未知のもの、新しいものを到来させる。それゆえ時間の第三の総合は、現在の総合、純粋過去の総合に対する、「未来」の総合であり、未知のものと

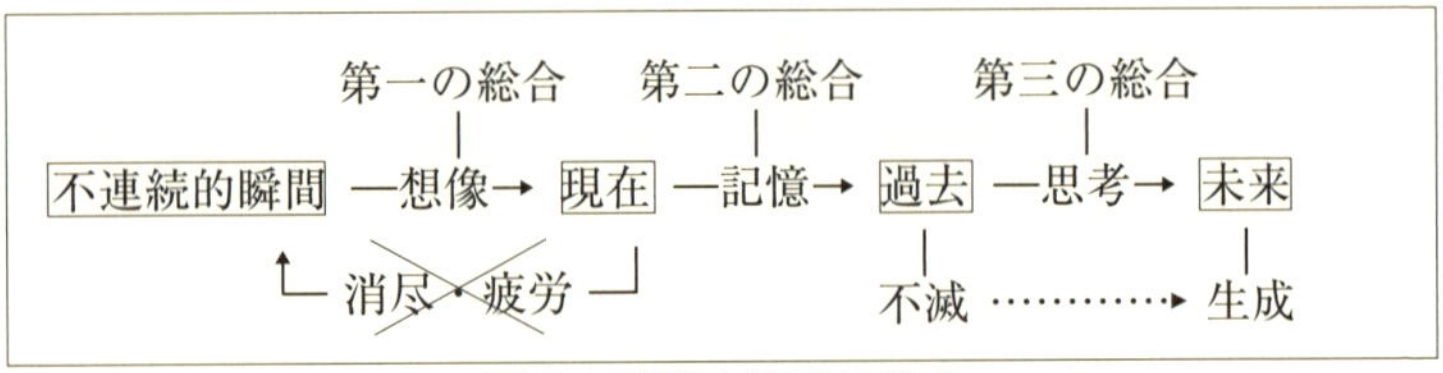

図６　時間の第三の総合

の出会いは、想像でも記憶でもなく、「思考」の領分となる。時間の第三の総合は、不滅的な保存に対して、それを可滅化すること、つまり消尽させることではなく、それを絶えず新たなものを産出し続ける「生成」へと変容させることなのである。いまや、すべてはその都度一度きりに到来するものとなり、その意味において、現在も過去もこの未来の時間に属す次元となる。

7　システムとカオス

以上で、ドゥルーズによる時間の三つの総合を読解してきた。本章冒頭で述べたとおり、これら三つの総合は、ドゥルーズがシステムと呼ぶものの三つの構成的契機をなすものである。最後にその内実を見ていこう。時間の三つの総合をシステムの構成的契機として理解する際に注意しなければならないのは、三つの総合が、弁証法的な乗り越えの過程を描くものではないということである。つまり、第三の総合において、第一の総合と第二の総合は、揚棄されるのではなく、むしろそのままに再編成されるのである。「ある意味、第三の総合は、時間のすべての次元、つまり現在、過去、未来をまとめて、いまやそれらを純粋な形式のなかで作動させる」（DR 151／上309）のであり、純粋な形式におけるこの三つの次元の同時的な作動という意味において、「永劫回帰における反復は〔……〕異なるものを異なるものに、多様なものを多様なものに、偶然的なものを偶然的なものに結びつける諸々の過剰なシステムに関わっている」（DR 152／上311）と言われるのである。

時間の三つの総合は、不連続的瞬間からの現在の総合（＝土台）、諸現在を保存、共存、共鳴させる純粋過去の総合（＝根拠）、そしてそこに中間休止としての裂け目を打ち込み新しいものを到来させる未来の総合（＝脱根拠化）であった。これは次のように一般化することができる。つまり、バラバラな諸要素のセリー化（＝土台）、諸セリーの保存、共存、共鳴（＝根拠）、それら諸セリーからの当の諸セリーには還元不可能な現象の発生（＝脱根拠化）、である。ドゥルーズ自身の用語で整理しておこう。

1．第一の契機は、諸要素の「セリー状の組織化」（DR 154／上316）である。ドゥルーズはこの契機に相当するものを、他の著作において「接続〔connexion〕」（LS 62／上95）などと呼ぶ。

2．第二の契機は、「異質な諸セリー間のカップリング」（DR 154／上316）がそうであるような、諸セリーの保存、共存、共鳴である。そこで不可欠な役割を演じるのが、それらを保証するエージェントとしての「異化させるもの」（DR 154/ 上316）、あるいは「暗き先ぶれ」（DR 156/ 上320）である。ドゥルーズはこの契機に相当するものを「連接〔conjonction〕」（LS 62/ 上95）などと呼ぶ。

3．第三の契機は、そのような諸セリー間の内的共鳴から生じる、「基本そのものとなる諸セリーを超え出る振幅を持つ強制運動」（DR 155/ 上316）である。ドゥルーズはこの契機に相当するものを「離接〔disjonction〕」（LS 62/ 上95）などと呼ぶ。

これらによって、「異質な諸セリー間に連絡が打ち立てられるや、そこからあらゆる種類の帰結がシステムのなかに生じてくる。何かが縁と縁のあいだを「通り過ぎる」。まるで稲妻のように、雷光のように、諸々の出来事が炸裂し、現象が閃き出る」（DR 155/ 上317-318）のである。このように、時間の三つの総合とは、表象＝再現前化することなしに、現象をその結果＝効果として生み出す、下‐表象的なものとしてのシステムの作動様態なのである。ドゥルーズはこのような現象発生のダイナミズムを「時空的力動」（DR 155/ 上318）と呼ぶのだが、これがいわゆる「潜在的なものの現働化」を導く内的機制を説明する。

ここで再度、時間の第三の総合が、単に純粋過去を失うこと、そしてその結果として現在を消尽させることではなく、さらなる総合であるということを強調しておかなければならない。結局のところ、脱根拠化において重要なのは、諸セリーをみずからの同一性に回収し、収束させるような、特権的な審級を排除することであり、そのことによって、それら諸セリーを消滅させるのではなく、そのままに「発散させる」ことである。つまり、「本質的なのは、発散するすべてのセリーの総体的な同時間性、同時性、共存である」(DR 162/上 332)。そして、このような「併せ含まれたすべてのセリーを保持し、すなわちすべての同時的なセリーを肯定し併せ含む」ことが、「一切を保持するカオス」と呼ばれ、そのような「発散するものであるかぎりでの発散する諸セリーの統一」が、「システム」と呼ばれるのである(DR 161-162/上 331)。一貫したカオス《カオ・コエラン》、カオスモスとしてのシステムである。

以上、私たちは、時間の三つの総合が、カオスと形容される下-表象的なものとしてのシステムの三つの構成的契機であり、その作動様態であることを確認した。

8 『意味の論理学』へ

ドゥルーズは、以上に確認したシステムの三つの構成的契機を、例えば力学的、物理学的、生物学的、心的、等々の様々なシステムに適用しようとしている。その汎用性、一般性への意志の是非は措くとして、本書にとってとりわけ重要なのは、そのなかの二つである。ひとつが

「文学的システム」である。ドゥルーズは、文学的システムの時空的力動において閃く出来事を、『意味の論理学』において、「意味」（sens）として論じるだろう。もうひとつが、フロイトの精神分析を参照した「生物‐心理学的システム」である。ドゥルーズはそこで、不連続的瞬間からの第一の総合、つまり、想像、縮約による、感覚的水準における「私たちがそれであるところの原初的な感受性」の総合を、フロイトの用語法で〈エス〉からの「自我」の形成としている（DR 129／上 265）。これは『意味の論理学』の動的発生論における「器官なき身体」の身分を理解するヒントとなる。

本章は冒頭から、時間の三つの総合における、不連続的瞬間としての非時間的位相に着目してきた。そして、時間の総合の破綻可能性をそこに見てきた。しかし、『差異と反復』では、時間の三つの総合は、そのような破綻から一貫して守られ続けている。それは、カオスという仰々しい言葉で形容されるシステムが、諸要素の「セリー状の組織化」を前提とした上での、それらの発散する共存であることに端的に現れている。第一章から第二章にかけて見てきた、脱根拠化されたシミュラクルの世界、永劫回帰の世界、すなわちカオスは、セリー状組織の破綻可能性をほとんど鑑みることなしに、そのような破綻からあまりに無邪気に守られてはいないだろうか。

このようなセリー状の組織化を前提とするドゥルーズのシステム論は、彼の超越論的哲学の企図にしたがい、「もはやセリーがまったくない」（LS 111／上 166）状態からの保護ではなく、それとの闘いの実相の解明へと赴くべきなのではないだろうか。『差異と反復』では、この問題は、第一の総合に先立つ非時間的位相、そして消尽と疲労への言及において、かすかに触れられていたにすぎない。ドゥルーズは、このような位相を、『意味の論理学』で積極的に記述していく。そこでは、『差異と反復』におけるシステムの時空的力動が「静的発生」として限定されるとともに、「もはやセリーがまったくない」位相からの「動的発生」が主題化されるのである。ここにおいて、『哲学とは何か』における意味での「カオスに抗する闘い」が、ドゥルーズにおいて大きくせり出してくることになる。

第三章　表面と深層の無意味

第一章と第二章で、『差異と反復』においてカオスと形容されるシステムについて見てきた。それは、シミュラクルとしての差異を内容とし、永劫回帰としての反復を形式とするシステムであり、ドゥルーズはこのシステムの三つの構成的契機、その作動様態として、時間の三つの総合を論じているのであった。それを検討しながら私たちが批判的に見いだしたのは、カオスと形容されるこのシステムが、諸要素の「セリー状の組織化」を前提としており、そのかぎりでの「発散する諸セリーの統一」であるということである。このシステムは、セリー化されざる不連続的瞬間としての非時間的位相から時間の総合をとおして形成されるが、結果的に、そのような位相へとほどけることなく、そこから守られているかぎりにおいて作動し、そのかぎりで多様な現象を発生させるものである。そこでは、不連続的瞬間としての非時間的位相、つまり『哲学とは何か』のカオスは、主題化されて論じられてはいなかった。

本章では、『意味の論理学』を扱い、ドゥルーズがこの問題をどのように掘り進めているのかを見ていく。ドゥルーズはこの書物で、一方では、『差異と反復』におけるシステムに相当するものを「表面」と呼び、そこで生み出される下‐表象的なものとしての「意味」の論理を探求している。しかし、他方で、そのようなセリー状の組織化を前提としたシステム、つまり表面に対して、「もはやセリーがまったくない」(LS 111/上166)という前システム的位相が、新たに「深層」という呼称を与えられ、積極的に考察されている。この深層は、体系上、『差異と反復』の非時間的位相および『哲学とは何か』のカオスに相当するものである。『意味の論理学』では、「深層から表面の生産へと直接的に移行する動的発生」(LS 217/下24)が主題化されることで、『差異と反復』に比して「カオスに抗する闘い」がより具体的かつ明確に論じられるようになる。そしてそのなかで、ドゥルーズのキャリア上はじめて「器官なき身体」の概念が提出されることになる。

以下ではまず、『意味の論理学』をドゥルーズの仕事のなかに位置づけた上で、『差異と反復』のシステムに相当する表面における、意味の論理について確認していく。その後、表面が裂開してあらわになる深層をめぐるドゥルーズの議論を詳細に検討していく。動的発生論における器官なき身体の導出の論理については、ここでの深層をめぐる検討を踏まえ、第六章で詳細な読解を行うことにしよう。

1 『意味の論理学』の位置づけとその特徴

『意味の論理学』は、ドゥルーズのなかで位置づけと評価が難しいとされてきた書物である。その理由は大きく二つに分けることができる。

第一の理由は、精神分析への好意的なコミットメントである。よく知られているとおり、ドゥルーズはフェリックス・ガタリとともに、精神分析を痛烈に批判した『アンチ・オイディプス』を世に問うているが、その三年前に書かれた『意味の論理学』は、冒頭で「論理学的で精神分析的な小説の試み」(LS 7/ 上 14) と規定されているとおり、精神分析、とりわけジャック・ラカンのそれの大きな影響下にある。ジャン゠ジャック・ルセルクルが指摘するとおり、それがために『意味の論理学』は、「注釈者たちに大いに無視されてきた」[1]。後に『アンチ・オイディプス』が書かれたという事実が、精神分析に好意的な『意味の論理学』を、否定的に退けるよう作用しているのである[2]。

(1) Jean-Jacques Lecercle, "Preface," in James Williams, *Gilles Deleuze's Logic of Sense: A Critical Introduction and Guide*, Edinburg University Press, 2008, p. xii.

(2) このような『意味の論理学』の否定的評価は、フランス語圏は措くとしても、ドゥルーズ哲学の諸言語への翻訳と紹介が、多くの場合『アンチ・オイディプス』が先で『意味の論理学』が後であったこととも無関

このような事後的な否定的評価は、実のところドゥルーズ自身のものでもある。『アンチ・オイディプス』刊行後に書かれた「『意味の論理学』イタリア語版のための覚書」（一九七六年）で、ドゥルーズは『意味の論理学』が「うまくいっていなかった」（DRF 60／上 87）と打ち明けているのである。それによると、『意味の論理学』は、「いまだ精神分析に対する無邪気で恥ずべき追従を示していた」（DRF 60／上 87-88）。そして、以下で見ていく『意味の論理学』の枠組となる高所、深層、表面というトポグラフィについても、「『アンチ・オイディプス』にはもはや高所も、深層も、表面もない」（DRF 60／上 88）と相対化し、読者に『意味の論理学』を警戒するよう促しているのである。

第二の理由は、書物の構成にある。『意味の論理学』は、意図的に体系的な章立てがなされておらず、内容においてときに緊密に、ときにゆるやかに連絡し合う、「セリー」という三四の比較的短いブロックと、五篇の補論から構成されている。(3) そこでドゥルーズは、下‐表象的な意味の論理を、『差異と反復』のシステム論と同様、諸々のセリーと、それらの収束することのない発散的な連絡からなるシステムの生産物として明らかにするのだが、それを探求するドゥルーズの議論それ自体が、三四のセリーの収束することのない発散的な連絡から浮かび上がるように設計されているのである。それゆえ、この書物のすべてのセリーの議論を体系的に整理することは容易ではなく、ドゥルーズ自身がそれを拒んでいるとも言える。

第一の理由は、本章で『意味の論理学』に取り組むのに際して、些末なものである。誰と誰がかつて仲良しで、その後仲違いしたかということは、悪趣味なゴシップの類に属すものであり、そのような観点から書物の価値を決定することは、まったく実りのないことである。重要なのは、その書物が提起しえた固有の問題と、案出しえた固有の概念、そしてそれらから私たちが何を引き出すことができるかである。先に触れたとおり、『意味の論理学』は深層、動的発生、器官なき身体など、『差異と反復』では積極的に取り組まれることのなかった問題の深化と、新たな概念の案出を行っており、このことは本書の主題である「カオスに抗する闘い」の観点からすれば、きわめて重要な意味を持っている。

第二の点は、哲学研究上たしかに厄介な問題である。しかし、体系的、網羅的な整理が原理的に困難であることは、同時に、可能なアプローチをこちら側である程度意図的に限定するよう促してくれているとも言える。本章では、多くのセリーで提出される議論の体系的、網羅的な整理にこだわることなく、特定の観点から、諸セリーの可能な収束を試みることにしたい。まずは、深層、表面、高所からなる『意味の論理学』の基本的なトポグラフィに関する地図作成を行う。その上で、下 - 表象的なシステムとしての表面の構造と、そこで生み出される意味

係ではないだろう。英語圏でのこの問題については、Jean-Jacques Lecercle, *Deleuze and Language*, Palgrave Macmillan, 2002, p. 102 を参照。

(3) これら諸セリーの可能な分類と組み合わせについては、鈴木泉「ドゥルーズ『意味の論理学』を読む――その内的組み合わせの解明」、『紀要』第二七号、神戸大学文学部、二〇〇〇年が参考になる。

の論理について、それらの必要最低要件である「二つの異質なセリー」、「パラドックス的な審級」、「無意味の二つの姿形」、これらを抽出することに専心して、『意味の論理学』を読解していくことにしよう。

2　『意味の論理学』のトポグラフィ

『意味の論理学』は、言語活動の可能性の条件を探求する書物である。そこでは、言葉の表象＝再現前化的な次元に対して、下‐表象的なシステム、そしてそこで機能する意味の論理が探求される。それゆえ『意味の論理学』は、『差異と反復』のシステム論の、言葉や意味に特化した応用あるいは各論のように見えなくもない。しかし、先に触れたとおり、ドゥルーズはここで、『差異と反復』では主題化することのなかった深層という新たな位相をそれとして提出しており、『差異と反復』とはトポグラフィの上で異同が生じている。ドゥルーズはまずは、『差異と反復』と同様に、プラトニズムの批判的検討によって、下‐表象的なものとしての「シミュラクル」を取り出すのだが、それに加え、ストア派の二元論が新たに導入され、それらのある種の交差配列によって、三つの位相からなる複雑なトポグラフィが提示されるのである。以下ではその地図作成をしていこう。

2-1　プラトン的分割とストアの二元論

まずは、第一セリーで行われているプラトニズムの批判的検討を確認しておこう。ここでは、『差異と反復』と同様に、モデルである〈イデア〉およびそれと内的類似を有する良いコピーと、いかなる類似も有さない悪いコピーとしてのシミュラクルが区別される。

私たちはこのようなプラトンの二元性を認める。それは決して、叡智的なものと感覚的なもの、〈イデア〉と質料、〈イデア〉と物体、これらの二元性ではない。それは、より深く、よりひそかな二元性であり、感覚的で物質的な物体それ自体のなかに埋まっている二元性である。つまり、〈イデア〉の作用を受け取るものとその作用を逃れるものの地下の二元性。それは、〈モデル〉とコピーの区別ではなく、コピーとシミュラクルの区別である。（LS 10/上 17）

ドゥルーズは、このプラトン的分割に依拠して、〈イデア〉の理念的な高みの位相を「高所」(hauteur) と呼ぶ。高所の〈イデア〉の作用を受け取る事物の世界、〈イデア〉の同一性に媒介され、秩序づけられた世界が、表象＝再現前化の世界である。ここでは、〈イデア〉とそれによって秩序づけられた表象＝再現前化の世界を、まとめて「高所」と呼ぶことにしよう。そして、それから区別されるのが、〈イデア〉の作用を受け取ることのないシミュラクルの世界であり、この位相が「深層」(profondeur) と呼ばれる。それぞれの位相に新たな呼称が与えられているが、議論そのものは『差異と反復』と同様のものである。

しかし、第二セリーでストア派の二元論が導入されることで、図式は複雑化する。ストア派の二元論とは、「物体的なもの」と「非物体的なもの」の二元論である。物体的なものにおいては、すべては物理的な能動と受動の混在の関係にある。それは「モノ」だけからなる世界である。それに対して、非物体的なものは、物体的なものに由来しはするが、それには還元不可能な「コト」である。ドゥルーズはここで、エミール・ブレイエの『初期ストア哲学における非物体的なものの理論』(一九〇七年)を参照し、解剖用の「メス」と「肉」の例をあげている。例えば、メスが肉を切るとき、一方では、メスも肉もモノであって、それらの交錯は能動と受動からなる物体的混在にほかならない。しかし、他方では、それらの交錯からは、「切れる」という新たな属性が生み出される。「切れる」はまさに、物体的なものに由来しはするが、それには還元不可能なコトであり、非物体的なものである。ドゥルーズはブレイエを引きながら、このコトの位相を「表面」(surface)としている。

メスが肉を切るとき、前者の物体は、後者の物体の上で、新しい特性ではなく、新しい属性を生産する。それは、切れるという属性である。〔……〕(ストア派の区別では)それ以前には誰も区別しなかったことだが、根本的に二つの平面がある。一方には、深く実在的な存在者、力〔の平面〕があり、他方には、存在者の表面で上演され、果てしなく多くの非物体的存在

者を構成するコトの平面がある。(LS 14/上23)

表面のコトは、モノとは異なる特異な存在様態を持つ。モノはつねに具体的な形質や特性をともない、世界内に物体的に実現している、つまり「現実存在する」(exister)。それに対してコトは、具体的な形質や特性をともなって世界内に実現することなく、つまり現実存在することなく、非物体的に「存続する」(subsister)、あるいは「執拗に残る」(insister)。メスと肉は現実存在するが、それらの交錯に由来する「切れる」は、現実存在はしないが、しかしそれ固有の存在様態において存続し、執拗に残るのである。ちょうど、ドゥルーズが引き合いに出している、ルイス・キャロルの小説に出てくる、シャムネコが物理的に消えた後にも執拗に残る、シャムネコの非物体的な「微笑」のように。

2-2 現在と不定法

ドゥルーズは、この物体的なものと非物体的なものそれぞれの存在様態を、「言葉と時間」の二つのあり方に対応させる。物体的なもの、世界内に実現し、現実存在するモノは、現在(とりわけ直接法現在がその特権的なモデル)である。

物体および事物の状態の唯一の時間、それは現在である。というのも、生ける現在は、働き

> かけるものの能動と働きかけられるものの受動を表現し、測定する、現実態をともなう時間的延長だからである。（LS 13/ 上 21）

モノは、それがモノである以上、現にこうであるという仕方で、つねに現前している＝現在である。それだけではない。モノは、それが世界内に実現している以上、つねに特定の状態のもとにある。それは、言葉の観点からすれば、特定の文脈のなかで、特定の人称、数、態などを受け取り、活用され、限定をともなうということである。実現するということ、現実存在するということは、限定されるということにほかならないのである。

それに対して、非物体的なものであるコトは、不定法と規定される。不定法は、文法上明らかなとおり、人称、数、態などから自由であり、限定されることがない。それゆえ、不定法的なコトは、それ自体としては実現とは無縁であり、いかなる状態のもとにもなく、現在であることから逃れる。

> それは、実詞でも形容詞でもなく、動詞である。それは、働きかけるものでも働きかけられるものでもなく、能動と受動の結果、つまり「非情なもの〔l'impassible〕」——非情な結果——である。それは、生ける現在ではなく、不定法である。限界なき〈アイオーン〉、過去と未来へ無限に分割され、つねに現在を逃れる生成。（LS 13-14/ 上 22）

例えば、戦争を思い浮かべるなら、それは兵器や人体など無数のモノとそれらの交錯から成り立っていると言える。しかし、コトとしての戦争が、それらモノの交錯に還元されるかと言えば、そうではない。ある弾丸とある脳髄の交錯は、物理的な観点からは、特定の現在としてその時点を測定することができるが、それに由来するコトとしての死や戦争は、そのような仕方で特定の現在としてその時点を測定することはできない（「死」はいつはじまりいつ終わったのか）。この意味において、それらは現実存在しない。しかし、それらは、特定可能な現在の時点を逃れながら、存続し、執拗に残り続ける。モノとしての弾丸と脳髄の交錯がもはや現前しなくなっても、コトとしての死や戦争は、その特異な存在様態において、存続し、執拗に残り続ける。これがモノの現在に対置されるコトの不定法的特徴である。

　このように、ドゥルーズは、ストア派の哲学から、物体的なものと非物体的なものの二元論を援用し、それぞれの存在様態である、現実存在することと、存続すること／執拗に残ることを、言葉および時間の観点から、つねに現在であることと、現在を逃れて生成する不定法として、それぞれ特徴づける。ドゥルーズが『意味の論理学』において「意味」と呼ぶのは、この不定法的なコトであり、それは——まさに死や戦争がそうであるように——「出来事」とも呼ばれる。そして、この意味と出来事の時間、存続すること／執拗に残ることの時間が「アイオーン」と呼ばれ、特定可能な現実存在の時間が「クロノス」と呼ばれる。

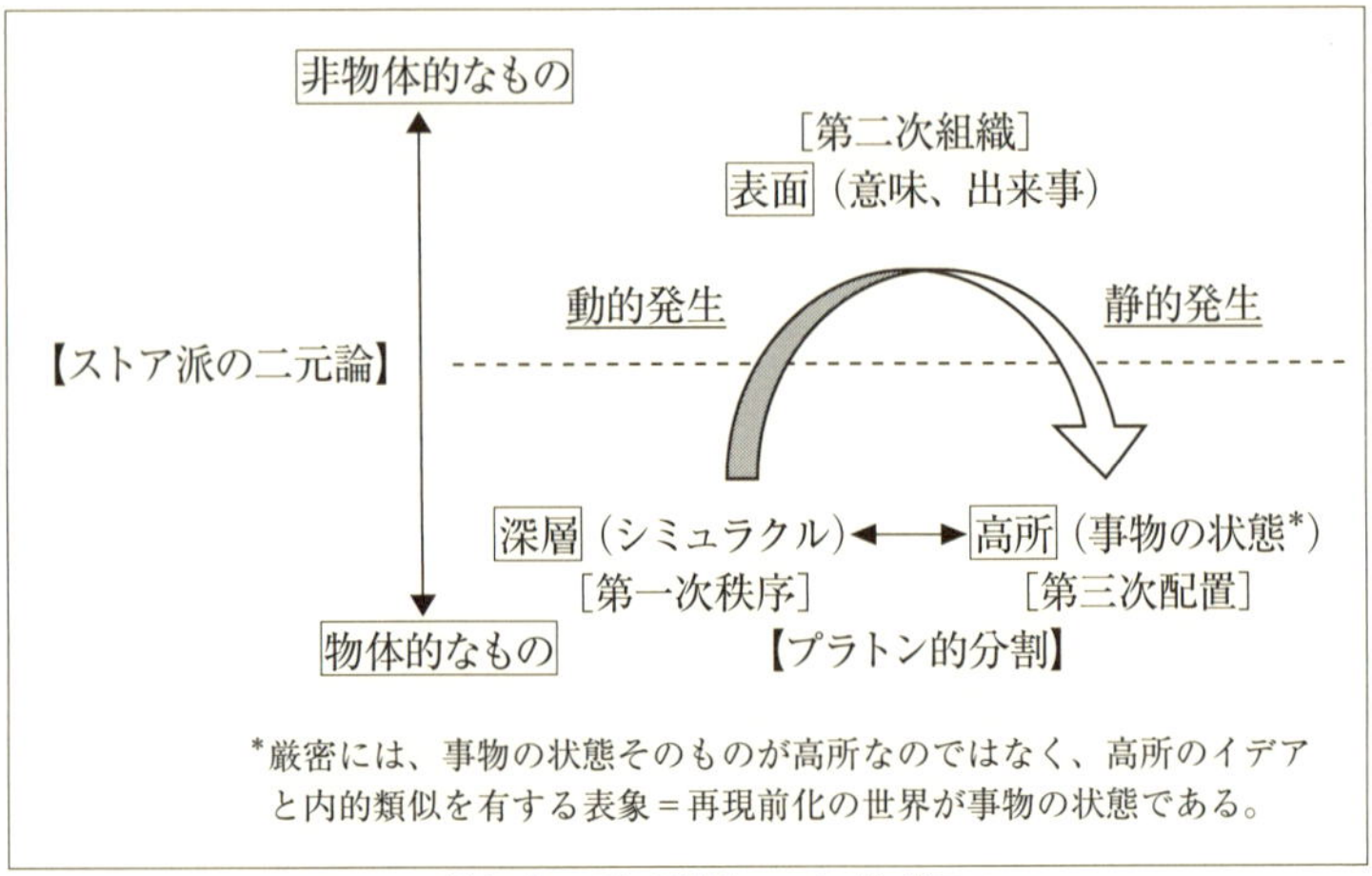

図１　『意味の論理学』のトポグラフィ

2-3　高所、深層、表面、そして二つの発生

以上のプラトン的分割とストア派の二元論のある種の交差配列から、三つの異なる位相からなる複雑なトポグラフィが帰結する。高所の位置づけがやや難しくなるが、概ね図1のように示すことができる。

まず、ストア派の二元論（上下）によって、物体的なものと非物体的なものを区別することができる。さらに、物体的なものを、プラトン的分割（左右）によって、深層のシミュラクルと、高所の〈イデア〉の作用を受け取り、表象＝再現前化され、分節された事物の状態とに分けることができる。この高所、深層、表面の三つの位相が、『意味の論理学』の基本的なトポグラフィとなる。

そして、重要なのは、これら三つの位相が、発生の関係にあるということである。まず、言葉による分節のない物体的な深層から出発し、物体的なものには還元不可能な非物体的な表面が形成される。これが「動的発生」と呼ばれる。そして、その表面において生産される意味が、特定の文脈のなかで限定を受け、表象＝再現前化され、事物の状態へと実現する。これが「静的発生」と呼ばれる。

これら三つの位相はまた、発生の機序にしたがって、深層が「第一次秩序」、表面が「第二次組織」、高所に支えられた表象＝再現前化的な事物の状態が「第三次配置」とも規定される。この発生論は、概ね、人間が言葉なき物体的存在として誕生し、言葉と意味の領域を獲得し、それによって世界を分節する、という過程を描くものでもある。『意味の論理学』がラカンの構造主義的精神分析に大きく依拠するのはそれゆえのことである。(4)

以上、俯瞰的な見取り図を提示したが、ドゥルーズは、これらの発生の機序を第三次配置か

(4) 三つの位相をラカンの精神分析の語彙に対応づけるなら、深層すなわち第一秩序が「現実的なもの」、表面すなわち第二次組織が「象徴的なもの」、高所に支えられた事物の状態すなわち第三次配置が、現実原理や現実吟味の意味での「現実」に、それぞれ対応していると考えることができる。しかし、この対応づけでは、ラカンの三界のうち「想像的なもの」を位置づけることが難しくなる。ドゥルーズは、「何を構造主義として認めるか」（一九六七年）において、投影や同一化の心的機制によって「想像的なもの」を規定しており（ID 253／下63）、これにしたがうなら、『意味の論理学』で想像的なものは、第一次秩序に組み込まれることになる。ただし「何を構造主義として認めるか」では、「現実的なもの」が「現実」の意味で用いられており、事態は紛糾する。このような整理の困難はドゥルーズの三界理解に起因するように思われる。

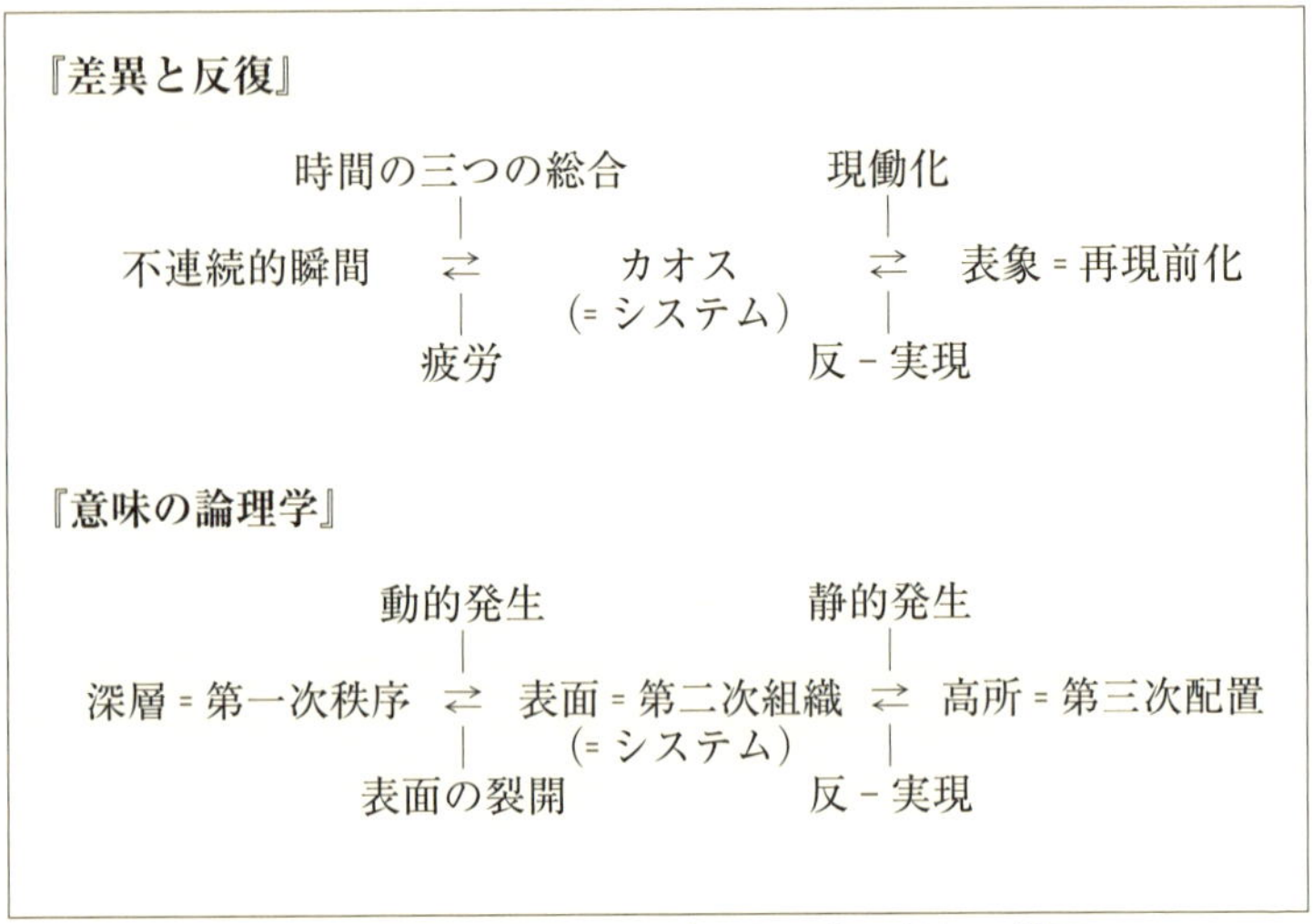

図2　『差異と反復』と『意味の論理学』の対照

らさかのぼっていくという仕方で議論を進める。つまり、まずは第三次配置からはじめて、そこからさかのぼって第二次組織の構造を論究し、後者から前者への静的発生を論じる。そして、その後に、第二次組織の構造の成立以前の第一次秩序へとさらにさかのぼり、後者から前者への動的発生を論じるのである(5)。このとき、第二次組織が『差異と反復』のシステムに当たり、静的発生が潜在的なものの現働化に当たる。しかし、『意味の論理学』では、シミュラクルは第一次秩序に割り当てられており、この点が『差異と反復』とは異なっている。『意味の論理学』では、シミュラクルは、体系上、『差異と反復』の非時間的位相や、『哲学とは何か』のカオスに相当するものとして論じられているのである。このことを踏まえ、『差異と反復』と『意味の論理学』の異同を図2のように示すことができるだろう。以上、『意味の論理学』の基本的なトポグラフィに関する地図作成を行った。以下では、ドゥルーズによる下-表象的な意味の論理の探求を見ていこう。

3　命題の三つの次元から第四の次元へ

ドゥルーズは、第三次配置からはじめて、意味の論理を探求していく。ドゥルーズは、この表象=再現前化的な位相を、命題的な言葉の領域とみなし、命題の三つの次元として「指示」(désignation)、「表出」(manifestation)、「意義」(signification)を取り上げ、検討を加える。指示は個体化された事物の状態に、表出は人称的な欲望や信念に、意義は一般概念に、それぞれ関係している。ここでドゥルーズが問題とするのは、これら三つの次元の関係と、それらのいずれかを探求の対象である「意味」(sens)とみなすことができるか、ということである。

まずは「指示」について見ていこう。ドゥルーズは次のように述べている。「指示は、諸々の語それ自体と、事物の状態を「表象=再現前化し」なければならない特定のイメージとの、結びつきによって遂行される。語と結びつくイメージ、命題のなかのこれこれの語と結びつく

(5)「第三次配置からそれゆえ第二次組織へとさかのぼり、次いで動的要請にしたがい第一次秩序までさかのぼらなければならない」(LS 286/下 124)。

イメージすべてのなかから、与えられた複合体に対応するイメージを選択し、選別しなければならない」（LS 22/上 35-36）。指示とは、命題のなかの語と、それと結びつく事物の状態とが、正しく対応することによって遂行される作用なのである。事物の状態によって充足されるとき命題は「真」であり、そうならないとき命題は「偽」となる。例えば、「雨が降っている」という命題は、それと結びつく事物の状態として、実際に雨が降っていれば真であるが、そうでなければ偽である。

次に「表出」について見ていこう。表出は、「命題と、その命題を語り、表現する、主体との関係」に関わるものであり、「命題に対応する欲望や信念の言表として提示される」（LS 23/上 36-37）。つまり、命題を語る者が言わんとすること、その主体的な欲望や信念の表明こそが表出である。そしてドゥルーズによれば、指示は表出によって可能になるという。なぜなら、事物の状態の指示は、誰がそれを遂行するかに依存するからである（例えば、言語学上の転換詞が、それを口にする者が誰であるかによって指示対象を変えるように）。それゆえ、「表出は、〈私〉から出発して、すべての可能な指示の原理として機能する人称的なものの領域を構成する」（LS 24/上 37）。表出は、命題の真と偽にではなく、むしろそれを可能にする発話主体の「誠実」と「欺瞞」に関わっている。

最後に「意義」について見ていこう。意義において眼目となるのは、「語と普遍的ないし一般的な概念の関係、統辞的な連結と概念の含意の関係」（LS 24/上 38）である。意義は、ソシュール記号学の文脈では、聴覚イメージであるシニフィアンと、概念であるシニフィエが対応することである。ドゥルーズが意義ということでとりわけ問題とするのは、シニフィアンとシニフィエの関係、語と普遍的ないし一般的な概念の関係が、定常的であることである。そして、ドゥルーズによれば、発話主体の誠実も欺瞞も、命題の真も偽も、この意義の定常性によって可能となると考える。なぜだろうか。第一に、いかなる発話主体も、この定常的な関係の総体（いわゆる「ラング」）のなかでのみ発話することができるからである。この秩序に服さないなら、誠実はもちろん、欺瞞さえありえない（例えば、嘘は嘘として成立しない）。この意味において、意義は表出の条件なのである。第二に、同じく、指示における命題の真偽も、この定常的な関係の総体を前提として成立するからである。意義とは、それが定常的であることを前提としてはじめて命題の真偽が可能となる、命題の真偽の条件であり、それがなければ命題は真でも偽でもなく、「不条理」となる。それゆえ意義は指示の条件でもあるのだ。

しかし、ドゥルーズは、別の観点からは意義が指示を前提としていることを指摘し、結局のところ、これら命題の三つの次元が循環の関係を形成すると結論づける。では、これら命題の三つの次元のいずれかを、ドゥルーズが探求する「意味」とみなすことはできるだろうか。できない。なぜなら、指示、表出、意義は、それぞれ、個体化された事物の状態、人称的な主体、一般概念、これらに関わるものであり、これらはいずれも、表象＝再現前化の秩序を形づくるものだからである。ドゥルーズが意味と考えるのは、ストア派の二元論をとおして見いだされた不定法的なコトである。不定法的なコトは、現在における実現を回避し、存続し、執拗に残るものとされるが、それは、個体化された事物の状態、人称的な主体、一般概念というかたちで限定されることがないということである。それゆえ、意味は、それ自体としては、表象＝再現前化的な秩序を形づくる指示、表出、意義からは独立しており、それらに存在論的に先行すると考えられなければならない。ドゥルーズは、このように捉えられる意味を、命題の三つの次元とは別に、「第四の次元」として思考しようとするのである。

では、どうすればこのような意味に接近できるのだろうか。個体化された事物の状態、人称的な主体、一般概念の体系からも独立している意味に、それらを備えた言葉の次元から接近しようとするなら、そのような言葉の次元ではナンセンスで、パラドックスでしかないようなものが糸口となる。ここでドゥルーズが拠って立つのは、キャロル、ジェイムズ・ジョイス、レイモン・ルーセルらの文学作品である。いずれも、指示や表出や意義の観点からは矛盾だらけの、ナンセンスとしか言いようのない言葉遊びを駆使している。しかし、ナンセンスではあるが、彼らの作品は単なる無秩序ではなく、指示や表出や意義とは別の水準で、まったき構造的論理を有しているのである。

4 第二次組織の構造

ドゥルーズは、キャロルらの作品を念頭に置きながら、命題の三つの次元の観点からはパラドックスであるものを、命題の次元には還元されない意味のあり方と、その構造を間接的にあぶり出すものとして分析する。その際、ドゥルーズは実に多くのパラドックスを例として提示しているが、これらすべてを論究することはただただ煩雑な作業になり、有益でもない。それゆえ、ここでは次のように議論を限定し、その道筋を定めよう。

まずは、ドゥルーズの議論のなかから、構造の要件をなすとされる「二つの異質なセリー」と、その連絡を保証する「パラドックス的な審級」を抽出し、それらについて確認する。そして、様々なパラドックスの例のなかから、ドゥルーズが第一一セリーおよび第一三セリーで「無意味の二つの姿形」と呼ぶものに焦点を当てる。というのも、第一三セリーで、表面が裂開して深層が露呈する場面を記述する際、深層と対照させるべく、表面の構造を特徴づけるパラドックスとして引き合いに出されるのが、この「無意味の二つの姿形」だけだからである。それゆえ、それらをもって、表面の構造を定義しうる特徴を代表させることができるのである。以下では、それらを取り出すことを目標にして、第二次組織の構造を論じていこう。

4-1 二つの異質なセリー

まずは、第二次組織の構造の要件である「二つの異質なセリー」について見ていこう。ドゥルーズは、第五セリーで数多くのパラドックスに言及し、それらを分析しているが[6]、第六セリー冒頭で、それら「他のすべてのパラドックスを派生させるのは、無際限な後退のパラドックスである」(LS 50/ 上 76)と明確に規定している。そしてこの無際限な後退のパラドックスのなかから、「二つの異質なセリー」という観念が取り出されるのである。

無際限な後退のパラドックスは、次のように示される。「私は、私が語ることの意味を語ることは決してない」(LS 41/ 上 63)。私が何かを語るとする。しかし、私は、私が語ることの意味を、その語りのなかで語ることはできない。「しかし、その代わりに、私は、私が語ることの意味を、別の命題の対象として捉えることはつねにできる」(LS 41/ 上 63)。つまり、私は、私が語ること(命題)の意味を、当の語り(命題)のなかで語ることはできないが、別の語り(命題)の対象とすることはできる、つまり、別の言葉で説明することはできる。しかし、「今度は、その別の命題の意味について、私は語ることができない」(LS 41/ 上 63)。

もちろん、これは、私が語ることの意味を語る別の語りの意味を語る別の語りの……と、無際限な後退を引き起こす。しかし、このパラドックスは、単に否定的に退けられるべきものではない。ドゥルーズによれば、「この後退によって、語る者の最大の無力と、言葉の最高の力能とが、同時に証される」(LS 41/ 上 63)というのだ。すなわち、意味を、命題において語り尽くすことができず、既存の語彙によって過不足なく言い当てることができないという構造的な無力によって、逆説的にも、言葉は自身を無際限に増殖させていくことができるのである。これは物体的なものには不可能なことであり、まさに非物体的な言葉に固有の力能だと言える。ドゥルーズにしたがい、各命題をひとつの名（n）として、そして無際限な後退のパラドックスをある名から別の名への差し向け（↓）として捉えれば、この事態は、まずはドゥルーズがそう書いているように、「$n_1 \downarrow n_2 \downarrow n_3 \downarrow n_4$……」（LS 50/上76）と表すことができる。この差し向けは、ある名から別の名への単線的なものであり、それゆえ「同質的なものの総合」（LS 50/上76）である。しかし、その後退を引き起こしている構造的側面に注視するなら、そこではつねに、異質なものの複線的な交代が生じていることが分かる。見かけ上の同質的なものの総合においては、実は、構造上「異質なものの総合」（LS 50/上76-77）が遂行されているのである。それを図3のように示すことができる。

無際限の後退のパラドックスは、同質的な名の平板な連鎖ではなく、構造上は、シニフィアンとシニフィエという二つの異質なセリーのあいだの往還運動として捉えられる。あるシニフィアン（私が語ること1）は、そのシニフィエ（私が語ること1の意味）へと差し向けられる

（6）「後退のパラドックスあるいは無際限な増殖のパラドックス」（LS 41/上62）、「不毛な複製化のパラドックスあるいは乾いた繰り返しのパラドックス」（LS 41/上67）、「中立性のパラドックスあるいは本質の第三身分のパラドックス」（LS 46/上69）、「不条理のパラドックスあるいは不可能な対象のパラドックス」（LS 49/74）。

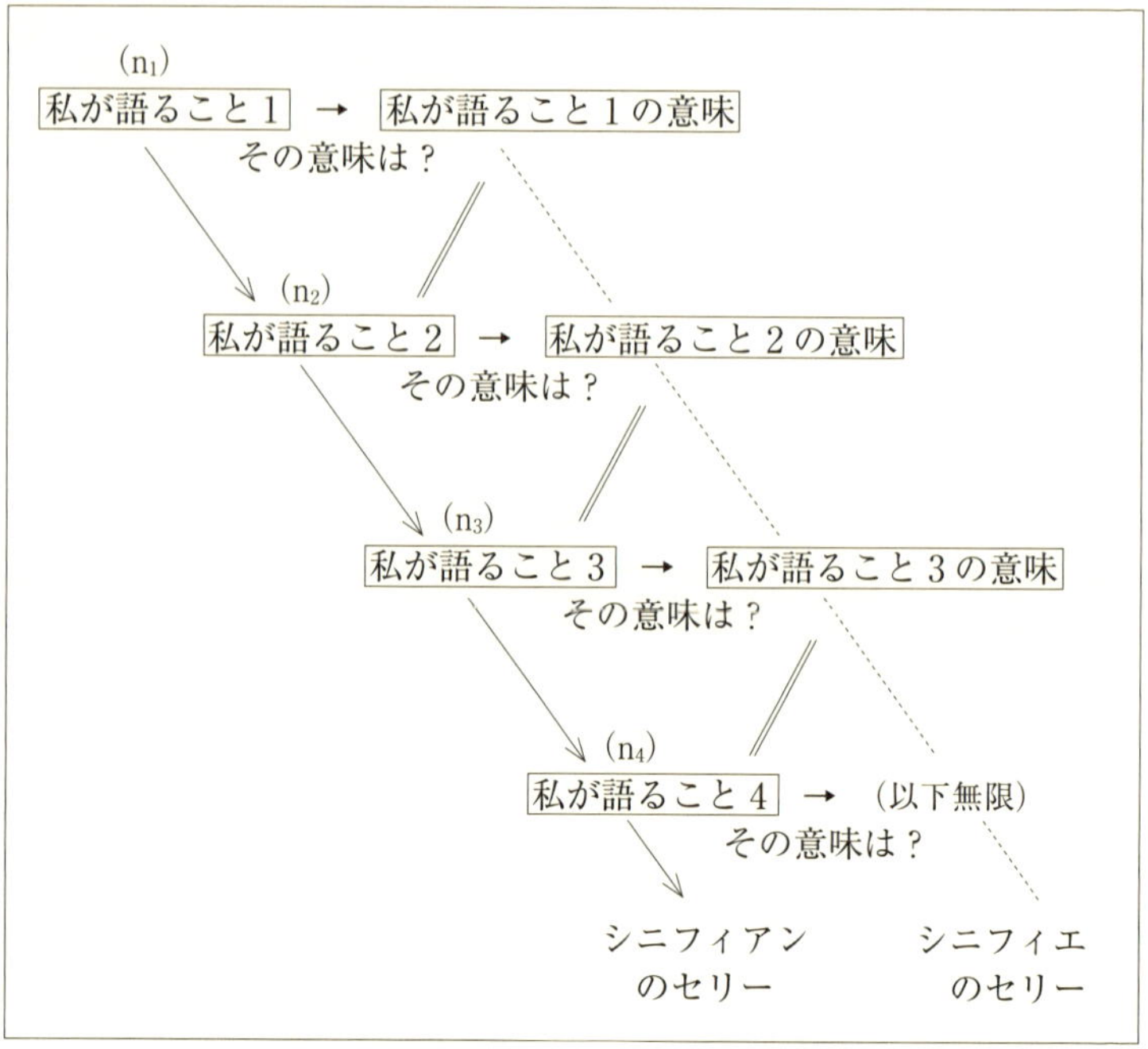

図３　無際限な後退のパラドックスにおける異質なものの総合

のだが、それは単に固定的なシニフィエであるだけなく、それ自体が新たなシニフィアン（私が語ること2）であり、さらなるシニフィエ（私が語ること2の意味）へと差し向けられる。それゆえ、ここで言われているシニフィアンとシニフィエは、ソシュールが考えたような、ひとつの言語記号を構成するものとしての、一対一対応する聴覚イメージと観念ではない。むしろそれらは、決して一対一対応することなく、ずれや不均衡をともないながら交代していく二つのセリーなのである。

あるシニフィアンのシニフィエが、即座に別のシニフィアンである以上、シニフィアンがつねに「過剰」であり、シニフィエはつねに「不足」している。この構造的なずれと不均衡によって、二つのセリーは、意味を過不足なく言い当てることなく、すなわち一対一対応することなく、次から次へと言葉を増殖させていくのである。

4-2　パラドックス的な審級

しかし、二つの異質なセリーは、ただそれらが与えられるだけでは機能しない。これら二つのセリーを互いに不均衡なものとして関係させるエージェント、すなわち図3において二つのセリーを媒介する「=」の機能を担うエージェントが必要である。それが、「二つのセリーの相対的な移動と、一方の他方に対する過剰を保証するもの」としての、「きわめて特殊でパラドックス的な審級」(LS 54／上82)である。それは「語であると同時に事物、名であると同時に対象」(LS 55／上83)であるような「無意味」(non-sens)であり、二つのセリーのあいだの往還運動としての名の連鎖を駆動する「N_n」という自己参照的で空虚な要素である。構造上、言葉の無際限な後退および増殖は、このような空虚な要素をめぐって、あるいは同じことだが、それに駆動されて、進行する。

図3にあるように、私が語ることの意味は、即座に、新たにその意味を問われる次なる私の語ることになるのだが、これは、「語であると同時に事物、名であると同時に対象」であるよ

うな、すなわち、シニフィアンであると同時にシニフィエでもあるような、二つのセリーにともに属しながら、それらをその一点によって関係させるエージェントが存在しているからである。このエージェント、つまりパラドックス的な審級の存在によって、シニフィエは即座にシニフィアンでもあるのであり、結果的に、シニフィエがつねに不足しシニフィアンが過剰となる。それゆえ、パラドックス的な審級は、シニフィエのセリーにおいては位置なき占有者としての「員数外の対象」(LS 99/上150)として、シニフィアンのセリーでは占有者なき位置としての「空虚な枡目」(LS 99/上150)として現出する。これによって生じる不均衡によって、二つのセリーを往還する連鎖が果てしなく続いていくことができるのである。

このように、パラドックス的な審級は、二つのセリーにともに属し、まずはそれらを結びつけ、連絡させる役割を担う。すなわち、一方で、「パラドックス的な審級は、それが駆け巡る二つのセリーの収束を保証する」(LS 55/上83)。しかし、もし二つのセリーが完全に収束するなら、それはシニフィアンとシニフィエが一対一対応してしまうことを意味し、それらの定常的な相関関係である一般概念に訴えながら、同定可能な個体化された事物の状態を指し示し、表象＝再現前化を帰結して終わることになるだろう。それゆえ、パラドックス的な審級は、二つのセリーを収束させるのではあるが、それは「正確には、二つのセリーを絶えず発散させるかぎりにおいて」(LS 55/上83-84)である。二つのセリーの収束ではなく発散における関係においてこそ、無際限な後退は可能となるのである。[7] パラドックス的な審級の機能は次のようにまとめられる。

パラドックス的な要素の機能とは、二つのセリーを相互に分割＝結合する〔articuler〕こと、二つのセリーを互いに反映させること、二つのセリーを連絡させ、共存させ、分岐させることである。〔……〕また、パラドックス的な要素が過剰の内に姿を現す方のセリーをシニフィアンとして、それが相関的に欠如の内に姿を現す方のセリーをシニフィエとして決定すること、とりわけ、シニフィアンのセリーとシニフィエのセリーの二つのセリーのなかでの意味の贈与を保証することである。（LS 66/上102）

このように、ドゥルーズは、二つの異質なセリーと、それらを同時的に共存させ、発散的に連絡させるパラドックス的な審級によって、「意味の贈与」が可能になると考えるのである。それ自体は何ものでもない「無意味」こそが「意味」を生産するのである。このようなセリー構造は、『差異と反復』のシステム論と概ね合致するものだと言える。そこでは、複数のセリーが、「異化させるもの」あるいは「暗き先触れ」と呼ばれる媒介者によって共存し、連絡し、共鳴を起こすことによって、それら諸セリーから、当のセリーには還元しえない「出来

（7）ドゥルーズは、政治・社会的な構造の観点から、このような構造上の不均衡に革命の可能性を見いだしている（cf. LS ch. 8）。

事」が生起するのであった。同様に、シニフィアンとシニフィエという二つのセリーが、それ自体は無意味であるパラドックス的な審級の媒介によって共存し、連絡し、共鳴することによって、それらのあいだに「意味」が生起するのである。

ドゥルーズは、意味を、このような構造によって産出されるものと考えることで、意識的主体によって付与されるような主観的構成物であることから切り離し、ある種の機械的な構造が産出する結果＝効果として捉え返す。「今日、意味は決して原理や起源ではなく生産物であるという良い知らせが鳴り響くのは、愉快なことである。意味は、発見されるべきものではないし、復元されるべきものでも、再利用されるべきものでもない。意味は、新しい機械設備〔machinerie〕によって生産されるべきものである」（LS 89-90/上 136）。そして、ドゥルーズは、このような構造＝機械設備をラカンの象徴的なものに重ねながら、フロイトを隠された深層心理の発見者などではなく、まさにこのような「意味をつねに無意味の関数として生産する無意識の機械設備の並外れた発見者」（LS 90/上 137）と考えるのである。ここに精神分析に対するドゥルーズの高い評価を見てとることができる。

4-3　無意味の二つの姿形

このようにドゥルーズは、第二次組織の構造を、二つの異質なセリーと、それらを共存させ、連絡させ、発散したままに総合し、その結果として意味を生産するパラドックス的な審級からなるものとして規定している。そして、ドゥルーズは、第七セリーにおいて、この構造をキャロルの作品のなかに見いだし、「奇妙な対象」、「オノマトペ」、「秘教的な語」、「カバン語」などの、無意味の様々な姿形と、それらが遂行するセリーの総合について分類を行う。これらキャロルのなかに見いだされる諸姿形の分類は、きわめて錯綜しているが、最終的には、第一一セリーと第一三セリーにおいて、第二次組織の構造にとって本質的なものが「無意味の二つの姿形」(cf. LS 84/ 上 128; 86/ 上 131; 101/ 上 152) として特定されることになる。

そのうち第一の姿形が、語であると同時に事物であるパラドックス的な審級による後退の総合、第二の姿形が、二者択一の原理であるカバン語による分離の総合である。しかしながら、この二つの姿形は、実質的にはひとつであると考えることができる。というのも、カバン語は、キャロルにおける秘教的な語のうち、二つのセリーの共存だけでなくそれらの発散を保証するような語として規定されているのだが、二つのセリーの共存と発散の両方を保証することはすでにパラドックス的な審級の定義に含まれており、それゆえにこそ無際限の後退が可能だったのだから、後退の総合を引き起こすパラドックス的な審級と、分離の総合を引き起こすカバン語を二つの別のものとして整理することは、重複を引き起こしていると考えられるからである。

すると、ドゥルーズは結局のところ、二つの異質なセリーの共存と、それらの発散という、パラドックス的な審級の定義に含まれる二つの事柄と、それによるセリーの総合を、「無意味の二つの姿形」と規定し、これらによって第二次組織の構造にとって本質的な要素を代表させていると考えることができる。つまるところ、「二つの異質なセリーを駆け巡って、一方で、セリーを調整し、共鳴させ、収束させ、他方で、セリーを分岐させ、各セリーに多数の分離を導入すること」(LS 83/上126)、このことこそが第二次組織の構造にとって本質的な無意味の機能なのである。そして、このような無意味の二つの姿形こそが、意味の論理が展開される「文学的探究の先端」と、「言葉と語の発明の最高段階」(LS 101/上152)をしるしづけるとされるのである。

5　超越論的領野

ドゥルーズは、第二次組織の構造を「超越論的領野」と呼ぶ。これは、指示、表出、意義といった、個体化された事物の状態、人称的な主体、一般概念、これらに関わる言葉の表象＝再現前化の秩序に存在論的に先行するものである。それゆえ、「意味の超越論的領野は、人称的なものの形態とともに、一般的なものの形態、そして個体的なものの形態も排除しなければならない」(LS 120/上181)のであり、そこではまさに「非人称的で前個体的な特異性」だけがある。非人称的で前個体的な特異性とは、ドゥルーズのよく知られたジャーゴンであるが、ここでは、セリー状の組織において、無意味によって生産され、配分される「出来事」すなわち「意味」のことだと理解できる。ドゥルーズの超越論的哲学は、経験的なものの条件をなす超越論的なものを、経験的なものからの引き写しによって捉えることを厳しく退けるものである。それゆえここでは、超越論的なものに経験的自我の形姿やすでに個体化された世界の中心を持ち込むカント、フッサール、ライプニッツが批判され、サルトルが『自我の超越』（一九三七年）において、カントとフッサールを批判しながら提出した、「総合的な人称的意識の形態も主観的同一性の形態も持たない、非人称的な超越論的領野」（LS 120／上 180）という概念が独自に援用されるのである。

しかしながら、興味深いことに、ここでドゥルーズは、自身でこの領野について次のような問いを立てている。「超越論的領野は、個体的でも人称的でもなく、一般的でも普遍的でもない。それでは、超越論的領野は、いかなる姿形も差異もない無底、分裂病的な深淵ということになるのだろうか」（LS 121／上 181）。(8) ドゥルーズの答えはこうである。「超越論的領野の表面の組織からはじめるなら、そういうことにはならない」（LS 121／上 181 強調引用者）。

この点についてのドゥルーズの主張は一貫している。ドゥルーズは、伝統的形而上学と近代の超越論的哲学がともに、すっかりと個体化され人称化された形態か、さもなくば未分化な深

（8）schizophrénie は、二〇〇二年以降、従来の「精神分裂病」ではなく「統合失調症」という訳語を用いるようになっているが、本書では、ドゥルーズが議論を展開した時代等を鑑みて、「分裂病」という呼称を用いることにする。また、ドゥルーズ哲学の術語としては「分裂症」という呼称が一般的であるが、本書では、当時の他の哲学者や精神分析家の schizophrénie 論も扱うので、分裂病に統一する。

淵かという二者択一を採用してきたことを批判し、それを拒絶しながら、それらの中間を行こうとする。それゆえ、非人称的で前個体的な特異性からなる超越論的領野は、個体化され人称化された形態を持たないと同時に、しかし、未分化な深淵から守られてもいなければならないのである。言い換えれば、超越論的領野は、「異質な諸セリーがシステム状に組織されている」(LS 125/上187-188)ことを条件とする。そして、二者択一を退けるこのシステムは、ジルベール・シモンドンの語彙を用いながら、まさに「安定でも不安定でもない「準安定的な」システム」(LS 125/上188)と規定されるのである。シモンドンは、自身の物理的個体化をめぐる議論のなかで、一定の条件下で結晶化を引き起こす過飽和水溶液を「準安定的」と形容しているが、ドゥルーズにとって重要なのは、このとき、当の結晶とその条件をなす水溶液が同一的でも類似的でもないということである。

ドゥルーズはここから、「対応する経験的領野に類似せずに、それでいて未分化な深層と混同されることもない、非人称的で前個体的な超越論的領野」(LS 124/上186)のモデルを援用している。異質な諸セリーが準安定的なシステムへとあらかじめ組織された超越論的領野、すなわち第二次組織の構造は、まさにこのように、一方では経験的なものの形姿を引き写さずに、他方では未分化な深層からも守られた、中間的な領野なのである。そしてこのことは、『差異と反復』における システムが「セリー状の組織化」(DR 154/上316)を前提としていたことと対応している。この組織が保たれていることがシステムの作動の要件なのである。

しかし、『意味の論理学』における超越論的領野をめぐるドゥルーズの記述には、このようなシステムの公準化に留保をつけ、その彼岸を示唆するような言葉が散見される。先ほどドゥルーズは、「超越論的領野の表面の組織からはじめるなら」、それが未分化な深層と同一視されることはないと述べていた。さらに、「表面が持ちこたえるかぎりは、意味は、表面で効果として広がるだけでなく、表面に結びつけられた準‐原因〔非物体的なものに固有の準‐因果性〕を分有する」(LS 151／上223 強調引用者)などとも述べられている。すなわち、超越論的領野が意味の贈与を行うことができるのは、すなわちそれが創造的な秩序でありうるのは、すべて条件つきなのである。では、この条件が損なわれるとどうなるのか。ドゥルーズは次のように述べている。「表面が爆発やかぎ裂きによって破れるとき、物体はその深層へと落下し、すべては無名の拍動へと落下し、そこにおいて語そのものはもはや身体の情動でしかなくなる」(LS 151／上223)。

ドゥルーズはここにおいて、『差異と反復』の議論から一歩踏み出す。すなわち、セリー状に組織されたシステムが破綻し、「もはやセリーがまったくない」深層、先ほど条件つきの超越論的領野からは除外された「分裂病的な深淵」が、議論の俎上に上がってくるのである。そこにおいてはもはや、システムに保護され、安住し、そのかぎりにおけるカオスモスの創造性を勝ち誇るようなことはできなくなる。第二次組織の構造は、「私たちが先ほどいまだ意味に内在する二つの姿形として見たところの無意味とはまったく異なった、無形態的で無底の無意味によって脅かされる」（LS 101／上 152）のである。この新たな無意味は、もはや意味の贈与を行うものではなく、意味を不可能にし、一切を物体的混在へと落下させる。ここで新たに問題となるのは、このような深層、分裂病的な深淵における、言葉と身体のあり方である。

これが、私たちが『意味の論理学』の最も重要な点と考える、表象＝再現前化の秩序である第三次配置でも、下‐表象的な領野である第二次組織でもない、第一次秩序の主題化であり、この第一次秩序の主題化から、さらに動的発生が主題化されることになる。動的発生の具体的な記述については本書第六章で行うことにし、以下本章では、ドゥルーズが分裂病の詩人アントナン・アルトーを、表面の「小倒錯者」の作家キャロルに対抗させながら記述する、深層における言葉と身体について見ていくことにしよう。

6　深層における言葉と身体

6‐1　表面の裂開

第二次組織の構造は、意味の贈与を遂行する表面の無意味とはまったく水準の異なる新たな無意味によって脅かされるという。ドゥルーズは、表面における無意味と、表面が裂開して露呈する深層の無意味とは異なるものであり、これらを峻別しなければならないと強調する。すなわち、言葉の表象＝再現前化的な使用の観点から、キャロルの倒錯的な言葉遊びも、アルトーの分裂病的な叫びも、同様に逸脱的で、「異常」で、どことなく危なっかしく、何となく創造的で、大雑把に類似しているなどと考えてはならないのである。ドゥルーズはこのことを「批評と臨床」の問題として提起する。

問題は臨床の問題、すなわち、ある組織から別の組織への地滑りの問題、あるいは、革新的で創造的な脱組織化の形成の問題である。問題は批評の問題、すなわち、そこにおいて無意味が姿形を変え、カバン語が本性を変え、言葉が次元全体を変えるような、区別されるべき諸水準の決定の問題でもある。(LS 102/上 154)

ドゥルーズによると、「精神医学の失敗と、文学の批評面での失敗は、連動している」(LS 113/上 168) という。いずれも、区別されるべき水準の差異を看過し、いたるところに同一の素材や類似した形態を見いだしたり、反対に偽の差異をつくり出したりしているというのだ。それゆえ、精神医学における倒錯と分裂病の水準の差異は、キャロルにおける無意味とアルトーにおける無意味の水準の差異と並行して、その本性の差異にしたがって、徹底的に区別されなければならないのである。この区別をあらわにするために、ドゥルーズはアルトー自身によるキャロルの「ジャバーウォッキー」第一節のフランス語訳を引き合いに出す。(9)

原文

'Twas brillig, and the slithy toves
Did gyre and gimble in the wabe:
All mimsy were the borogoves,
And the mome raths outgrabe.

（邦訳

そはゆうとろどき　ぬらやかなるトーヴたち
まんまにて　ぐるてんしつつ　ぎりねんす
げにも　よわれるなる　ボロームのむれ
うなくさめくは　えをなれたるラースか）

アルトーによる仏訳

Il était Roparant, et les Vliqueux tarands
Allaient en gibroyant et en brimbulkdriquant
Jusque-là où la rourghe est à rouarghe à rangmbde et rangmbde à rouarghambde:
Tous les falomitards étaient les chats-huants

Et les Ghoré Uk'hatis dans le Grabugeument.

ドゥルーズの分析によると、一行目までは、アルトーは他のキャロルの仏訳者たちと同様の翻訳規範に則って、キャロルのカバン語をフランス語にうまく置き換えようとしている。しかし、二行目の最後以降、「ある地滑りが生産され、中心的で創造的な崩壊も生産され、それによって私たちは、ある別の世界、まったく異なる世界のなかに入る」（LS 102／上154）という。この水準の差異を、批評的および臨床的に区別することが肝要となるのだ。

そこで見出されるのが、もはや倒錯者の世界ではなく分裂病者の世界であり、「表面で放出されるキャロルの言葉と、身体の深層で刻まれるアルトーの言葉の隔たり」（LS 102／上154）である。キャロルの作品が組織されるのは「表面」であり、そこで繰り出される言葉は、物体と混じり合うことはないし、意味が事物の状態と同一視されることもない。キャロルが駆使するカバン語は、パラドックス的な審級として、語と事物を分離しながら結びつけ、物理的実在から独立して言葉を無際限に増殖させる。しかし、アルトーが非難するには、キャロルはまさに表面的でしかない。それに対して、アルトー自身にはもはや表面がないというのである。

（9）キャロルの原文、アルトーによる仏訳、そして邦訳は、以下を参考にした。Helen Palmer, *Deleuze and Futurism: A Manifesto for Nonsense*, Bloomsbury, 2014, p. 29; ルイス・キャロル『原典対照　ルイス・キャロル詩集』高橋康也＋沢崎順之助訳、ちくま学芸文庫、一九八九年、二三四頁。

ドゥルーズはここで、フロイトによる分裂病者の身体的生の記述を援用して、アルトーのキャロル批判を次のようにまとめる。「分裂病であることの第一の証明は、表面が裂開したということである。もはや事物と命題のあいだに境界はないのであり、それというのはまさに、もはや身体の表面がないからである」(LS 106/ 上 159)。

6 - 2 深層の第一のアスペクト

ドゥルーズはこのように、倒錯 - 表面と、分裂病 - 深層を、互いに還元不可能なものとして区別した上で、分裂病的深層を特徴づける表面の裂開から、まずは分裂病的な身体の第一の、アスペクトを規定する。それが「穴だらけの身体」(corps-passoir)、「寸断された身体」(corps-morcelé)、「分離した身体」(corps-disocié) などと呼ばれるものである。

その〔表面が裂開したことの〕結果、身体全体が深層にほかならなくなり、身体はすべての事物を、根本的な退縮を表すこのような深層の裂け目へと運び去り、捕え込む。一切は物体であり、物体的である。一切は物体の混在であり、物体のなかにあり、嵌め込み〔emboîtement〕であり、侵入である。(LS 106/ 上 159-160)

これと相関して、同じく表面が裂けた分裂病的な言葉が、次のように記述される。

語は事物の状態の属性を表現することをやめ、語の断片は、耐え難い音響的質と混じり合い、身体のなかに押し入って、混在、新たな事物の状態を形成し、それ自体が騒々しい毒性の食物や箱詰めされた排泄物であるかのごとくになる。分解された要素は、身体の部分、組織に攻撃を加え、影響を及ぼし、その機能を決定する。（LS 107／上 161）

表面が裂開してあらわになる深層の身体は、まずはこのように、まとまりや統一性がない、受動的に引き裂かれた「寸断された身体」として特徴づけられる。そこでは、一切が物体的混在であり、身体はそこでひたすら断片化され、寸断される。そして言葉もまた、有機的な分節や連結を失った子音や音韻要素が屹立し、もはや何かを表現することなく、それ自体が物体にほかならないものとして、分裂病者の幻覚のなかで、身体に侵入し、嵌まり込み、傷つける。表面が裂開してあらわになる分裂病的深層の言葉と身体は、まずは、このような物体的混在のなかで受動的に引き裂かれ続ける生として特徴づけられるのである。

6-3　深層の第二のアスペクト

しかし、ドゥルーズによれば、分裂病的深層における言葉と身体において肝要なのは、このような受動的な引き裂かれに甘んじることではない。寸断された身体は、分裂病的深層の呵責なき現実であるが、表面が裂開し、深層に落下し、この現実に直面した分裂病の詩人は、その現実の生に対して、理想的なものを要求する闘いを敢行するのである。ここにおいて、表面と深層の還元不可能な差異に加え、深層そのものの還元不可能な差異、深層そのものの二元性が指摘され、分裂病的な身体と言葉の第二のアスペクトが提示される。

このとき、分裂病者にとって肝要なのは、意味を修復することではなく、つねに裂開した表面の下の深層のなかで、語を破壊すること、情動を払いのけること、身体の苦しみの受動＝受難〔passion〕を、勝ち誇る能動＝行為〔action〕に変換すること、服従を命令に変換することである。（LS 108／上 161-162）

問題なのは、バラバラの部分へと受動的に引き裂かれるがままの、分裂病者の受難の生に抗して、引き裂かれ寸断された諸部分を乗り越える「諸部分なき有機体の理想的な流体」（LS 108／上 162）を、身体と言葉において構成すること、そしてそれによって受動的な生を能動へと転換することである。寸断された身体の受動的な生を乗り越える、このような理想的な身体が、「アントナン・アルトーの高次の身体あるいは器官なき身体」（LS 108／上 162）と呼ばれる。

重要なのは、語を活気づけ、語に息を吹き込み、語を湿らせ、語を燃やして、その結果、語

表1　三つの位相とそれらの意味の様態

第三次配置	指示、表出、意義	個体化された事物の状態、人称的主体、一般概念
第二次組織	意味－無意味	非人称的で前個体的な特異性
第一次秩序	まったき無意味	二. 器官なき身体、溶接する語、残酷の劇場 一. 寸断された身体、破裂する語、恐怖の劇場

を、寸断された有機体の受動＝受難に代えて、諸部分なきひとつの身体の能動＝行為へと生成させることである。(LS 110／上 164)

こうして、アルトーとともにドゥルーズは、表面と深層の差異を峻別することからはじめて、次いで深層そのものの二元性を峻別し、深層の言葉と身体を還元不可能な二つのアスペクトへと分離するのである。一方の言葉が、「音韻的価値へと破裂する受動としての語」であり、他方の言葉が、「音調的価値を溶接する能動としての語」である。一方の身体が、「寸断された身体」であり、他方の身体が、「器官なき身体」である。これらは、アルトーにおける二つの劇場、すなわち「恐怖の劇場」と「残酷の劇場」にそれぞれ対応する。そしてドゥルーズは、寸断された身体に対する器官なき身体の生成を、精神分析の語彙で〈エス〉に対する自我の構成と定式化している(LS 220／下 28)。これは、本書第二章末尾で確認したとおり、『差異と反復』においては、不連続的瞬間としての非時間的位相に対する時間の第一の総合と合致する。つまり、深層における器官なき身体の導出は、ドゥルーズにおいて「カオスに抗する闘い」

の根本的契機を構成しているのである。

このように、区別されるべき水準の差異にしたがって、批評と臨床の両面において、私たちの心的および身体的生を分析することが、ドゥルーズにおける精神分析の使命である。「精神分析は、歴史物語の分析である以前に、幾何学的次元の分析でなければならない」（LS 113/上 168）、「精神分析は歴史的であるより以前に地理的である。それは様々な国を区別する」（LS 113/上 169）。そして、このような幾何学的次元の地理的分析に則って、今度は、「深層から表面の生産へと直接的に移行する動的発生」（LS 217/下 24）が辿られなければならない。ドゥルーズは第二七セリー以降で、メラニー・クラインの精神分析理論を援用することによって、私たちがこのような寸断された身体の受動＝受難の体制（妄想分裂態勢）に生まれ落ち、一切を引き裂く苦しみのなかで、しかしそれに抗して生きはじめ、そこから身を引きはがし、やがて表面を獲得するプロセスを、動的発生として論じるのである。動的発生における器官なき身体の導出の具体的論理については、本書第六章で見ていく。

第Ⅱ部　器官なき身体

第四章　単為発生と第二の起源――無人島と他者なき世界

第三章で、「器官なき身体」の概念が「カオスに抗する闘い」の根本的契機を構成するものとして提示された。第六章でその詳細について明らかにするために、本章と次章では、ドゥルーズにおける器官なき身体の概念のある種の発生史を跡づけていく。そこで本書が注目するのが、ドゥルーズにおける「単為発生」(parthénogenèse) と「第二の起源」(origine seconde) をめぐる問題系である。これは、主に「他者」、「無人島」、「倒錯」をめぐる議論を通底し、一九四〇年代の最初期論文から一九六〇年代後半の仕事に至るまで展開されているものである。本書の考えでは、器官なき身体の概念は、この問題系のなかで要請され、練り上げられ、提出されるものである。これに定位することによって、器官なき身体の概念を、ドゥルーズの仕事のなかで理論的必然性を持ったものとして理解することができるだろう。

このような問題意識から、本章では①「無人島の原因と理由」(一九五三年)、②最初期論文(一九四五‐一九四六年)、③「ミシェル・トゥルニエと他者なき世界」(一九六七年)を中心に扱い、ドゥルーズにおける無人島という場所の哲学的な意義と、その他者および倒錯との関係について論じていく。以下ではまず、「無人島の原因と理由」を読解し、ドゥルーズ哲学における無人島という場所の身分を「単為発生」および「第二の起源」の観点から明らかにする。次いで、最初期論文における他者論について確認を行い、その上で、それら無人島論と他者論が合流する「ミシェル・トゥルニエと他者なき世界」を読解する。そこで見いだされる「倒錯」の内実とその論理については、次章で踏み込んで考察していくことにしよう。

①「無人島の原因と理由」（無人島論）
② 最初期論文（他者論）
→ ③「ミシェル・トゥルニエと他者なき世界」

1　無人島──想像力による人間の飛躍

「無人島の原因と理由」はやや奇妙な来歴を持つ論文である。この論文は、ドゥルーズの死後刊行された論集『無人島』に巻頭論文として、つまりそのキャリアの開始をしるすものとして収録されているものだが、本来は『ヌーヴォー・フェミナ』誌というフェミニズム関係の雑誌のために執筆され、結局、当時は発表されることがなかった。それはいわばドゥルーズ哲学の生まれそこなったはじまりということになる。そのような経緯もさることながら、この論文は内容の点でも奇妙なテクストであり、文学、宗教、マルクス経済学、神話に関する言説が自由に散りばめられており、一見すると何を言わんとしているのか摑みにくい。しかしここには、先にも言及したとおり、一九四〇年代の最初期論文以降、器官なき身体の概念に至るまでを通底する、きわめて重要な論点が提出されている。以下でそれについて見ていこう。

この論文で、ドゥルーズはまず「大陸島」と「大洋島」という二つのタイプの無人島について考察を行っている。大陸島とは、大陸の一部が分離し、孤立した結果成立した「派生的な」島である。それに対して大洋島とは、火山活動などによって突如として海に出現した「起源的な」島である。そしてドゥルーズは、ダニエル・デフォー『ロビンソン・クルーソー』（一七一九年）や、ジャン・ジロドゥ『シュザンヌと太平洋』（一九二一年）などの無人島小説を批判的に念頭に置きながら、無人島を指向する文学的想像力に焦点を当てる。ドゥルーズによると、無人島をめぐる文学において問題となっているのは、「想像力」による「人間の飛躍」（ID 12/上14）だという。そしてこの想像力による飛躍によって、互いに相容れない二つのタイプの島が、ある仕方でひとつになるという。すなわち、想像力によって、「起源的な島であるにもかかわらず、ひとはそこに向かって派生することができ、派生的でしかない島のなかで、ひとは創造することができる」（ID 12/上15）のである。

派生的であることと起源的であることは、現実においては、たしかに矛盾する事柄である。

しかし、それらは想像力においては、同時に成り立たせることができる。第一の起源である大陸から派生し、派生先であるにもかかわらずそこを新たな起源とし、新たに開始すること。無人島とは、このように、想像力によって私たちが所与の世界から離脱し、世界を再開するための「第二の起源」なのである。「間違いなく、無人島から発して遂行されるのは、創造そのものではなく再‐創造、つまり開始ではなく再‐開である。無人島はひとつの起源であるが、それは第二の起源である。そこから出発して一切が再開される」(ID 16／上 20)。

そしてドゥルーズは、このような想像力による無人島への離脱とそこでの再開について、宗教的、神話的な言葉づかいで論じながら、突如、それを「単為発生」という語を用いて記述する。そして、単為発生によって特徴づけられる第二の起源に、第一の起源よりも重要な何かを見いだす。

結局のところ、開始は神および一組の男女から発するが、再開はそうではない。それはひとつの卵から発する。神話的な母性は、多くの場合、単為発生である。第二の起源という観念は、そのまったき意味を無人島に、すなわち再開に手間取っている世界の聖なる島の残滓に与える。再開の理想のなかには、開始そのものに先立つ何か、開始を深化させ、時間のなかで後退させるために、開始をやりなおす何かがある。(ID 17／上 21-22)

「開始」すなわち「第一の起源」が、神および一組の男女に発するということは、世界や私が、私ではない何かによって生み出されたということである。気づいたときには何もかも、世界もそして私さえもが、すでにはじまっていたのであり、所与として与えられていた。この意味において、私はみずからの起源を欠いており、自分で開始することができない。これに対して、「再開」すなわち「第二の起源」はそうではない。単為発生は、生物学用語では、有性生殖において雌が雄との生殖行為なしに新しい個体を生み出すこと、卵が単独で個体発生することを意味するが、それと同様に、文学的想像力による「再開」としての単為発生において、私は、一組の男女なしに、自分で自分を産みなおすことができるのである。だからこそ「再開の理想のなかには、開始そのものに先立つ何かがある」。逆説的にも、開始ではなく再開においてこそ、私は自分ではない何かによってではなく、自分自身によって真にはじめることができるのである。

　このように、想像力によって所与の世界から離脱し、第二の起源を創出すること、そこで一組の男女なしに、自分で自分を産みなおし、真にはじめること、そのための形而上学的な実験場が無人島なのである。このような無人島のライトモチーフは、ドゥルーズの仕事のなかで何度も姿を現す。ドゥルーズがミシェル・トゥルニエの無人島小説『フライデーあるいは太平洋の冥界』（一九六七年）に寄せた「ミシェル・トゥルニエと他者なき世界」で、文字どおり「他者なき世界」が主題化されるのも、以上のような無人島の理論的身分に即してのことだと理解することができる。また、「私は父も信じない／母も信じない／わたいには／パパ - ママなんかない」（ACE 21／上 37）と謳う『アンチ・オイディプス』の試みも、この問題系の延長線上に展開されていると考えることができる。

以下で「ミシェル・トゥルニエと他者なき世界」を読解していくために、次節ではまず、一九四〇年代の最初期論文以来のドゥルーズにおける他者の問題を押さえておこう。

2　他者とは何か――最初期論文における

ドゥルーズは、『無人島』の編集方針として、「無人島の原因と理由」以前の最初期論文については収録しないとしている（ID 7／上 8）。最初期論文の初出となる媒体の入手が今日では容易でないこともあり、それらはこれまで広く検討されることがなかったが、『書簡とその他のテクスト』に収録されたことによってアクセスが容易になった。これによって、「ミシェル・トゥルニエと他者なき世界」における他者の概念が、最初期論文のひとつ「女の記述」（一九四五年）でその原型が示されていること、そしてそれに続く「キリストからブルジョワジーへ」（一九四六年）、「発言と輪郭」（一九四六年）が、その延長線上に他者論を展開するものであることが、以前より見えやすくなった。(1) 本節では、「ミシェル・トゥルニエと他者なき世界」の読解に寄与するように、これら最初期論文における他者の問題を整理していこう。

2-1　可能世界の表現

「女の記述」は、サブタイトルが「性別を持つ他者の哲学のために」と題されているように、当時の哲学的他者論における性別の不在を問題視することからはじまる。ドゥルーズが言うように、これはすでに当時のジャン＝ポール・サルトルが着手していた道である。よく知られているように、サルトルは『存在と無』（一九四三年）において、対他存在の経験の構造を、私と他者が「主体か対象か」の地位をめぐって争う相剋的関係として記述している。そのなかでサルトルは、「主体‐私」が、他者の自由を奪い、他者を「主体‐他者」から「対象‐他者」へとおとしめる契機のひとつを「性的欲望」に見いだし、性的他者の現象学を試みている。そしてサルトルは、当時の実存哲学のいずれもが、生物学的事実に属する（と考えられていた）性別をみずからの領分として認めてこなかったことを指摘し、とりわけマルティン・ハイデガーをターゲットにして、「彼の「現存在」は私たちには無性的に見える」(2)と批判している。

---

(1) 本邦では早い時期に鈴木泉によるサーヴェイがある。Cf. 鈴木泉「雀斑と倒錯――ドゥルーズの最初期思想瞥見」、『紀要』第二九巻、神戸大学文学部、二〇〇二年；鈴木泉「ドゥルーズ哲学の生成 1945-1969」、『現代思想』第三〇巻、第一〇号、青土社、二〇〇二年。

(2) Jean-Paul Sartre, *L'être et le néant. Essai d'ontologie phénoménologique*, Gallimard, 1943, p. 423.（ジャン＝ポール・サルトル『存在と無――現象学的存在論の試み』Ⅱ、松波信三郎訳、ちくま学芸文庫、二〇〇七年、四一五頁）

しかし、ドゥルーズによれば、当のサルトルもまた十分ではなく、せいぜい「愛」に関する分析のなかで、愛される者が愛する者と反対の性別を受け取るといったことを述べているにとどまっている。そこでは、他者を、私にとっての対象としたり、あるいは私とは別の主体としたりする、「意識の相互性に関する古典的な錯覚」(LAT 253/323)が、性別をめぐって繰り返されているにすぎない。これでは他者は、私を前提とした上で、その意識の作用によって単なる対象に還元されるか、あるいは私の類似物(や対立物)として捉えられるかであって、他者はどこまでも私から派生的に定義されてしまう。

そこでドゥルーズは、この「錯覚」を排除するために、次のような「大原則」からはじめて他者について再考する。「大原則——事物はみずからの意味作用を持つために私を必要とはしなかった」(LAT 254/324)。どういうことだろうか。例えば、私が疲労しているとする。しかし、「大原則」にしたがうなら、端的に疲労があるのであって、私が疲労しているという意識を持つことも、対象や世界にそのような意味を付与することもない。ここでは、意識とその対象の分離にもとづく志向的関係はなく、ただ疲労があり、世界は疲労である。しかし、この「厳密に客観的な世界」には、それを転覆する否定性が内蔵されているという。

ところで、この厳密に客観的な世界、主体なき世界は、みずからのうちに固有の否定の原理、無化作用の原理を隠し持っている。それは諸対象のなかのひとつの対象であるが、この対象はやはりそれ自身の特殊性を持っており、諸対象のなかで最も客観的なものである。私たちはそれを〈他者〉と呼ぶ。（LAT 254/324）

他者は、疲労である世界のなかで、その態度や所作、例えば、穏やかな息づかいや表情をとおして、疲労でない世界を表現することができる。ドゥルーズはここで、当時のトゥルニエの未刊行のテクストから援用するかたちで、他者を「可能世界の表現」（LAT 254/324）と定義する。(3) 他者は、疲労でない世界の表現であることによって、疲労である世界を否定し、疲労していたのは単に私だったのだと私に意識させる。翌年の論文「発言と輪郭」で、ドゥルーズはこの契機を「〈私〉の差し押さえ」（LAT 277/351）と呼んでおり、それを主体なき世界における主体化と考えている。また、「キリストからブルジョワジーへ」では、可能性なき現実性としての「厳密に客観的な世界」が「産業的技術的世界」に重ねられ、その世界のなかにあって労働者が経営者のために働くことをやめる可能な外的世界を表現する〈指導者〉が、キリストに

（3）「私はこの表現をミシェル・トゥルニエの未刊行のテクストから借りている」（LAT 254 n. 2/337 n. 2）。編者註でラプジャードは、そのテクストは「女の記述」の翌年に発表された Michel Tournier, « L'impersonnalisme », in *Espace*, 2e série, no. 1, 1946 であることを示唆している。ラプジャードは別の箇所で、これがトゥルニエの「唯一の哲学論文」だとしている。David Lapoujade, *Deleuze, les mouvements aberrants*, Minuit, 2014, p. 278 n. 3.（ダヴィッド・ラプジャード『ドゥルーズ——常軌を逸脱する運動』堀千晶訳、河出書房新社、二〇一五年、三五〇頁、註3）

なぞらえられ、そのある種の神的顕現が強調されている（LAT 268/340）。

他者をこのように世界に突如として到来する否定や無化作用の原理として捉える点では、ドゥルーズの他者の概念は実のところサルトルのそれに近く、実際にその影響下にあると考えることができる(4)。しかし、サルトルがそれを「主体か対象か」をめぐる相剋のダイナミズムと捉えることで、「意識の相互性に関する古典的な錯覚」をまぬがれなかったのに対して、ドゥルーズは、他者を、意識的主体に先立って到来し、それによってはじめて主体化が生じる契機と考える点で大きく異なっている(5)。また、ドゥルーズによれば、他者は、サルトルにおけるように敵対や相剋だけでなく、「友情」をもたらすという。友情とは、他者が表現する「可能な外的世界の実現」（LAT 258/328）の企図であり、私が他者の表現する可能世界に参画し、それと連帯することである。この友情という契機によっていわば、いくつもの可能性の共存によって構造化される日常的な世界、間主観的な世界が可能となるのである。

2-2　可能的なものの肉としての女

ところが、ドゥルーズは以上に論じた他者を「男-〈他者〉」（Autrui-mâle）と限定し、それが別の他者の概念の考察のための単なるステップにすぎないと言う。その別の他者の概念が、「女」（femme）である。ドゥルーズによる女の記述、とりわけそこで女に帰属させられる諸々の特徴は、「シンプルに、ナイーヴなイメージにこだわるべき」（LAT 255/325）と明言されているように、ステレオタイプ的で、セクシズム的ですらある。それは批判されるべき点をいくつも含んでいるように思われるが、(6) ここでは議論を進めることにしよう。ドゥルーズによると、当の「ナイーヴなイメージ」とは、「化粧をした女」である。化粧は、可能な外的世界を表現しない。

---

(4)「私の宇宙の諸対象のあいだに、この宇宙を崩壊させるひとつの要素が出現する。それが、私の宇宙のなかのひとりの人間の出現、と私が呼ぶものである」。「それゆえ、世界のなかへの他者の出現は、全宇宙の凝固した地滑りに、つまり私が世界に行使する中心化作用を同時に根底から掘り崩す世界の脱中心化に、対応する」。Jean-Paul Sartre, *L'être et le néant*, *op. cit.*, p. 294; 295.（サルトル『存在と無』Ⅱ、前掲書、九八頁、九九頁。）

(5) この契機は、サルトルにおいてはむしろ、即自から対自への移行としての「存在論的な行為」あるいは「絶対的な出来事」に相当するだろう。*Ibid.*, p. 115.（ジャン＝ポール・サルトル『存在と無——現象学的存在論の試み』Ⅰ、松波信三郎訳、ちくま学芸文庫、二〇〇七年、二四四頁）

(6)「女の記述」での女の記述に焦点を定めた批判については寡聞にして知らないが、フェミニズムの観点からのドゥルーズ哲学に対する批判は数多い。とりわけ、内容の面で「女の記述」と密接に関係している「ミシェル・トゥルニエと他者なき世界」の議論に注目した批判としては、Alice Jardine, "Woman in Limbo: Deleuze and His Br(others)," in *SubStance*, vol. 13, no. 3-4, issue 44-45, University of Wisconsin Press, 1984 がある。ジャーディンの批判は、「ミシェル・トゥルニエと他者なき世界」でドゥルーズが論じる他者が、結局のところ男たちのことでしかなく、女の哲学的身分は中途半端（in limbo）にとどめ置かれているという点にある。ジャーディンの批判には、ロナルド・ボーグが「ミシェル・トゥルニエと他者なき世界」に即して応答を試みている。Cf. Ronald Bogue, "Speranza, the Wondering Island," in *Deleuze Studies*, vol. 3, issue 1, Edinburgh University Press, 2009.

> 女は、外的世界ではなく内的世界を表現する。あるいは内的生活を表現する。それは物質的なものと非物質的なものとの同一性であり、それが女の本質そのものをなす。男－〈他者〉が、何よりも外面性によって定義されるのに対して、女は、並外れた、熱い、生き生きとした内面性である。〔……〕化粧はこの内面性の形成物である。（LAT 259/330）

女は、男－〈他者〉のように世界を否定したり、無化したりすることによって、その可能な外的世界を表現するのではなく、また友情や連帯を結ぶこともなく、世界のなかで、内的世界、内的生活、つまり彼女自身の還元不可能な内面性を執拗に保持する。この内面性のあらわになったもの、その形成物が化粧であるが、それは内面性を暴露するものではなく、内面性をそのままに具現化し、現前させるものである。上の引用で「物質的なものと非物質的なものとの同一性」ということで言われているのはこのことであり、ドゥルーズはこの受肉した可能性を「可能的なものの肉」（LAT 256/326）と呼ぶ。そしてドゥルーズは、化粧もその一様態であるこのような内面性の保持の様態として、「秘密」、「嘘」、「眠り」について、さらに失敗を運命づけられた内面性への接触の試みとしての「愛撫」について記述していく。ここで女はいわば、触れることのできない、暴露することのできない秘密のようなものとして、そしてそれゆえに男－〈他者〉のように友情や連帯というかたちで日常的な世界を構成しないものとして、特徴づけられるのである。

他の論点も含んださらなる考察はここでは差し控え、(7) さしあたり以上の他者論の意義を次のようにまとめておくことにしよう。ドゥルーズがここで試みているのは、他者を「意識の相互性に関する古典的な錯覚」から独立して思考することである。これは、私というものを前提にして、他者を私とは別の私として、いわば私の似像のようにして捉えること、そしてその結果として、他者との関係を、鏡の映し合いのように相剋として理解することへの批判である。とはいえこれは、いわゆる「他者の他者性」の尊重のためなどではない。むしろ、他者を他者以外のものとの概念的混合状態から分離し、もっと非情に、他者をその効果や機能に還元するためである。ちょうど、次章で見ていく『ザッヘル゠マゾッホ紹介』において、マゾヒズムがサディズムの単なる反転したバージョンであるとする古典的な錯覚が批判され、両者に固有の構造と論理とが見いだされるのと同様に、ドゥルーズはここで、他者を私から切り離して、さらに女を男から切り離して思考しようとしているのである。

そして、そこで切り出されたのが、可能世界の表現である男゠〈他者〉と、可能的なものの

(7) これについては鈴木泉「雀斑と倒錯」前掲書、を参照。また、私たちは次の論文で、ドゥルーズにおける「可能的なもの」の概念の重要性をめぐって、最初期論文の他者論をある種のユートピア論の観点から別様に考察している。小倉拓也「ドゥルーズにおける「可能的なもの」の概念再考――最初期論文群から晩年までを貫くものとして」、『フランス哲学・思想研究』第二三号、日仏哲学会、二〇一八年、近刊。

肉としての女である。男－〈他者〉は、可能な外的世界を表現することで、意識とその対象を分離し、私を主体化するものである。さらには、そのようにして表現される諸可能性が共存する、日常的で間主観的な世界の成立、つまり「友情」を可能にするものでもある。女は、いかなる可能な外的世界も表現せずに、暴かれることのない内面性を執拗に保持することで、友情を可能にせず、日常的で間主観的な世界への参与を回避するものである。粗野な対立に訴えているようにも思えるこの男と女は、しかし、対称的な関係にも非対称的な関係にもなく、そもそも交わることがない(8)。というのも、可能な対称性も非対称性も、ここで言うところの「友情」のうちではじめて成立するものだからである。この意味において、「性別を持つ他者の哲学」は、逆説的にも、当初批判された「無性」性とは異なる水準で、「非性化された他者の哲学」である可能性がある。このような他者の概念は、これ以降、例えば『プルーストとシーニュ』などで部分的に展開されながら、次節で見ていく「ミシェル・トゥルニエと他者なき世界」において練り上げられていく。

3　他者とは何か——「ミシェル・トゥルニエと他者なき世界」における

前節で、最初期論文の他者論について簡単に整理した。ここから無人島の問題へと合流し、「ミシェル・トゥルニエと他者なき世界」を読解していこう。ドゥルーズは「無人島の原因と理由」のなかで、デフォーの『ロビンソン・クルーソー』について次のような批判を行っている。「無人島に発する世界の神話的再創造は、資本に発するブルジョワ的日常生活の再構成に席を譲る。すべてが船から引き出され、何ものも創造されず、すべてが骨を折って島に適用される」(ID 15/上19)。デフォーにおけるロビンソンは、島の外の既存の世界の事物を島に持ち込み、適用することで、彼が元いた世界の復元に成功する。ドゥルーズにとってこれは、文学的想像力を既存の現実に従属させることであり、無人島が持つ形而上学的身分を裏切ることにほかならない。「『ロビンソン・クルーソー』は、ピューリタニズムのなかで神話の破産と死を繰り広げる」(ID 15/上19)[9]。

　この批判を鑑みれば、ドゥルーズがトゥルニエの『フライデーあるいは太平洋の冥界』を高

---

(8) このような理解は、もしかしたらジャック・ラカンの「性関係は存在しない」(Il n'y a pas de rapport sexuel) を想起させるかもしれないし、実際に一定程度、それと重なると言えるかもしれないが、本書では深入りしないでおく。Cf. Jacques Lacan, *Le séminaire livre XX. Encore, 1972-1973*, Jacques-Alain Miller (ed.), Seuil, 1975. なお「性関係は存在しない」の解釈については、Bruce Fink, *The Lacanian Subject: Between Language and Jouissance*, Princeton University Press, 1995, ch. 8(ブルース・フィンク『後期ラカン入門――ラカン的主体について』村上靖彦監訳、小倉拓也+塩飽耕規+渋谷亮訳、人文書院、二〇一三年、第八章)を参照されたい。

(9) デフォーにおけるプロテスタンティズムの倫理と資本主義の精神については、大塚久雄『社会科学における人間』岩波新書、一九七七年を参照。

く評価することは理解に難くない。というのも、トゥルニエにおいては、無人島における他者の不在とともに、既存の世界の事物がもたらす日常的な世界を構成する効果が消失していき、その結果、空間、時間、欲望をめぐる経験の変容が描かれることになるからである。そこでは、文学的想像力による「人間の飛躍」が、デフォーに比してより徹底して遂行されている。しかし、ドゥルーズがトゥルニエの小説を論じるにはそれ以上の必然性がある。トゥルニエの小説は、他者の不在と経験の変容をめぐる哲学的な洞察を含むものであるが、そこで示される他者の概念は、まさに最初期論文でドゥルーズがトゥルニエから借用した「可能世界の表現」なのである。「ミシェル・トゥルニエと他者なき世界」におけるドゥルーズの他者論は、最初期論文でトゥルニエに着想を得て構築されたそれを、新たに出版されたトゥルニエの無人島小説にもとづいて、さらに当時のゲシュタルト心理学と構造主義的精神分析の語彙を用いて理論的にアップデートしつつ、展開しなおすものだと言える。

3-1　他者の現前の第一の効果――知覚の場の構造化

「ミシェル・トゥルニエと他者なき世界」でも、ドゥルーズはまず、他者を「意識の相互性に関する古典的な錯覚」から独立して思考しようとする。つまり、他者が、私にとっての対象であるのか、それとも私とは別の主体であるのかという観点からではなく、それが私たちの経験において持つ効果や機能の観点から捉えるのである。ドゥルーズは、トゥルニエの小説で描かれた、無人島における他者の不在がもたらす経験の変容から、他者の現前の効果を浮かび上がらせる。その第一の効果は、次のように説明される。

他者の現前の第一の効果とは、私が知覚する各対象、私が思考する各観念のまわりに、別の対象、別の観念が、相互的推移を規制する移行の法則にしたがって出入りすることができるような、ひとつの余白の世界、連結管、背景を組織することである。(LS 354/下 231)

他者は、その効果や機能において、「余白」や「背景」を組織するものだという。ここで言う余白や背景とはいかなるものだろうか。例えば、私がある対象から目を離し、別の対象に目を移しても、目を離したその対象は消えてなくなるわけではないし、再び現れても私を驚愕させはしない。知覚において、ある対象から別の対象へと目を移すとき、一方は余白や背景へと退き、他方は余白や背景から浮かび上がってくるのであり、一挙に無に帰したり、突如として有が発生したりはしない。それは、ある対象を見ているときに、実現されうる諸可能性のひとつとして、非主題的な様態で、別の対象がつねにすでに控えているからである。これが知覚の場における余白や背景の機能である。

とはいえ、知覚における余白や背景の重要性については、すでにゲシュタルト心理学や、それを哲学的に取り込んだ現象学によって、例えば知覚の地平構造や射映的現出の議論をとおして指摘されている。[10] ドゥルーズの分析の特異な点は、このような余白や背景が、他者をとおしてのみ可能なものだと考える点にある。例えば、諸対象が重なり合う奥行の知覚は、それが別の観点からは並置される横幅でありうるという可能性に裏打ちされているし、私には見えない背後の世界の実在の可能性は、それを見ているであろう別の観点の現存によって支えられている。このような可能な別の観点、つまり「可能世界」が、知覚をあらかじめ構造化しないなら、見えているかぎりが世界のすべてで、見えていないものは端的に無となるだろう。他者は、「私が知覚するもののなかに知覚されざるものの兆しを導入し、私が知覚しないものを他者にとっては知覚可能なものとして捉えるよう決定する」(LS 355/下 233)。この意味において、他者は、最初期論文でトゥルニエから援用された言葉を再度用いて、「可能世界の表現」(LS 357/下 236) と呼ばれるのである。

さらにドゥルーズは、当時の構造主義諸学の影響のもと、他者を「構造」という語で説明しようとする。可能世界の表現としての他者は、知覚の場を占めにやってくる具体的な項ではなく、知覚の場それ自体を条件づけるものであり、それゆえ構造主義的な意味での構造として理解することができるのである。「他者とは、何よりもまず、それがなければ知覚の場が全体としてしかるべく機能しないような、知覚の場の構造である」(LS 356-357/下 235)。たしかに他者は、経験的には、私にとっての対象であったり、私とは別の主体であったり、具体的な他人として現れる。しかし、具体的な他人によって占められるそのような相対的なポジションは、それをそもそも可能にする他者の構造としての機能を前提としているのである。それゆえドゥルーズは、他者を「可能的なものの構造」（LS 357／下 235）、「〈他者〉構造」（LS 358／下 237）、あるいは――おそらくはサルトルの「主体‐他者」や「対象‐他者」という言葉づかいを批判的に踏まえながら――「構造‐他者」（LS 362／下 242）と定義するのである。[11]

3‐2　他者の現前の第二の効果――時間の次元の配分

ドゥルーズは、以上の知覚の場の構造化を、他者の現前の第一の効果とし、その第二の効果について論じていく。第一の効果がある意味で「空間」に関わるものであるのに対して、第二の効果は「時間」に関わるもの、つまり「時間の次元の配分」だという。ドゥルーズは次のように書いている。「他者によって、私の意識は必然的に「私は……だった」へと、つまり、もはや対象と一致することのない過去へと急変することになる」（LS 360／下 240）。どういうこと

(10) 実際、ドゥルーズはここでゲシュタルト心理学を念頭に置いている。「現代の心理学は、知覚の場の機能やその場における対象の諸変異を考慮に入れる一連の豊かなカテゴリーを練り上げてきた。つまり、形態‐背景〔図‐地〕、奥行‐横幅、主題‐潜勢態、側面‐対象の統一性、縁‐中心、テクスト‐コンテクスト、措定的‐非措定的、移行的状態‐実体的部分、等々」（LS 358／下 237）。

(11) 実のところ、ドゥルーズのサルトルに対する評価は決して低くなく、それによるとサルトルの他者論、とりわけ「まなざし」論は、不十分ながらもこのような「構造」という考えの先駆的形態だという（LS 360 n. 11／下 258 n. 11）。

だろうか。実は、この箇所の論旨はあまり明確ではない。明らかに言葉足らずであり、またミスリーディングでさえあるように思われる。というのも、ドゥルーズはここで、時間の次元の配分を他者の現前の第二の効果と規定し、あたかもそれが第一の効果である知覚の場の構造化と並び、しかもその後に続くものであるかのように書いているが、論理的には第二の効果の方が第一の効果に先行し、その可能性の条件をなしているはずだからである。これを理解するのに、先に見た最初期論文の議論がヒントになる。

思い出そう。ドゥルーズは「女の記述」で、世界への他者の出現に関する記述を行っていた。それによれば、「大原則」として、「事物はみずからの意味作用を持つために私を必要とはしなかった」(LAT 254/324)。事物は私の志向的な意識なしに、それによって志向されることなしに、おのれだけでまったき意味を持っている。これが意味するのは、意識とその対象に区別がなく、それらが一体となっているということである。疲労であり、それ以上でも以下でもない世界。このとき他者は、疲労でない可能な世界の表現であることによって、疲労である世界を否定し、無化し、疲労していたのは単に私だったのだと私に意識させる。そしてそれによりはじめて〈私〉が差し押さえられるのであった。この議論が示唆しているのは、意識的主体としての〈私〉とは、ある種の事後性の産物であるということ、そしてそこでは、〈私＝世界〉の充足した現在を、否定を介して過去へと落下させる、時間の次元の配分が起こっているということである。

かくして、先ほどの引用のとおり、「他者によって、私の意識は必然的に「私は……だった」へと、つまり、もはや対象と一致することのない過去へと急変することになる」のであり、この時間の次元の配分こそが、意識とその対象の区別を可能にする。「他者はそれゆえ、意識とその対象の区別を、時間的な区別として保証する」(LS 361/下 241)。重要なのは、知覚の場の構造化が、意識とその対象の区別を前提とする以上、時間の次元の配分が、知覚の場の構造化に論理的に先行しているということである。これは、知覚の場の構造化が、すでに他者がいる世界での他者の現前の効果であるのに対して、時間の次元の配分は、厳密には、いまだ他者がいない世界への他者の出現の効果であることとの違いでもある。実際、ドゥルーズははじめ、時間の次元の配分を他者の現前の第二の効果としていたが、時間の次元の配分が知覚の場の構造化よりも「より根元的」(LS 361/下 241)であると認めている。

3-3 欲望の根拠とその排除

以上で確認してきた他者の概念は、他者を、その効果や機能において、まずは知覚の場の構造として、そしてより根元的に時間の次元の配分者として、定義するものである。ここで仮に、具体的に――とはいえ心理学的にではなく形而上学的に――、他者の後者の側面を、自他未分化の幼児の世界に到来する外傷的出来事と捉え、前者の側面をそれによって可能となる象徴的なものの秩序と捉えるなら、これらは即座にジャック・ラカンの精神分析理論に接近することになる。というより、「ミシェル・トゥルニエと他者なき世界」の他者の概念は、明らかにラカンのそれを意識したものである。事実、ドゥルーズは「欲望」の問題に触れることで、自身の他者の概念を明示的にラカンのそれに近づけていく。

私の欲望が姿を現し、私の欲望が対象を受け取るのは、つねに他者によってである。可能な他者によって見られず、思考されず、所有されないようなものを、私は何ひとつとして欲望しない。そこに私の欲望の根拠がある。私の欲望を対象へと向かわせるのは、つねに他者である。(LS 355/下 233)

よく知られているとおり、ラカンは「人間の欲望は〈他者〉の欲望である〔Le désir de l'homme est le désir de l'Autre〕」[12]と考えた。このとき「の」(de)の意味が多義的であることに注意しなければならないが、さしあたりこの命題は、ラカン自身が注解しているように「人間が欲望するのは〈他者〉を介してである」[13]と解することができる。〈他者〉の欲望は、人間、とりわけ幼児が、それをめぐって世界の意味の領野へと歩み出し、主体として生きていく、動機＝原因であり、いわば私たちと意味ある世界との繋留点である。それゆえ、私たちが世界や対象にいかなる意味を認め、何を価値あるものとし、それを求めるのか、つまり私たちの欲望は、根本的に〈他者〉によって媒介されているのである。だからこそ、「私の欲望が姿を現し、私の欲望が対象を受け取るのは、つねに他者によって」であり、「私の欲望を対象へと向かわせるのは、つねに他者である」と言われるのである。他者はまさしく「私の欲望の根拠」なのである。

ここまで、ドゥルーズが空間、時間、欲望という観点から他者について論じているのを見てきたが、それらに共通するのは、他者が、それの媒介によってはじめて私たちの日常的な世界が成立し、しかるべき仕方で機能するような構造であり、またその端緒をしるす否定性の到来であるという点である。このような他者の概念の練り上げには、最初期論文以来のサルトルの対他存在の現象学の批判的な継承、ゲシュタルト学派の批判、そしてラカンの構造主義的精神分析の摂取、これらが構成的に関与しているが、このうちラカンの精神分析理論は特に重要なものだと言える。(14) というのも、ラカンは、他者を構造という観点から捉えた最たる人物である

(12) Jacques Lacan, « Subversion du sujet et dialectique du désir dans l'inconscient freudien », in *Écrits*, Seuil, 1966, p. 814.
(13) *Ibid.*
(14) これを良いとするか悪いとするかとは別に、ドゥルーズの議論が実際にそうなっているということである。アルフォンソ・リンギスは、ドゥルーズがトゥルニエの小説を「ケース・スタディ」として扱い、それにラカンの精神分析理論による「解釈」を施しているとする批判がありうると指摘している。Alphonso Lingis, "Deleuze on a Deserted Island," in *Philosophy and Non-Philosophy since Merleau-Ponty*, Hugh J. Silverman (ed.), Northwestern University Press, 1988, pp. 153-154.

が、それと同時に、あるいはそれ以上に、そのような構造の不在と、それによってあらわとなる人間の非人間性について、徹底的に思考した人物でもあるからである。事実、ドゥルーズは、無人島という他者なき世界における経験の変容を論じていく際、ラカンの最重要概念を援用している。

ラカンに倣って言うなら、他者の「排除〔forclusion〕」によって、他者はもはや他者として把握されなくなる。なぜなら、他者に他者としての場所と機能を与えることのできる構造が欠けるからである。しかし、崩れるのは、私たちの知覚世界全体でもあるのではないだろうか。（LS 359-360／下 239）

次章で詳しく触れるが、「排除」とは、ラカンにおいてパラノイアや分裂病を含む「精神病」（「神経症」および「倒錯」から区別される）の機制であり、基本的に「〈父‐の‐名〉の排除」などと定式化される[15]。ごく簡単に述べるなら、〈父‐の‐名〉とは、〈他者〉の欲望を、問いの対象として、つまり幼児にとって探求可能なものとして名づける最初の名であり、これによって代表されることに先立っては〈他者〉の欲望は何ものでもない。それゆえ、ラカンにとって〈父‐の‐名〉は、象徴的なものの秩序の、つまりは構造の端緒となるものであり、これが幼児の心的生にインストールされるか否かが神経症と精神病を分ける。まさにドゥルーズが言うように「排除」によって「構造が欠ける」わけである。すると、ドゥルーズは、他者によって構造化されている世界を神経症の世界、他者なき世界を精神病の世界と考えるのだろうか。基本的にはこの構図で間違いではないのだが、ドゥルーズはやや複雑な理路を構成している。実際に、ドゥルーズによる他者なき世界の記述を見ていこう。

4 他者なき世界――「神経症をたしかに経由し精神病をかすめる冒険」

確認したように、ドゥルーズは、無人島における他者なき世界を、理論的にはラカンの排除の概念に訴えて説明している。先の引用にあるように、構造-他者の排除は、構造がその機能において欠けることによって、それが条件づけていた「私たちの知覚世界全体」の失調を、つまり空間、時間、欲望に関わる経験の変容を引き起こすことになる。

ドゥルーズは、他者なき世界で台頭するものを、まずは「全か無かの略式法則〔loi sommaire du tout ou rien〕」(LS 355/下 233)と呼ぶ。これは、見えているものだけがすべてで、見えていないものは端的に無ということである。他者がその構造としての機能において欠けることに

---

(15) Cf. Jacques Lacan, *Le séminaire livre V. Les formations de l'inconscient, 1957-1958*, Jacques-Alain Miller (ed.), Seuil, 1998, ch. VIII.(ジャック・ラカン『無意識の形成物』上、ジャック=アラン・ミレール編、佐々木孝次+原和之+川崎惣一訳、岩波書店、二〇〇五年、第Ⅷ章)

よって、見えているもののなかに見えていないものを可能性として保持することがかなわなくなり、両者が絶対的に対立するようになるのである。事物は、なだらかに重なり合ったり、相互に移行し合ったりすることをやめて、脅迫的に現前し、屹立し、緩衝域なしに唐突に強襲してくる。奥行と横幅はもはや可換的ではなくなり、いずれの次元においても、隔たりは越えがたい絶対的なものとなる。それは「潜勢態も潜在性もない、生まの黒い世界」(LS 356/下 233)の出現である。

以上は、他者の現前の第一の効果に関わる変容である。もちろん、それよりも「より根元的」に、その第二の効果である時間の次元の配分についても変容が生じる。「他者は、その構造において欠けることによって、意識とその対象を永遠の現在のなかで癒着させ、一致させたままにする」(LS 361/下 241)。すでに見たとおり、他者は、〈私=世界〉の充足した現在を、否定を介して過去へと落下させることで、時間の次元を配分するものであった。他者が欠けることは、そのまま、超え出ることのできない「永遠の現在」をもたらすのである。意識とその対象を分離しない永遠の現在においては、「〈私〉の差し押さえ」が生じえないのだから、自-他は未分化なものとなる。「意識は、事物を照らす光であることをやめて、事物それ自体の純粋な燐光となる。ロビンソンは島の意識でしかない。しかし島の意識は、島が自分自身について持つ意識であり、島それ自体である」(LS 362/下 242)[16]。さらに、これら空間と時間の変容にともない、欲望もまた、特定の対象へと方向づけられることがなくなり、おのれの対象をなくすことになる。

構造‐他者の排除によるこのような経験の変容は、間違いなく破局的なものである。それは、他者の不在ゆえに、構造が不在の法としてよりいっそう支配をふるう神経症の体制から、構造‐他者の完全な解体へと至る精神病の体制へと向かう過程を描く。「神経症と精神病は、深層の冒険である。〈他者〉構造は、深層を組織化し、平定し、生きられるものにする。それゆえ、この構造のトラブルは、もはや払いのけることのできない無底の攻撃的回帰のような、深層の乱れ、深層の狂いを意味する」（LS 366/下 247）。神経症の位置づけが若干異なるであろう点を除けば、ドゥルーズの他者なき世界は、それが精神病の体制をもたらすという点で、ラカンの排除と大筋では違わないと言っていいだろう。

分裂病を礼讃するフェリックス・ガタリとの共著『アンチ・オイディプス』が念頭にあると、このような構造なき精神病的な世界こそ、ドゥルーズが他者なき世界を論じることで肯定しようとしているものに見えるかもしれない。しかし、そのような見立ては不当な論点先取である

（16）私たちは、他者なき世界におけるこれらの経験の変容を、その機制の観点から、「自閉」の経験の様態と重ねて論じたことがある。Cf. 小倉拓也「可能的なものの技法――「自閉」のリトルネロに向けて」、『発達障害とラカン派精神分析――〈開かれ〉としての自閉をめぐって』上尾真道＋牧瀬英幹編、晃洋書房、二〇一七年。なお、当該論考は、本書の執筆過程でそのアイデアを元に別途構想されたものなので、本章の記述といくらか重なる部分があることをことわっておく。

ばかりか、逆説的にもドゥルーズをラカンの枠組に収めるものでしかない。実際、ドゥルーズはここから、ラカンの定式化から独自に転回し、排除がもたらす最後の、つまり神経症と精神病に続く「「他者の喪失」の第三の意味」(LS 367／下 249)へと向かう。

> 一切のものは、その意味を失い、シミュラクルと遺物になった。労働の対象でさえ、愛するひとでさえ、世界それ自体、そして世界のなかの私でさえもが。しかしそれは、ロビンソンに救済がなければ、である。ロビンソンが「他者の喪失」という表現の新たな次元を、あるいはその第三の意味を発明しなければ、である。他者の不在とその構造の解体が、単に世界を脱組織化するだけでなく、反対に、救済の可能性を開示しなければ、である。(LS 366／下 248)

ドゥルーズはこのように、神経症を経由し、精神病へと向かう経験の破局的変容からの、「救済」の可能性を示唆するのである。そしてドゥルーズの答えは、救済がなければならない、救済はある、というものである。それは、構造-他者の解体による無底の露呈という危機的契機に直面して、しかしそれに飲み込まれてしまう――つまり精神病の体制に帰着する――のではなく、それがもたらした知覚世界全体の裂け目をいわばスプリングボードにして飛躍し、もはや構造-他者によって拘束されることのない、とはいえ破局的でもない、自由かつ保護的な空間、時間、欲望の領野を切り開くことである。それが、物体的な深層から非物体的な「表面」へと上昇することであり、攻撃的なシミュラクルの世界を表面の「幻想」へと昇華することであり、つまりは「神経症をたしかに経由して精神病をかすめる冒険の結果として」(LS 372/下257)、それらいずれでもない「倒錯」に到達することである。注意しなければならないのは、構造‐他者の排除が即座に表面、幻想、倒錯をもたらすのではないということである。[17] ドゥルーズ自身が述べているように、「ここに到達するには、実に多くの苦難と数奇な冒険が必要だった」(LS 364/下245)のであり、それは「救済」とまで言われているのである。

では、この救済された世界は、いかなる世界だろうか。深層、シミュラクル、精神病ではなく、表面、幻想、倒錯においてはじめて、欲望は特定の対象から解き放たれ、対象とではなく構造化されざる世界の「エレメント」と、他者によってではなく自分自身によって、結びつくことになる。そこで新たに現れる他者は、もはや他者ではないもの、つまり「他者とはまったく異なるもの〔tout-autre qu'autrui〕」(LS 368/下251)、「他者とは〈他なるもの〉〔Autre qu'autrui〕」(LS 371/下255)へと生成する。もはや世界を否定するものも、〈私〉をそれとし

(17) 小泉義之は、『ドゥルーズと狂気』(二〇一四年)で、まさに「神経症をたしかに経由して精神病をかすめる冒険」を章のタイトルにして論じているのだが、あたかも構造‐他者の解体がそのまま表面の開示になるかのような議論を構成しており、神経症を経由することも、精神病をかすめることも、短絡させてしまってはいないだろうか。小泉義之『ドゥルーズと狂気』河出ブックス、二〇一四年、五一‐六〇頁。

て差し押さえるものも、世界を可能性で満たすものもない。「倒錯の世界とは、可能的なもののカテゴリーに、必然的なもののカテゴリーが完全に取って代わった世界である」(LS 372/下257)。世界の破局を「大いなる健康」として享受し、可能性なき必然性を肯定する、このような「奇妙なスピノザ主義」(LS 372/下257)こそ、そしてそれゆえの「自由な人間」(18)へと生まれなおすことこそ、結局のところ、無人島という形而上学的な実験場においてあらわとなる、他者なき世界における経験の変容の意味であり、また、その倫理的要請なのである。

5　倒錯の論理学に向けて

最後に、批判的な観点も含め、以下の諸点を指摘して本章を終え、次章へとつなげることにしたい。

第一に、ドゥルーズは以上の議論で、経験の破局的な契機を介して、既存の秩序を脱して新たな経験の領野を切り開くには、当の破局からも脱することが不可欠である、という論理を構成しているが、このような破局的な契機に対するある種の防御的措置の必要性は、ドゥルーズの仕事のなかで、素朴な創造的破壊のように見えるものに、実のところ徹底して内在しているものである(19)。このことは、第三章で確認した批評的‐臨床的観点からすれば、決して短絡させることのできない、区別されるべき諸水準の識別とそれらの関係の把握の問題でもある。「神経症を経由すること」も、「精神病をかすめること」も、それを介して倒錯へと到達すること も、このような批評的‐臨床的な観点から識別され、関係が問われなければならないものであ る。既存の秩序の破壊、表象＝再現前化の批判だけでは、破局的な深層に飲み込まれしまうだ けであり、そこから何らかの仕方で身を引きはがさなければ、ここで言うところの表面、つ まり下‐表象的なものとしてのシステムは存立しえない。この論理はドゥルーズのなかで一 貫している。第Ⅲ部で見ていくように、『感覚の論理学』における「本当の「台無し」」（FB 102/146）の回避と、そのための「少しばかりのコツ」（FB 53/74）の要請、そして『哲学とは 何か』における、カオスに潜りそこから「少しばかりの秩序」（QP 189/337）を打ち立てるこ との必要性、これらは以上の論理と同様のものであり、本書が主題とするドゥルーズにおける 「カオスに抗する闘い」を構成している。

第二に、一方で、「ミシェル・トゥルニエと他者なき世界」の構造‐他者は、以上で確認し たとおり、最初期論文における可能世界の表現としての男‐〈他者〉を、構造という語彙のも

(18) ドゥルーズのスピノザ主義における「自由な人間」については、ドゥルーズによる『エチカ』第四部の注解を参照（SPE 234-251/265-285）。

(19) ここでは注記するだけにとどめるが、『差異と反復』の他者論における他者なき世界をめぐる議論では、このことが見えにくくなっている。『差異と反復』の他者論については次の論文でいくらか整理している。Cf. 小倉拓也「ドゥルーズ哲学における「他者」の問題」、『フランス哲学・思想研究』第一六号、日仏哲学会、二〇一一年。

とに練り上げたものだと言えるが、他方で、他者なき世界において出会われる「他者とは〈他なるもの〉」は、厳密な一対一対応とまでは言いがたいが、最初期論文における「女」――つまり、可能な外的世界を表現せず、間主観的世界を可能にせず、おのれだけに閉じた内面性を保持する他者――と、ある程度対応すると考えることができる。男‐〈他者〉と女は、最初期論文では性別を持つ他者の概念として提出されたものであるが、先にも論じたように、それらが対称的でも、非対称的でもなく、決して交わることがない存在と考えるなら、その女の概念は、「ミシェル・トゥルニエと他者なき世界」の表面、幻想、倒錯とともに生じる「非性化」と矛盾しないどころか、積極的に「非性化された他者の哲学」を構成するものだと言うこともできるだろう。このような点からも、最初期論文、「無人島の原因と理由」、「ミシェル・トゥルニエと他者なき世界」は、ひとつの強力な問題系を形づくっているのである。

　第三に、これが最も重大な問題となるのだが、以上の議論にもかかわらず、構造‐他者の排除から、結果的に表面へと到達するための具体的な論理は、ドゥルーズが「救済」という言葉に訴えているように、実は明らかではない。いったいどのような論理、あるいは「コツ」によって、深層、シミュラクル、精神病から、表面、幻想、倒錯へと移行することができるのか。「実に多くの苦難と数奇な冒険」を、いったいどのようにして切り抜けるのか。まさにここに、「深層から表面の生産へと直接的に移行する動的発生」（LS 217／下 24）の問題がかかってくるのである。この観点から、そして引き続き「単為発生」と「第二の起源」の問題系に定位しながら、私たちは次章で『ザッヘル゠マゾッホ紹介』のマゾヒズム論を、そして第六章で『意味の論理学』の動的発生論を、詳細に検討していくことにしよう。

第五章　否定・否認・排除——倒錯の論理学

前章で見たとおり、ドゥルーズにおいて無人島とは、想像力による「人間の飛躍」が遂行される場所であった。それは、私たちが、私たちに先立ってその「開始」つまり「第一の起源」をしるしづける「一組の男女」なしに、「再開」という仕方で自分で自分を産みなおすための、つまり「単為発生」するための「第二の起源」であった。「無人島の原因と理由」で打ち出されたこの無人島の問題は、一九四〇年代の最初期論文以来の「他者」の問題と合流することで、「ミシェル・トゥルニエと他者なき世界」において、無人島という「他者なき世界」における経験の変容を「倒錯」としてあらわにするに至った。本章では、引き続き「単為発生」と「第二の起源」という問題系に定位しながら、ドゥルーズにおける倒錯の論理をより詳細に論じていく。

そのために本章で読解していくのは、「ミシェル・トゥルニエと他者なき世界」と同年に刊行され、ドゥルーズの倒錯論が最も集中的に展開されている『ザッヘル＝マゾッホ紹介』である。ドゥルーズはここで、精神分析の知見を批判的に取り入れつつ、サドの文学とマゾッホの文学を読み解きながら、サディズムとマゾヒズムという倒錯の二つの形態を、相補的なものとしてではなく、それぞれにまったく異なる論理を持つものとして分離する。私たちは、そのうちマゾヒズムの論理に、「単為発生」と「第二の起源」という一連の問題系のラディカルな展開としての「単為発生による第二の誕生」(seconde naissance parthénogénétique) という決定的な契機を見てとる。本章でこれについて踏み込んで論じ、次章ではその延長線上に、『意味の論理学』における「器官なき身体」の導出の論理を明らかにすることにしよう。

1　倒錯の文脈

前章で見たように、ドゥルーズは「ミシェル・トゥルニエと他者なき世界」で、倒錯を、ラカンの概念を用いて「他者の「排除」」(LS 359/下 239) による経験の変容として特徴づけている。倒錯を他者の排除によって特徴づけるこのような議論は、言葉づかいこそ現象学的なそれから構造主義的なそれへと変わっているが、一九四〇年代の最初期論文の議論から連なるものだと言える。さらに、以下で論じていく『ザッヘル゠マゾッホ紹介』においても、排除の概念はマゾヒズムを特徴づけるものとして、倒錯を定義する重要な概念として用いられている。また、そこで排除の概念によって批判的に退けられるのが、精神分析的な意味での「父」であること、そしてそれに対して「母」が重要な役割を担うことについても、最初期論文の他者論における「男」と「女」をめぐる記述とゆるやかに対応していると見ることができる。ドゥルーズにおける倒錯の概念には、このように、一九四〇年代の最初期論文から一九六〇年代後半に至るまで、「他者の「排除」」によって経験を条件づけるものの手前に遡行するという一貫した文脈があるのである。

しかし、ラカンの術語としての排除によって倒錯を論じようとするドゥルーズの立論は、前章では棚上げにしていたが、実は厄介な問題を引き起こす。というのも、ラカンにおいて「排除」(forclusion)は、分裂病がそこに含まれる「精神病」の機制であり、ラカンはこれを倒錯の機制である「否認」(déni)[1]からも、神経症の機制である「抑圧」(refoulement)からも厳密に区別しているからである。フロイト-ラカンの精神分析においては、エミール・クレペリン以来の神経症/倒錯/精神病という鑑別が採用されており、これら三つはそれぞれ、去勢の脅威の知覚を特権的な例とする外傷的出来事に対して、幼児が抑圧/否認/排除によって対処することの結果とされ、基本的に混じり合うことはない[2]。それゆえ、ラカンの排除の概念に訴え

(1) フロイトの用語のフランス訳語としては、否認は普通は déni であり、ドゥルーズは動詞では dénier を用いているが、名詞では dénégation を用いている。下記註16も参照。

(2) 基本的にというのは、一九七〇年代までのラカンの理論的変遷を辿るならそのかぎりではなくなっていくからである。これについては、松本卓也『人はみな妄想する——ジャック・ラカンと鑑別診断の思想』青土社、二〇一五年を参照。

て倒錯を定義しようとするドゥルーズの試みは、突き詰めて見ていくなら、どうしても折り合いの悪いものとなる。

事実、本章で見ていく『ザッヘル＝マゾッホ紹介』においては、その折り合いの悪さを露呈するかのように、倒錯のうちマゾヒズムの機制として、否認と排除の両方がともに用いられているのである。こうなると、ドゥルーズが基本的な概念的誤用をおかしているとして、目をつぶりたくなるかもしれない。しかし、本書は、本来は競合するはずの否認と排除がともに用いられている点に、ドゥルーズの倒錯論の積極的な意義を見いだしたい。概念的誤用に見えるものについて、単にそれが誤用であることを指摘して済ますのではなく、そこからしか引き出すことのできないものを引き出したいのである。これは、『アンチ・オイディプス』以降、倒錯に取って代わり前景化するように見受けられる分裂病の概念的な身分をどのように捉えるかということにも関わってくるだろう。

問題なのは、ドゥルーズが倒錯の哲学者なのか分裂病の哲学者なのかを決することなどではない。それでいて、倒錯と分裂病を、何となく「正常」に対する異議申し立てとして、曖昧に一緒くたにしておくことは、ドゥルーズの「批評と臨床」の試みに反することである。必要なことは、ドゥルーズが倒錯ということで何を問題としているのか——つまり倒錯の特異的意義——を概念的に精査し、それがドゥルーズ哲学全体のなかでいかなる意味を持ち、他の議論や概念とどのように関係しているのか——倒錯の全般的意義——を見定めることである。以下では、このような観点から、『ザッヘル゠マゾッホ紹介』を読解していこう。

2　変換論から批評と臨床へ

ドゥルーズはまず、サディズムとマゾヒズムをめぐる当時の支配的言説、すなわちそれらについて語られる「不当な相互補完性、不当な弁証法的な一体性」(PSM 10/17)に異議を唱えることからはじめる。例えば、フロイトは倒錯を幅広く論じた『性理論三篇』(一九〇五年)において、サディズムとマゾヒズムをそれぞれ、欲動の能動的な形態と受動的な形態とみなし、それらにある種の本体‐派生の関係を認めている。それによると、サディズムは、対象へと向かう攻撃的な欲動によって特徴づけられ、マゾヒズムは、そのサディズム的な欲動の行使が自己へと反転した派生態ということになる。「マゾヒズムとは、サディズムに続くものにほかならない」のであり、「自分自身に向いたサディズム」(3)なのである。ドゥルーズは、フロイトにも見られるこのようなサディズムとマゾヒズムの「変換論」(transformisme)、そしてそれが前提としている両者の相互補完性および一体性を批判し、サド‐マゾヒズムという誤った混合物を、

(3) Sigmund Freud, „Drei Abhandlungen zur Sexualtheorie“, in *Gesammelte Werke*, Band V, S. Fischer Verlag, 1991, p. 57.(ジクムント・フロイト「性理論のための三篇」渡邉俊之訳、『フロイト全集』第六巻、岩波書店、二〇〇九年、二〇二頁)

本性の差異にしたがって分割しようとするのである[4]。

では、両者はどのような観点から分割されるのだろうか。ドゥルーズは次のように主張する。「臨床的な判断が先入見に満ちているので、臨床の外に位置する点、すなわち二つの倒錯が名づけられる起点となった文学的な点から、すべてをやりなおさなければならない」(PSM 13/17-18)。「サディズムとマゾヒズムの臨床的特殊性は、サドとマゾッホそれぞれに固有の文学的価値から切り離すことができない」(PSM 13/18)のであり、それゆえ、サドとマゾッホのそれぞれの文学に立ち返ることで、サディズムとマゾヒズムを考察しなおさなければならないのである。これはまさに第三章で見た「批評と臨床」の問題である。このように動機づけられた両者の比較検討は、言語使用、小説技法、人類学、法哲学、精神分析など多岐にわたる観点からなされている。ここでは、本章冒頭からの精神分析的な関心に定位して、それぞれについて論じていくことにしよう。ポイントは、サディズムとマゾヒズムそれぞれに固有の「否定性」、そしてそれらが開示する「快原理の彼岸」である。

3　サディズムと純粋否定

ドゥルーズは、サドの文学的言語を「論証的」で「制度的」なものだと分析する。サドの文学の登場人物、放蕩者が用いる言葉は、具体的な事柄について話し合ったり合意形成したりするコミュニケーション的なものではなく、相手に一切かまうことなく、ただひたすら論証を行う。それは、機械のようにひとりでに作動し、みずからを普遍的に妥当する制度と化し、全体化し、君臨しようとするものである。(5) このような、呵責なく作動する言葉の論証的で制度的な暴力性こそ、サドの文学の本質を構成する。これに比せば、小説のなかで描かれる具体的な快や苦に結びついた暴力的なシーンは、副次的なものにすぎない。サドの文学的言語とは、快や苦を求めて反復されるパソロジックな、いわば「内容的な」暴力の記述ではなく、それらを超える純粋に「形式的な」暴力性の探求なのである。この意味において、それは経験的なものを越える超越論的な原理を探求するものだと言える。

このような文学的言語の観点から抽出された暴力性を、ドゥルーズは「否定性」の観点から一般化して論じる。サドの文学で駆動しているものは、「否定のまったき広がりと深さ」(PSM

(4) ここには、「混合物を本性上の分節にしたがって、つまり本性において異なる要素へと、分割する」(B 11/14) というドゥルーズのベルクソン主義が見て取れる。この観点から、Lode Lauwaert and William Britt, "Gilles Deleuze on Sacher-Masoch and Sade: A Bergsonian Criticism of Freudian Psychoanalysis," in *Deleuze Studies*, vol. 9, issue 2, Edinburgh University Press, 2015 は、『ザッヘル゠マゾッホ紹介』をベルクソン主義によるフロイト批判として読み解いている。

(5) それゆえ、ドゥルーズはこれを「奇妙なスピノザ主義」(PSM 19/29) と呼ぶ。「ミシェル・トゥルニエと他者なき世界」での同様の表現との関係は確かではないが、ドゥルーズがこの表現を広く倒錯に関連づけているであろうことはうかがえる。

24/38）であり、その否定性は、内容的な暴力と形式的な暴力性に対応するように、二つに区別される。一方が、経験的で部分的な過程としての単なる「否定」（négation）、他方が、経験的で部分的なものであることを超えて、理念化し全体化する「純粋否定」（pure négation）である。これら二つの否定性は、ピエール・クロソウスキーに倣い、二つの「自然」の概念と関係づけられ、次のように対照される。

まず、経験的で部分的な過程としての否定は、「二次的自然」における否定性だという。二次的自然とは、「それ自身の規則と法則に服した自然」（PSM 24/38）であり、そこでは一切が既存の法則や秩序のもとに与えられ、経験される。否定はあくまで、その秩序のもとでの可能な否定にすぎず、秩序それ自体を否定することはできない。それはいわば、無秩序が秩序の一様態であり、破壊が秩序維持の一様態であり、死が生と自己保存の一様態であるような否定性である。それゆえ、二次的自然においては、否定は、その否定の身振りにおいて、逆説的にも、それが前提としている秩序の存在をどこまでも追認し、強化しさえする。ちょうど、快楽のための凌辱や殺人が、どれだけ残虐で猟奇的であろうと、快原理という秩序を脅かすどころか、それを例証し実演するものでしかないように。

これに対置されるのが、「一次的自然」、そしてそれを目指す純粋否定である。一次的自然とは、「界や法則の彼方にある純粋否定の伝達者」であり、「あらゆる基底の彼方にある無底、根源的錯乱、猛り狂い引き裂く分子のみからなる原初的なカオス」（PSM 25/39）である。二次的自然が、既存の法則や秩序のもとに所与として与えられ、私たちの経験世界を構成するのに対して、一次的自然は、いかなる意味でも所与として与えられることはなく、経験世界を超えるものである。それゆえ、それはカント的な意味で「〈理念〉の対象」（PSM 25/39）と言われる。二次的自然における否定が、前提とされる秩序のもとでのものであるがゆえに、当の秩序をどこまでも追認し、強化しさえするのに対して、一次的自然を目指す純粋否定は、当の秩序それ自体を超克しようとするのである。

以上が、ドゥルーズがサドに見いだす二つの自然、二つの否定性の区別である。次にドゥルーズは、これらを、フロイトの『快原理の彼岸』（一九二〇年）における「死の欲動」をめぐる議論へと結びつけ、その精神分析的な意味について論じていく。よく知られているとおり、フロイトは長きにわたり、心的生の原理を、不快を避けて快を得ようとする傾向に見いだし、それを快原理と呼んで自身の臨床および理論の中心に据えてきた。しかし後年、フロイトは、快原理に反して執拗に苦痛を繰り返す反復強迫から、あらゆる生あるものが無機的物質的状態へと回帰しようとする傾向を見てとり、ひとつの思弁的に案出された概念として、死の欲動の存在を主張した。死の欲動の概念は、フロイトの思弁が生み出した精神分析におけるスキャンダルであり、精神分析を超えて様々な分野に大きな影響を与えてきた最重要概念のひとつである。

しかし、ドゥルーズは、フロイトが提示する死の欲動を、それが生の欲動との混合状態にあることを理由に批判する。「死と破壊の欲動は、たしかに無意識のなかに与えられ、呈示されるが、しかしそれはつねに生の欲動との混合状態においてである」(PSM 27/44)。フロイトの言う死の欲動は、経験においては純粋なかたちで見いだされることがなく、必ずや生の欲動との混合状態において、不純なかたちでのみ見いだされるものであり、それゆえに思弁的な概念なわけだが、しかしそれでは、「〈エロス〉との結合が〈タナトス〉の「呈示」の条件のよう」であり、「破壊や、破壊における否定的なものは、必ずや快原理に服した構築や統合の裏面として呈示される」(PSM 27/44) にすぎない。ドゥルーズにとってフロイトの思弁は、あまりに経験的なものに引きずられており、十分に思弁的ではないのである。このような理由から、ドゥルーズは、生の欲動との混合状態にある「死の欲動」(*pulsions* de mort) ――欲動の複数形はそれらが経験的な現象形態であることを表している――に対して、「純粋状態の〈タナトス〉」を、独自に「死の本能」(*instinct* de mort) と呼んで切り離し、それを経験的なものに依存しない真に思弁的な概念として思考しようとする。

こうして、サドにおける「既存の法則や秩序/法則や秩序のなかでの否定/純粋否定」の三幅対と重なるように、フロイトにおける「生の欲動/生の欲動との混合状態にある死の欲動/死の本能」が、以上の超越論的あるいは思弁的な動機によって分節される(6)。ドゥルーズがサディズムに見いだすものは一貫している。それは、既存の法則や秩序に服した、経験的なものでしかなく、それゆえ部分的なものでしかない否定性ではなく、それら法則や秩序それ自体を超克し、部分を全体へと乗り越え、〈理念〉の領域へと上昇する、高次の否定性である。そして、前者が「否定」および「死の欲動」として、後者が「純粋否定」および「死の本能」として取り出されるのである。

4　マゾヒズムと否認

以上でサディズムについて見てきた。マゾヒズムはどうだろうか。ドゥルーズによれば、マゾッホの文学的言語は「説得的」で「契約的」なものだという。マゾヒストの被虐者は、加虐者とのあいだで、個別的に妥当する契約を取り交わす。マゾヒストの世界において、加虐者の加虐はその契約に則らなければならない。これは、サドにおける放蕩者の呵責なき論証性および制度性とも、その暴力の可能な反転とも異なる論理である。そして、マゾヒズムも、既存の法則や秩序をある仕方で転覆する否定性、そして快原理の彼岸を探求するものであるのだが、それもまた、サディズム的な否定性の自己への反転などではなく、「まったく異なる操作」(PSM 28/45) によって遂行される。そのマゾヒズムに固有の否定性が、「否認」(dénégation)

(6) これらは、『差異と反復』における「モデル／モデルと内的に類似するコピー／シミュラクル」の分節と同様の論理によるものである。本書第一章を参照。

である。

おそらく、否認は、次のような操作の出発点として理解すべきである。つまり、否定するのでも、破壊するのでさえもなく、むしろ、ある種の宙吊りや中性化によって、現にあるものの正当性に異議を唱え、現にあるものに対して影響を及ぼす操作である。この宙づりや中性化は、私たちに、所与の彼方に、所与のものではない新たな地平を開くことをその特徴とする。(PSM 28/45-46)

否認は、所与の何ものか、つまり「現にあるもの」を、否定したり、破壊したりするのではなく、それを「宙吊り」にし、「中性化」するという。どういうことだろうか。ドゥルーズがここで依拠しているのは、フロイトが倒錯の機制としての否認について論じているフェティシズム論である。ドゥルーズが否認ということで何を言わんとしているのかを理解するために、以下ではフロイトのフェティシズム論を注解しておこう。

フロイト‐ラカンの精神分析においては、括弧つきの意味での「正常な」人間は、神経症の構造を持つと考えられる。神経症の構造は、幼児期に私たちが、去勢の脅威に直面したときに、それに対して「抑圧」によって対処することによって定義される。抑圧されたものは、無意識となり、やがて何らかの体験を契機として、症状として表出されることになる。神経症における症状とは、抑圧されたものの象徴的な表現なのである。ここで注意すべきなのは、抑圧とは、受け入れがたいものを拒絶することではなく、むしろそれを歪曲されたかたちで受け入れることだということである。最初に受け入れられていないものを後になって症状として表現することなどできない。神経症における、こうした去勢の脅威の歪曲されたかちでの受け入れを、ある種の「肯定」（Bejahung）と考えることができる。(7) つまり神経症とは、去勢の脅威をある仕方で受け入れること、それを肯定することにほかならないのである。

　これに対して、倒錯は、去勢の脅威に対して別様に対処する。それが「否認」である。フロイトによれば、倒錯者は、去勢の脅威の知覚——例えば「女におけるペニスの不在」(8) などの外傷的な知覚——を、ある仕方でなかったことにする。どのようにしてだろうか。知覚的事実の水準においてその欠如が外傷的なものとして働くもの——女のペニス——を代替する対象を、「幻想」の水準において創作し、維持し、それに固執することによってである。この幻想における対象が、いわゆる「フェティッシュ」である。フェティッシュを愉しむ倒錯者は、欠けて

（7）「神経症では、去勢の脅威を代表するシニフィアンが無意識のなかに存在することが「是認 Bejahung」される」。松本卓也『人はみな妄想する』前掲書、一三五頁。

（8）Sigmund Freud, „Fetischismus“, in *Gesammelte Werke*, Band XIV, S. Fischer Verlag, 1991, p. 312.（ジクムント・フロイト「フェティシズム」石田雄一訳、『フロイト全集』第一九巻、加藤敏編、岩波書店、二〇一〇年、二七六頁）

いるものをめぐって四苦八苦することがない。それゆえフェティッシュとは、フロイトが言うように、「去勢の脅威に対する勝利のしるしであり、その防御装置であり続ける」(9)。フロイトは次のように述べている。

フェティッシュとは、女(すなわち母)のファルスの代替物であり、男の子はそれがあると信じ、諦めようとしない。〔……〕男の子は、女がペニスを持たないことを知覚したのに、その知覚という事実を拒んだのである。〔……〕自然が用意周到にもこの器官に備えつけておいたナルシシズムの一部が反抗する、というわけだ(10)。

フェティシズムにおける否認は、去勢の脅威の知覚をそもそも受け入れないという仕方での、それゆえそれと四苦八苦して闘うことをはじめからしないという仕方での、去勢との闘いであり、勝利ですらある。倒錯の機制である否認のこのような特徴は、去勢の脅威の受け入れであり肯定である抑圧と、そしてそれをめぐって四苦八苦し続ける神経症と、著しい対照をなしていると言えるだろう。

以上がフロイトのフェティシズム論の要約である。ドゥルーズは、「本来の意味におけるフェティシズムなしにマゾヒズムは存在しえない」(PSM 30/48)と主張し、マゾヒズムにおける否定性を、フェティシズム的な否認とみなす。しかし、フェティシズムをマゾヒズムへと短絡させるドゥルーズの理屈には明らかな飛躍があり、両者の結びつけは強引なようにも見える。もしかしたら、マゾッホの文学に際立つ幻想的な世界の形成と維持が、フェティシズムにおける幻想的な対象の形成と維持にゆるやかに対応させられているのかもしれない。あるいはマゾヒズムというより、究極的にはフェティシズムの論理こそがドゥルーズにとって肝要なのかもしれない(11)。ともかく、ドゥルーズはこのようにフェティシズムとマゾヒズムを結びつけた上で、マゾヒズムによる既存の法則や秩序に対する操作、その固有の否定性を、フェティシズム的な否認と規定するのである。

件の飛躍については議論の余地があるだろう。それでも、ドゥルーズ自身がマゾヒズムをどのようなものと考えているかについては、以上より明らかである。マゾヒズムとは、既存の法則や秩序に対して、知覚的事実とは別の水準に、幻想の秩序を張りめぐらせることで、そして幻想のなかにとどまり、幻想的な対象に固執することで、「現にあるもの」の彼方を生きることである。だからこそそれは、「現実的なものの正当性に異議を唱え、純粋で理想的なものの

(9) *Ibid*., pp. 313-314.(同書、二七八頁)
(10) *Ibid*., p. 312.(同書、二七六頁)
(11) 千葉雅也は、この飛躍を指摘した上で、『ザッヘル゠マゾッホ紹介』におけるサディズムとマゾヒズムの対比を、非 - フェティシズムとフェティシズムの対比として読み換えることを提案している。千葉雅也『動きすぎてはいけない——ジル・ドゥルーズと生成変化の哲学』河出書房新社、二〇一三年、三一九 - 三二〇頁。

一次的自然
（快原理の彼岸）
↑ ——— サディズムの純粋否定
既存の法則や秩序
（快原理）
↓ ——— マゾヒズムの否認
幻想
（快原理の「手前」の彼岸）

図1　サディズムの純粋否定とマゾヒズムの否認

根拠をあらわにする」と言われるのである。さらに、否認の論理をシリアスに受け取るなら、それは既存の法則や秩序それ自体というよりも、その導入の契機——去勢の脅威の知覚——を否認し、なかったことにすることであり、それゆえ法則や秩序の超克を目指すサディズム的な否定性とはいわば反対方向へと向かうものである。その意味で、マゾヒズムは、快原理の「手前」へととどまるという仕方で、サディズムのそれとは別種の快原理の「彼岸」を切り開くものだと言えるだろう[12]。

5　父の「排除」？

ここまでで、サディズムとマゾヒズムが、いずれも既存の法則や秩序、そしてそのなかで所与として与えられる経験的なものに対する、特異な否定性を探求するものであること、そしてそれぞれにまったく異なる論理を持つものであることを見てきた。次に問われなければならないのは、こうして取り出されたサディズムとマゾヒズムが、変換論とは別のかたちで、どのような関係にあるのかということである。あからさまな、あえて極端な言い方をするなら、これは、ドゥルーズがサディズムとマゾヒズムのどちらをより重要なものと捉えているのかということでもある。

一方で、『ザッヘル＝マゾッホ紹介』という書名が示すように、サディズムを本体的とし、マゾヒズムをその派生態とする変換論を批判するドゥルーズの意図が、そもそもマゾヒズムに対して好意的なものに見えること、さらに後の『千のプラトー』などで、サディズムではなくマゾヒズムへの積極的な言及が散りばめられていることから[13]、ドゥルーズはここでマゾヒズムを重視しているようにも思われる。他方で、千葉雅也は、そのような『ザッヘル＝マゾッホ紹

(12) マゾヒズムの「手前」性とでも呼びうるものについては、Anne Sauvagnargues, *Deleuze et l'art*, PUF, 2005, p. 51; 千葉雅也『動きすぎてはいけない』前掲書、三一八頁を参照。

(13)「マゾヒストの苦痛は、快に到達するためではなく、欲望と外部からあてがわれた尺度としての快との偽りの絆をほどくために支払うべき代価なのである。快とは、苦痛の迂回によってのみ手に入れることができるようなものではなく、肯定的な欲望の連続的な過程を中断するものとして、最大限延期されなければならないものである。〔……〕要するに、マゾヒストは苦痛を、器官なき身体を構成し、欲望の共立平面を引き出すための手段として用いるのである」(MP 192/ 上 318)。

介』の「マゾヒズム一元論」的読解に対して異議を唱え、サディズムとマゾヒズムの「中間地帯」を強調することによって、ドゥルーズに内在する「動きすぎてはいけない」というテーゼを例証する強力な議論を構成している。[14] 本書はここで、「マゾヒズム一元論」に近い立場を取る。本書の解釈では、ドゥルーズは、どちらか一方を重視するためだろうと、両者の中間地帯を肯定するためだろうと、そもそもサディズムとマゾヒズムを並べて評価しておらず、積極的にマゾヒズムによってサディズムを批判しているからである。

このことが最も顕著に現れるのが、両者における「父」の問題である。ドゥルーズによると、「父のイメージはサディズムにおいて決定的」(PSM 50-51/87)である。サディズムにおいて、二次的自然を一次的自然へと超克する純粋否定の暴力性は、父のそれなのである。

> それ自体としての父が示すのは、界や法則の彼方にあり、猛り狂い引き裂く分子からなり、無秩序と混迷を担う一次的自然である――父スナワチ一次的自然。〔……〕父は、混迷する根源的力能としての自然を表象し、この自然は、法則を破壊し、法則に服す二次的な被造物を破壊することによってのみ、その本来の姿を現す。(PSM 52-53/90-91)

このように父のイメージは、サディズムに固有のものであり、その純粋否定の暴力性を表象するものである。ドゥルーズは、多くの精神分析家がマゾヒズムに――例えばマゾヒストの理想や拷問者のなかに――父のイメージを見いだそうとしてきたことを、変換論による誤りだと批判する。ドゥルーズによれば、マゾヒズムにおいては「父は排除され〔exclu〕、無効にされている」（PSM 54/92 強調引用者）。これは重要な点である。ドゥルーズは本文中、父を目的語に取る同様の表現で、「取り除く」（supprimer）や「追放する」（expulser）などの動詞を用いているが、一連の議論に付された註でラカンを参照し、そこで「父の名」の「排除」（forclusion）について明記している。[15] つまりドゥルーズは、マゾヒズムの機制として、否認だけでなく、ラカンの概念としての排除をも認めているのである。

すでに言及したとおり、フロイト‐ラカンの精神分析においては、否認と排除は、それぞれ倒錯と精神病の機制として区別され、基本的に混じり合うことはない。しかし、これを単なる概念の誤用として済ますことはできない。なぜなら、否認だけであれば、サディズムの純粋否定といわば「住み分ける」ことができるが、父を対象とする排除は、純粋否定の暴力性を払いのけるものであり、それゆえサディズムに対する積極的な批判を含意するからである。ここに、いかなる仕方でもサディズムとつり合うことのない、つまりドゥルーズが掲げる変換論批判に

（14）千葉雅也『動きすぎてはいけない』前掲書、三三〇‐三三一頁。

（15）「ラカンが定義しているように、「排除〔forclusion〕」、つまり棄却〔*Verwerfung*〕は、象徴的なものの秩序のなかで行使される、本質的に父に、より正確には「父の名」に関わる機制である」（PSM 57 n. 17/244 n. 17）。

真に値しうる、マゾヒズムの固有の持ち分、そのある種の特権性がある。これが、本書が「マゾヒズム一元論」に近い立場を取る理由である。では、父の排除において見いだされるマゾヒズムの本義とはいかなるものだろうか。それを示すために、まずは精神分析における排除の概念について詳しく見ておこう。

6　精神分析における「排除」の概念

ドゥルーズが排除の概念に関して参照しているのは、ラカンの「フロイトの「否定」についてのジャン・イポリットの注解に対する応答」（一九五六年）である。これは一九五四年の『フロイトの技法論』のセミネールで行われたラカンとイポリットの討論の記録であり、一九五六年の『精神分析』誌で論文化され、後に『エクリ』（一九六六年）にも再録された重要なテクストである。ここでラカンは、排除について論じる際に、フロイトの「否定」（Verneinung）の概念から出発して、それとの対比によって議論を構成している。同じく、否定から出発して、それとの対比によって純粋否定や否認や排除を論じていくドゥルーズの『ザッヘル＝マゾッホ紹介』の一連の議論は、この論文に強くインスパイアされていると考えていいだろう。[16]

6－1　フロイトの「否定」と「肯定」

ラカンの議論に入っていく前に、前提となるフロイト「否定」（一九二五年）の議論を確認しておこう。これは、ドゥルーズにおける否定／純粋否定の身分、その内的論理を理解する上でも重要である。「否定」は次の有名なくだりからはじまる。

私たちの患者が精神分析の作業中に思いついたことを明かす際の語り口は、若干の興味深い考察をするきっかけを与えてくれる。〔……〕「あなたは夢に出てきたこの人は誰なのかとお尋ねですね。私の母ではありませんよ」。私たちは次のように訂正する。ということは、それは母である、と。(17)

分析主体が「それは母ではない」と言うと、分析家は「じゃあそれは母だ」と訂正する。冗談や言いがかりのようにも思えるが、フロイトがここで言わんとしているのは、分析主体が否定を遂行するとき、そこには抑圧された何かに対してある関与がなされている、ということで

(16) しかし、「フロイトの「否定」についてのジャン・イポリットの注解に対する応答」では、dénégation が「否定」の訳語として用いられており、ドゥルーズは dénégation を一貫して倒錯の機制である否認の訳語として用いているので、これら訳語の点では一致していない。

(17) Sigmund Freud, „Die Verneinung", in *Gesammelte Werke*, Band XIV, *op. cit.*, p. 11.（ジクムント・フロイト「否定」石田雄一訳、『フロイト全集』第一九巻、前掲書、三頁）

ある。フロイトは次のようにまとめている。

> つまり、抑圧された表象内容もしくは思考内容は、それが否定されうるという条件のもとで意識に到達することができる。否定は、抑圧されたものを知るひとつの方法であり、実際、抑圧の一種の解除なのである。〔……〕否定の助けによって、抑圧過程のひとつの結果だけが、すなわち、表象内容が意識に到達しないという事態だけが、撤回される。その結果、抑圧されたものに対して一種の知的な承認がなされるのである[18]。

否定は抑圧されたものに対する知的な承認だという。つまり、分析主体において、意識的には知られないままに抑圧されていたものが、否定という契機において明るみに出てくるということである。そしてフロイトによれば、前者すなわち抑圧の水準と、後者すなわち否定の水準では、それぞれ異なる「判断」が遂行されているという。やや込み入ってくるが、重要な箇所なので確認していこう。

前者の判断が「属性判断」、後者の判断が「存在判断」である。属性判断とは、「ある事物がある属性を有するか否かを決めること」であり、存在判断とは、「ある表象について、それに対応するものが現実に存在するか否かを決めること」[19]である。そしてフロイトによれば、属性判断は、存在判断に論理的に先行する。幼児の早期の心的生においては、世界は、すでに個体化された現実存在の集合として確立されるより先に、まずは良い／悪い、有益／有害などの属性の相のもとに経験される。それは、現実存在の世界を生きる「大人」からすれば、移ろいやすく非論理的な経験の様態かもしれないが、このような属性判断の水準こそが、私たちが最初に世界と出会い、世界へと参入する契機であり、世界や諸対象の現実存在について是か非かを決定する存在判断に先行するのである。

このように、フロイトの精神分析においては、私たちは、ある表象についてそれが現実に存在するか否かの判断に先立って、その可能性の条件として、属性についての判断をつねにすでに遂行している。逆に言えば、私たちが、存在判断の水準で、現実吟味によってその表象の対応物の現実存在について是か非かを言うことができるのは、そもそもそれが、属性判断の水準で原初的に受け入れられているからである。この原初的な受け入れ、すなわち二次的なものでしかない否定が必ずやそれを前提としている原初的な肯定がなければ、その表象は現実吟味にかけられ、否定される可能性すらない。

それゆえ、フロイトの否定論においては、「肯定」（Bejahung）と「否定」（Verneineng）は同じ水準において並置されうるような相対的な対概念になっていない。否定は、つねにすでに

(18) *Ibid.*, p. 12.（同書、四頁）
(19) *Ibid.*, p. 13.（同書、四頁）

肯定を前提としており、否定するということにおいてまさに、否定されている当のものが原初的に肯定されていることがあらわになるのである。そして、この無意識における原初的な肯定が、すでに右で言及したとおり、「抑圧」にほかならない。抑圧とは、受け入れがたいものの拒絶ではなく、歪曲されたかたちでの受け入れ、すなわち肯定なのである。

このように、否定とは、原理上、原初的な肯定を前提とした、つまり抑圧の体制内での、二次的な否定でしかない。否定すればするほど、私たちはそれだけ抑圧を、すなわち原初的な肯定を承認するにすぎないのである。また、以上から、『ザッヘル＝マゾッホ紹介』における、法則や秩序のうちで遂行される否定が、どこまでも当の法則や秩序を追認し、強化しさえするものであるというドゥルーズの立論が、フロイトの否定論に大きく依拠したものであることが分かるだろう。

6-2 ラカンの「排除」

ラカンは、「フロイトの「否定」についてのジャン・イポリットの注解に対する応答」において、以上で私たちが見たフロイトにおける否定の論理的身分を確認した上で、肯定を前提とした否定ではなく、「原初的な肯定にまさに対立するもの」[20]を、すなわち、抑圧の追認や強化ではなく、抑圧の体制そのものを転覆するような、心的生のより根源的な否定性を、フロイトのある症例のなかに見いだす。それが「ある幼児期神経症の病歴より」（一九一八年）で提示されている「狼男」症例である。

狼男は、言葉を十分に身につける前の一歳半の頃、父母と一緒に寝ていたところ、その性交を目撃したという。その後、姉からの性的誘惑などを契機に、四歳以降、悪夢や幻覚を見るようになり、やがて悪夢に出てきた狼に食べられる恐怖に苛まれるようになる。狼男と呼ばれるゆえんである。では、狼男の症状は、性交の場面における母のペニスの不在、すなわち去勢の脅威の知覚を抑圧した上で、それを象徴的に表現しているのだろうか。そうではない。ラカンは次のように分析している。

> フロイトが言うには、問題となっているのは抑圧（*verdrängung*）ではない。〔……〕去勢に関してフロイトは私たちに次のように教える。この主体は、去勢について、*er von ihr nichts wissen wollte im Sinne der Verdrängung*、つまり、抑圧という意味においては何も知ろうとしなかった、と。そしてこの過程を指し示すために、彼は棄却〔*Verwerfung*〕という用語を用いている。私はこれに「削除〔retranchement〕」という訳語を提案しようと思う。[21]

（20）Jacques Lacan, « Réponse au commentaire de Jean Hyppolite sur la *Verneinung* de Freud », in *Écrits*, Seuil, 1966, p. 387.

（21）*Ibid.*, p. 386.

ここでフロイトの「棄却」に当てられた「削除」が、「排除」に相当するものである。問題はその内実である。ラカンは、興味深いことにマルティン・ハイデガーを引きながら次のように述べている。

棄却は、象徴的秩序のあらゆる表出を打ち切りにした。すなわち、属性判断が根ざしている一次過程としてフロイトが措定する肯定を、そして現実的なものから何かがみずからを存在の暴露のなかにもたらすための、あるいはハイデガーの言葉を用いるなら、何かが存在させられる〔laissé-être〕ための原初的な条件にほかならない肯定を、打ち切りにした。[22]

ここでハイデガーの言葉とされている「存在させられる」は、「存在させる」（Sein lassen）の概念を意図したものだと考えて間違いないと思われるが、これは『存在と時間』（一九二七年）においては、存在者を適所性および有意義性のネットワークのうちに先行的にあらわにすることを意味する。[23] つまり、肯定とは、存在者を象徴的秩序のうちにそれとして登録することの原初的な条件であり、棄却はまさにそのようなものとしての肯定を「打ち切り」にするのである。これが、肯定を前提とした二次的な否定ではなく、「原初的な肯定にまさに対立するもの」であり、ラカンはこれを、精神病の機制である排除として定式化するのである。[24]

このような排除を機制とする精神病は、神経症に比して括弧つきの意味で「重い」病理だと言えるだろう。では、そこにどのような哲学的な意義を認めることができるだろうか。例えば、ブルース・フィンクは、神経症であること――つまり肯定すること――が、「選択」の対象であることを強調している。それは、それがなければ存在者が象徴的秩序のうちに出来しえなかったような、ひとつの「強いられた選択[25]」である。強いられたものであるにもかかわらず、それが選択としての資格を有するのは、まさに排除というかたちで、選択しないことの〈選択〉がありうるからである。排除は、肯定の単なる失敗や不在ではなく、積極的な〈選択〉と

（22）*Ibid.*, pp. 387-388.

（23）Martin Heidegger, *Sein und Zeit*, Max Niemeyer Verlag, 1967, §18.（マルティン・ハイデガー『存在と時間』I、原佑＋渡邊二郎訳、中公クラシックス、二〇〇三年、第一八節）なお、この概念の時期による用法の違いについては、長縄順「ハイデガーにおける存在の許容としての「存在させること（Seinlassenn）」」、『倫理学研究』関西倫理学会、二〇〇五年を参照。

（24）松本卓也は、この時期のラカンの排除の概念を三つに整理し、「フロイトの「否定」についてのジャン・イポリットの注解に対する応答」で提示されるそれを「第三の排除」と呼び、「原抑圧」と同一視している。松本は、狼男症例に加え、ラカンが並べて提示するエルンスト・クリスによる強迫神経症の症例も重視することで、ここでの排除の概念を精神病の機制に限定できない、より一般的な心的機制と考えている。松本卓也『人はみな妄想する』前掲書、一六五－一六六頁。

（25）Bruce Fink, *The Lacanian Subject: Between Language and Jouissance*, Princeton University Press, 1995, p. 50.（ブルース・フィンク『後期ラカン入門――ラカン的主体について』村上靖彦監訳、小倉拓也＋塩飽耕規＋渋谷亮訳、人文書院、二〇一三年、八〇頁）

して、去勢の脅威に服することに対する「ひとつの勝利のかたち」[26]として、理解することができるのである。それは、単に主体性の不成立の契機に尽きるものではなく、別種の、ある意味ではより強力な〈主体性〉の発揮として捉えることができる[27]。

7　否認と排除の並立の意味

さて、私たちが問うていたのは、マゾヒズムにおける、本来は競合する否認と排除の並立の意味、とりわけ排除の概念が担う積極的な意義である。

まず、競合するはずのものが並立させられているからには、否認と排除には、差異にもかかわらず鑑みるべき何らかの共通点があるはずである。ここまでの議論から分かるのは、否認が「去勢の脅威に対する勝利のしるし」であり、排除が去勢の脅威に服することに対する「ひとつの勝利のかたち」であるという点である。精神分析においては、去勢の脅威、そして抑圧というかたちでのその肯定は、いかなる否定によっても覆すことのできない、私たちの経験の乗り越え不可能な地平を構成する。その可能な突破は、四苦八苦の果てに、原初的な肯定をあらためて肯定しなおすこと、つまりある種の運命愛というかたちを取るだろう。しかし、どんな綺麗事で粉飾しようと、それは「現にあるもの」との妥協にほかならない。これに対して、否認と排除は、そのように突破されるべき抑圧の体制をそもそも受け入れることのない、選択しないことの〈選択〉として、いわば逃走的な闘争を構成するのである。(28) 否認と排除をその機制とするマゾヒズムは、このような逃走的な闘争によって、まさに「現実的なものの正当性に異議を唱え、純粋で理想的なものの根拠をあらわにする」のである。

また、『ザッヘル＝マゾッホ紹介』における排除は、何よりも父に対する、つまりサディズムにおける純粋否定の暴力性に対する批判を含意しているのであった。なぜサディズムは批判されなければならないのか。それは、純粋否定によって一次的自然を目指すサドの試みが、「部分的な否定や破壊の欲動の運動を増殖させ集中することによってしかなされえない」（PSM 28/45 強調引用者）からである。これはきわめて重要な点である。つまり、純粋否定は、部分的でしかない否定の運動をひたすら加速し、純化することによってのみ遂行されうるという点で、どこまでも経験的なものの残滓を残してしまうのである。そこで目指される一次的自然

---

(26) *Ibid.*, p. 49.（同書、八〇頁）

(27) フィンク自身は排除を「主体性を拒絶すること」としているが、もちろんその拒絶の主体性というものが考えられなければならない。*Ibid.*, p. 50.（同書、八〇頁）

(28) 例えば、ジャン・ラプランシュとジャン＝ベルトラン・ポンタリスは、否認について、それが「根本的には、不確かな「知覚的事実」というよりも、むしろ人間的現実を創設する要素に関係しているのではないだろうか」と問い、それを排除の概念と結びつけている。Jean Laplanche et J.-B. Pontalis, *Vocabulaire de la psychanalyse*, PUF, 2007, p. 116.（ジャン・ラプランシュ＋J－B・ポンタリス『精神分析用語辞典』村上仁監訳、みすず書房、一九七七年、四〇〇頁）

という「〈理念〉の対象」は、到達不可能な不在のゼロ点であり、純粋否定はそれをめぐって空転し続ける、際限のない、暴力による超克の企図とならざるをえない。これは、純粋否定が、あくまで既存の法則や秩序から出発して、つまり肯定の体制のなかから出発して、それを超克しようとするものであることの原理的な困難である。

マゾヒズムは、実のところ、このような原理的な困難に対するオルタナティヴとして提示されていると言える。より正確に言えば、既存の法則や秩序に対して、サディズム的な純粋否定とマゾヒズム的な否認が並べて提示されているのではなく、既存の法則や秩序と、純粋否定によるその超克の企図の、両方に対して、マゾヒズムが対置されているのである。ドゥルーズは、サディズムの純粋否定を、暴力の停止せざる「運動」として、そしてその増殖、加速、純化の過程として特徴づけているが、それに対してマゾヒズムの否認を、「運動の放棄」によって特徴づけている。それは「あたかも画家が、より深く、生と死の源泉により近い、ある待機を表現するためにのみ、運動を放棄したかのよう」（PSM 62/107）である。[29] このように、マゾヒズムの否認による、宙吊り、中性化、待機は、それが父の排除と並立させられることで、既存の法則や秩序と、サディズムによるその超克の企図の、両方を対象とするのである。

では、父の排除とともにこそ可能となる、マゾヒズムの否認に固有の帰結とは何か。ドゥルーズは、サディズムにおける運動性を「官能性」、マゾヒズムにおけるその放棄を「超官能性」と言い換え、運動性＝官能性の放棄によって達成されるものについて、次のように述べて

（純粋否定による超克
＋
既存の法則や秩序）
↕
否認と排除による両方の放棄

図２　否認と排除の並立の意味

いる。

官能性は否認され、もはや官能性として存在することはない。だからこそマゾッホは、「性愛なき」新たな人間の誕生を告げ知らせるのである。（PSM 46/79 強調引用者）

この「新たな人間の誕生」とはいかなるものだろうか。ドゥルーズは、本書の試みにとって決定的な記述を繰り出す。

そこにおいて父がいかなる役割も演じることがない、生まれなお

（29）ドゥルーズは、マゾヒズムにおける運動の放棄を、「写真化されたように凝固したシーンへの嗜好」（PSM 62/107-108）などとしているが、トーマス・ゲイスケンはこれを「映画的手続き」と形容している。Tomas Geysken, “Literature as Symtomatology: Gilles Deleuze on Sacher-Masoch,” in *Deleuze and Psychoanalysis: Philosophical Essays on Deleuze's Debate with Psychoanalysis*, Leen De Bolle (ed.), Leuven University Press, 2010, p. 107. おそらくゲイスケンは、運動の放棄としての写真的なシーンを、『シネマ２』における、「運動イメージ」の彼方にある「純粋な光学的状況」（IT 8/2）に重ねているのだと思われる。また、本書第七章の議論に関係するが、ドゥルーズは運動を放棄する宙吊りの時間性、待機の時間性を、「時間のリズム」（PSM 63/109）と呼んでいる。

し、つまり単為発生による第二の誕生〔seconde naissance parthénogénétique〕。（PSM 54/93 強調引用者）

ここに、ドゥルーズにおける排除の概念の最も重要な帰結がある。排除は、それが父に対するものであり、それゆえサディズム的な純粋否定の暴力性に対するものであるかぎりにおいて、「そこにおいて父がいかなる役割も演じることがない」、「単為発生による第二の誕生」を、つまり「一組の男女」なしで「自分で自分を産みなおすこと」を可能にするのである。これはまさに、私たちが前章で確認した、「無人島の原因と理由」以来の、そして遡るなら一九四〇年代の最初期論文以来の、「単為発生」と「第二の起源」の問題系に属するものであり、そのラディカルな展開にほかならない。

8　死のまったく別の次元

しかしながら、第二の誕生が、発達や適応などではなく、あくまで生まれなおしであるからには、それは何らかの仕方で、第一の誕生に対する「死」を経由するのでなければならないはずである。自分で自分を産みなおすために、第一の誕生に対して遂行されるこの死は、いかなるものでありうるだろうか。本章の最後に、『ザッヘル＝マゾッホ紹介』の文脈からやや自由に、いくつかの状況証拠を頼りにして、これについて考えたい。

ここで注目したいのが、ドゥルーズが『差異と反復』で、フロイトにおける快原理の彼岸が無機的物質的状態への回帰として考えられていることを批判している箇所である。これは、『ザッヘル゠マゾッホ紹介』での死の欲動／死の本能をめぐる議論と大筋で重なるものだと言えるのだが、そこでドゥルーズは、興味深いことに、フロイトがその存在を認めながらも受け入れることを拒んだという、「死のまったく別の次元、無意識における死のまったき原型と呈示」（DR 147/上 302）に言及している。そしてドゥルーズは、フロイトの破門された弟子オットー・ランクに言及しながら、その死が「誕生゠出生」に関わる死であることをほのめかしている。

ランクは、『出生外傷』（一九二四年）において、抑圧の起源を、去勢の脅威にではなく出生の事実に求め、それゆえに去勢不安を公準化するフロイトから破門されたことで知られている。(30)ドゥルーズが「死のまったく別の次元」と呼び、フロイトがその存在に気づきながらも受け入

（30）フロイトは『制止、症状、不安』（一九二六年）において、ランクの出生外傷論を、一応は検討した上で、「宙に浮いた空論」と退けている。Sigmund Freud, „Hemmung, Symptom und Angst", in *Gesammelte Werke*, Band XIV, *op. cit*., p. 183.（ジクムント・フロイト「制止、症状、不安」大宮勘一郎＋加藤敏訳、『フロイト全集』第一九巻、前掲書、八〇頁）ちなみに、大塚紳一郎によれば、フロイトはランク宛書簡のなかで、ランクの出生外傷論では「父が排除されている」と非難しているという。大塚紳一郎「解題」、オットー・ランク『出生外傷』細澤仁＋安立奈歩＋大塚紳一郎訳、みすず書房、二〇一三年、二一四頁。

れることができなかった、誕生＝出生に関わる死の概念とは、つまり「出生外傷」に関わる死なのである。とはいえ、これはほのめかしの域を出るものではなく、出生外傷の概念についてここでドゥルーズがどのように考えているのか、さだかではない[31]。しかし、「現にあるもの」としての生から離脱し、自分で自分を産みなおすという、私たちが見てきた最初期論文、無人島論、そしてマゾヒズム論に通底する単為発生による第二の誕生が、第一の誕生に対する特異な死を経由しなければならないとすれば、それはまさに、出生外傷に関わるものとしての、この「死のまったく別の次元」ではないのか。

ランクは、出生を「原去勢」と呼んでいる[32]。種々の去勢の脅威ではなく、出生という「原去勢」に対する否認と排除というものを考えるなら、それは文字どおり、生まれなかったことへと向かう否定性である。生まれなかったことを介して、一組の男女なしに、生まれなおすこと。この問題は、ドゥルーズの仕事のなかで最も重要な契機のひとつを形づくっている。『意味の論理学』のなかで、そのキャリアにおいてはじめて、「器官なき身体」の概念が提示される場面である。

アントナン・アルトーは、身体の受動と能動という深層の二つの言葉にしたがって、幼児にこの上なく暴力的な二者択一を強制する。幼児は生まれてこない、すなわち、両親が姦淫する場所の下にとどまり、やがて脊柱になるはずの箱から出てこない（逆向きの自殺）。あるいは、幼児は、器官も両親もない、燃え上がる栄光の流体的身体へと自己をつくる（アルトーの言う、生まれるべき自分自身の「娘たち」）。（LS 113-114/ 上 169）

いくつもの注解が必要ではある。しかし、私たちは、この器官なき身体の導出こそ、最初期論文以来、無人島と他者なき世界の議論、そしてマゾヒズム論を貫く、「単為発生」と「第二の起源」をめぐる問題系の徹底的な帰結であると主張する。次章では、それを明らかにして示すために、『意味の論理学』の動的発生論を読解していこう。

（31）ケイス・W・フォークナーは、「ドゥルーズは抑圧された情動のいかなる「起源」をも退ける」という同一性批判より演繹される理由から、ドゥルーズがランクの出生外傷論に対して批判的であると主張しているが、この評価は性急なものである。Keith W. Faulkner, *Deleuze and the Syntheses of Time*, Peter Lang, 2006, p. 88. ドゥルーズとガタリは、例えば『アンチ・オイディプス』で、ランクの試みに、不十分ながらも「オイディプスよりも遠く、あるいは前エディプス的なものよりさえ遠く、さらに先まで遡ろうとする配慮」（AŒ 152/ 上245; cf. 152 n. 56/ 下 360 n. 56）を認めている。

（32）オットー・ランク『出生外傷』前掲書、二〇頁。

第六章　出生外傷から器官なき身体へ

前章では、『ザッヘル゠マゾッホ紹介』を読解し、ドゥルーズにおけるマゾヒズムの論理について見た。マゾヒズムは、精神分析における倒錯の機制である「否認」だけでなく、精神病の機制である「排除」をもその特徴とすることで、既存の法則や秩序とそれに対するサディズム的な超克の企図の両方を退けるものであり、そうすることで「現にこうあるもの」の「手前」に別種の快原理の「彼岸」を切り開くものであった。これは、父なしに――すなわち「一組の男女」なしに――「単為発生による第二の誕生」を成し遂げようとするものであり、私たちはそれが、最初期論文以来の「単為発生」と「第二の起源」をめぐる問題系のラディカルな展開であることを確認した。

その上で私たちが立てた問いはこうである。つまり、単為発生としての第二の誕生は、発達や適応ではなく「生まれなおし」である以上、そこには第一の誕生に対する特異な「死」が介在しているはずである、と。そこで私たちは、ドゥルーズがオットー・ランクの出生外傷論に見いだした「死のまったく別の次元」に注目し、所与の生からの「逆向きの自殺」を介した「器官なき身体」の導出の論理へと向かうことにしたのである。本章では、その器官なき身体の導出の論理を明らかにするため、それが展開されている『意味の論理学』の動的発生論を読解する。本章の議論は、直近の第四章と第五章で追ってきた「単為発生」と「第二の起源」をめぐる問題が、第一章から第三章で論じた「カオスに抗する闘い」の問題と合流する地点を構成する。

以下ではまず、『意味の論理学』における動的発生論の位置づけを、精神分析理論の観点から明らかにする。とりわけ重要となるのが、動的発生論の伴走者であるメラニー・クラインの精神分析理論である。しかしながら、例えばネイサン・ウィダーが指摘するように、「『意味の論理学』の五〇頁ほどがクラインの著作への取り組みに割かれているという事実にもかかわらず、ドゥルーズとクラインの関係はほとんど探究されてこなかった」(1)。実際、ドゥルーズと精神分析の関係に焦点を当てた研究においても、クラインを本格的に論じるものはほとんど存在しないというのが現状である(2)。それゆえ私たちは、クラインの仕事を概観し、その基礎的な理解を得た上で、ドゥルーズがいかにクラインの精神分析理論とともに、そしてそれに反して、動的発生論を展開しているのか、そして器官なき身体の概念を練り上げているのかを見ていかなければならない。

1　動的発生論とメラニー・クラインの位置づけ

『意味の論理学』は、概して、言語活動の可能性の条件を探究する書物として理解することができる。第二章で確認したとおり、そこでは、命題的世界から、まずはその命題的世界を可能とするもの、すなわち言葉を物から区別する非物体的な「表面」、つまり「第二次組織」の構造へ、そして非物体的な表面がそこから効果として由来してくると同時に、当の表面の裂開によってあらわとなる物体的な「深層」、つまり「第一次秩序」へと、超越論的な階梯が遡られ、それらの発生の機序が探られる。精神分析理論の観点から見れば、言葉と物とが混じり合わないようにし、命題的世界を可能とする表面の位相は、概ねラカン的な「象徴的なもの」に相当すると考えることができる。セリーや構造という語彙を用いて展開される『意味の論理学』の前半部分は、言語活動の可能性の条件としての象徴的なものの秩序をめぐる議論だと言える。

(1) Nathan Widder, "Matter as Simulacrum; Thought as Phantasm; Body as Event," in *Deleuze and the Body*, Laura Guillaume and Joe Hughes (eds.), Edinburgh University Press, 2011, p. 114, n. 16.

(2) ドゥルーズとクラインの理論的関係を主題としたほとんど唯一と言える先行研究が、Nathan Widder, "From Negation to Disjunction in a World of Simulacra: Deleuze and Melanie Klein," in *Deleuze Studies*, vol. 3, issue 2, Edinburgh University Press, 2009 であるが、ウィダーは、器官なき身体の導出の具体的論理にも、その前提となる否定と否認の概念的区別にもまったく紙幅を割いておらず、受け入れられない点がいくつもある。

ドゥルーズは、このような表面の位相を前提とした命題的世界の成立を「静的発生」と呼ぶ。静的発生とは、システムを前提としてそこから現働的な世界が構成される過程であり、『差異と反復』の言葉づかいでは、「潜在的なものの現働化」に相当する。これに対して、深層から出発して表面を生産する過程が「動的発生」と呼ばれる。動的発生は、システム以前の状態からシステムそれ自体が成立する過程であり、それゆえ『差異と反復』では、本書第二章で詳述した「時間の三つの総合」に相当する。そして、この過程を論じるためにドゥルーズが依拠するのが、クラインの精神分析理論である。ドゥルーズがクラインを援用するのには、大きく二つの理由が考えられる。

まずは、クラインの精神分析が、言語獲得以前の、あるいはそれが十分ではない幼児の生を対象としているという理由である。フロイトは、誕生後間もない幼児の生を、いまだ外界をそれとして発見しておらず、それゆえ対象とのリビドー的な関係を有さない自体愛的なものとみなしたが、遊戯療法に取り組んでいたクラインは、幼児の遊戯のなかに、大人の自由連想において言語的に表出されるものに匹敵する無意識の世界を見いだし、誕生以来の幼児の生を、外界と内界が区別なく混交する豊かな対象関係の世界として記述した。知覚／空想、客観／主観、事物／観念、等々が、境界なしに混交するそのような対象関係は、あらゆるものがただひとつの水準で混ざり合う――つまりいまだ複数のセリーに分かれていない――物体的混在の状態にある。ドゥルーズは、クラインが記述するこのような幼児の原初的な世界を、深層を説明するものとして援用するのである。

しかし、ドゥルーズがクラインに依拠するのは、単に彼女の理論が言語獲得以前の幼児を扱うものだからではない。『意味の論理学』のなかでドゥルーズは、自身が援用する精神分析の身分を厳密に規定している。それによれば、「精神分析は、歴史の逸話の分析である以前に、幾何学的次元の分析であるべきである」（LS 113／上 168）。分析のなかでいたるところに似たような素材や形態を無理やり見いだそうとする「まずい精神分析」に対して、ドゥルーズは、そうした素材や形態より根源的な「幾何学的次元の組織化と方向定位」（LS 113／上 168）こそが、精神分析の探究対象でなければならないと主張する。ドゥルーズがクラインの精神分析理論を高く評価するのは、彼女が発見した幼児の「諸々の態勢〔positions〕」というテーマに、まさに、心的生の方向定位、基本方位、可変的な座標や次元に沿ったそのような生の組織化、これらの考えが含まれているからであり、つまりは生ける次元の地理のすべて、幾何学のすべてが含まれているからである」（LS 219／下 27）。

このように、ドゥルーズは、歴史の逸話の分析である「まずい精神分析」に対して、自身でそうあるべきと考える精神分析、つまり心的生に関する「幾何学的次元の組織化と方向定位」の探求を、クラインの「態勢」の理論に見いだしているのである。『意味の論理学』における精神分析の身分は、このように明確に規定されており、それゆえ「セイシンブンセキ」なるものを一括りにでっち上げて、それに対してドゥルーズが肯定的か否定的かという二者択一をことさらに問うことは、はっきり言って意味がない。以下では、ドゥルーズがこのように重要視するクラインの態勢の理論を整理し、次いでそれが動的発生論においてどのように援用され、換骨奪胎されていくのかを見ていこう。

2　メラニー・クラインと「態勢」の理論

ドゥルーズによれば、動的発生の出発点は、誕生後間もない幼児の「部分対象」の世界である。その世界を生きる幼児の身体もまた、統合されざる部分的で断片的な諸感覚からなる。それは、第三章で私たちが見た、分裂病的身体の第一のアスペクトである「寸断された身体」に相当する。クラインは、このような部分対象関係を生きる幼児の態勢を「妄想分裂態勢」(paranoid-schizoid position)(3) と呼ぶ。「態勢」(position) という概念は、人間の生を、発達の過程において通過されていく「段階」(stage) や「期」(phase) といった観点から捉えるのではなく、決して一過性のものではない、動的に重なり合い変動する、対象との関係の結び方を重視するものである。それはまさに、単なる歴史の逸話の分析ではなく、心的生の動的な方向定位を論じることを可能にするものである。

妄想分裂態勢においては、無意識的空想における取り入れと投影をとおして自我と対象は互いに混合し合っており、世界は恐ろしい物体的混在として現れる。この部分対象の世界を、ドゥルーズは「シミュラクルの世界」（LS 218/下26）と呼ぶ。第三章で見たように、『意味の論理学』においてシミュラクルは、高所のイデア的同一性を分有しない深層の質料とされるのだが（LS 10/上17）、それがクラインにおける全体性や統一性なき部分対象に重ねられるのである。クラインによれば、幼児にとっての最初の対象である母の乳房は、それが幼児に満足を与えるものであるか否かによって、「良い対象」か「悪い対象」かに分割されており、それらはひとつの同じ対象（「全体対象」）が呈する二つの側面としてではなく、それぞれ別個の対象として、つまり部分対象として現れ、経験される(4)。このとき、乳房がない状況は、良い対象の不在ではなく悪い対象の現前である。幼児の早期の心的生においては、世界は存在判断に先立ち属性判断とともに生きられるのであり、対象の現実存在が確立されるのに先立っては、乳房の不在は不在として象徴化されえない。それゆえ、快を与える良い対象の不在は、端的に何か不快で悪いものの現前として感じられるのである。クラインによれば、対象の不在が知覚可能になるのは、後の「抑うつ態勢」（depressive position）において、部分対象がひとつの全体対

（3）Melanie Klein, "Notes on Some Schizoid Mechanisms," in *Envy and Gratitude and Other Works 1946-1963*, Vintage, 1997, p. 2, n. 1.（メラニー・クライン「分裂的機制についての覚書」狩野力八郎＋渡辺明子＋相田信男訳、『メラニー・クライン著作集』第四巻、誠信書房、一九八五年、五頁、註4）

（4）Melanie Klein, "Some Theoretical Conclusions Regarding the Emotional Life of the Infant," in *Envy and Gratitude, op. cit.*, pp. 62-63.（メラニー・クライン「幼児の情緒生活についての二、三の理論的結論」佐藤五十男訳、『メラニー・クライン著作集』第四巻、前掲書、七九頁）

象として統合されるときなので、(5) 妄想分裂態勢における統合なき部分対象は、幼児にとって剥き出しの現前として迫ってくる。

このような初期の対象関係を規定するのは、「早期不安状況」(early anxiety-situations) と呼ばれるものである。生後数ヶ月の幼児の未統合な自我は、統合へと向かう傾向を持つ一方で、解体へと向かう傾向をも孕んでおり、きわめて脆く危うい状態にある。注目すべきは、クラインが、早期不安の起源を「出生外傷」に見いだしていることである。

不安の最初の外的源泉は、出生の経験のなかに見いだすことができる。出生の経験は、フロイトによれば後のあらゆる不安状況のパターンを提供するものだが、幼児の外的世界との最初の関係に必ずや影響を与える。子宮内状況の喪失とともに、幼児が被る苦痛と不快は、幼児にとっては敵対的な諸力による攻撃として、つまり迫害として、感じられる。それゆえ、迫害不安は、幼児が困苦にさらされるかぎりにおいて、最初から幼児の対象関係に入り込んでいるのである。(6)

子宮内状況を脱して母体から切り離される幼児にとって、生まれてくることとは、そして生まれ落ちた世界は、迫害的な現実にほかならない。それゆえ、妄想分裂態勢における対象関係は、出生に由来する現実の迫害性、つまり苦痛と不快を与える悪い対象の剝き出しの現前と、それを破壊して自身を防衛しようとする幼児のサディズム的な攻撃性によって特徴づけられる。幼児は、迫害的な悪い対象から自身を防衛するために、対象に自身の攻撃性を投影し、それを破壊し、細分化しようとする。しかし、対象に自身の攻撃性を投影すればするほど、対象の迫害性はますます増幅され、幼児の自我はますます脅かされることになる。それゆえ、迫害的な現実に対する幼児のサディズム的な破壊工作は、際限のない試みとなってしまい、出口なしの「悪循環」を構成する。[7] このように、部分対象の取り入れと投影の過程における対象の破壊と細分化は、自我の側を穏やかにしておかず、極端な場合には自我の破壊と細分化さえもたらすのである。[8]

（5）Melanie Klein, "A Contribution to the Psychogenesis of Manic-depressive States," in *Love, Guilt and Reparation and Other Works 1921-1945*, Vintage, 1997, p. 264; 267.（メラニー・クライン「躁うつ状態の心因論に関する寄与」安岡誉訳、『メラニー・クライン著作集』第三巻、誠信書房、一九八三年、二三、二七頁）

（6）Melanie Klein, "Some Theoretical Conclusions Regarding the Emotional Life of the Infant," in *Envy and Gratitud, op. cit.*, pp. 61-62.（メラニー・クライン「幼児の情緒生活についての二、三の理論的結論」、『メラニー・クライン著作集』第四巻、前掲書、七八頁）

（7）*Ibid.*, p. 11.（同書、一五頁）; Melanie Klein, "The Early Development of Conscience in the Child," in *Love, Guilt and Reparation, op. cit.*, pp. 250-251.（メラニー・クライン「子どもにおける良心の早期発達」田嶌誠一訳、『メラニー・クライン著作集』第三巻、前掲書、六頁）

（8）Melanie Klein, "Notes on Some Schizoid Mechanisms," in *Envy and Gratitude, op. cit.*, p. 5.（メラニー・クライン「分裂的機制についての覚書」、『メラニー・クライン著作集』第四巻、前掲書、九頁）

このような悪い対象との対象関係における迫害性と攻撃性の悪循環に対抗するのが、良い対象との対象関係である。クラインによれば、取り入れられた良い対象は、幼児にとって完全なものと感じられ、細分化に抗い自我の統合に寄与する。[9]そして、良い対象の取り入れにともない自我が安定化すると、現実吟味能力が養われ、断片的な部分対象がひとつの全体対象へと統合される。こうしてひとつの全体対象が形成されると、幼児はかつて自身の攻撃性によって破壊してしまった悪い部分対象が、愛すべき良い対象と同じひとつのものであったことに気づき、「罪責感」を覚え、良い対象を損ない失ってしまったのではないかという不安に苛まれる。[10]この罪責感と対象喪失の不安が「抑うつ態勢」を定義する。この態勢では、みずからが傷つけてしまった対象への「償い＝修復」(reparation)を行う機制が台頭し、対象の傷を償おうとするリビドー的欲動は、自身の破壊衝動を払拭する「昇華」への道を開く。[11]また「償い」の機制は、喪失対象に他の代理対象をあてがう「象徴形成」をも可能にする。[12]このような過程を通じて、幼児は破壊衝動に抗して安定した自我を形成し、現実吟味能力を育み、内界と外界との境界を確立し、外的現実へと適応していくとされる。

このようなクラインの精神分析理論の特徴は、フロイトとは対照的に、心的生の方向定位において、外部からの規範的介入を高く見積もらない点にあると言えるだろう。クラインにおいては、幼児は、出生という出来事に由来し、生来のものとして実装された迫害不安とサディズム的な攻撃性だけを元手に、外的介入なしに、所与の環境のなかで、いわば自作自演的に、みずから対象を傷つけ、不安を増幅し、罪責感をかきたて、償い、昇華と象徴形成を成し遂げることができるようになるのである。

3　メラニー・クラインにおける「完全さ」と「全体性」の密輸入

前節でクラインの態勢の理論を大まかに確認した。次に、ドゥルーズがいかにそれを援用し、換骨奪胎するのかを見ていこう。クラインによれば、妄想分裂態勢における幼児の対象関係は、対象の迫害性とそれに対する幼児のサディズム的な攻撃性によって特徴づけられるのであった。ドゥルーズの表現によれば、部分対象の取り入れと投影は、すべてが傷つけ傷つけられる物体的混在の過程であり、「乳児の〈受難〉を構成する」（LS 218/下26）。世界に産み落とされた

（9）*Ibid*., pp. 5-6.（同書、九頁）
（10）Melanie Klein, "Mourning and Its Relation to Manic-depressive States," in *Love, Guilt and Reparation, op. cit*. p. 345.（メラニー・クライン「喪とその躁うつ状態との関係」森山研介訳、『メラニー・クライン著作集』第三巻、前掲書、一二五頁）
（11）Melanie Klein, "Some Theoretical Conclusions Regarding the Emotional Life of the Infant," in *Envy and Gratitude, op. cit*., pp. 74-75.（メラニー・クライン「幼児の情緒生活についての二、三の理論的結論」、『メラニー・クライン著作集』第四巻、前掲書、九六－九七頁）
（12）*Ibid*., p. 83.（同書、一〇九頁）

幼児は、このように所与の受動的な情念の体制に置かれており、そこでは一切が断片化し、解体する傾向にある。ドゥルーズはこの態勢の生をアルトーの言葉を念頭に「恐怖の劇場」と呼ぶ。動的発生の眼目は、このような物体的混在を脱して、非物体的な領野を切り開くことにある。その過程は、きわめて複雑な筋道を辿るのだが、基本的には次のようにまとめることができる。

（1）妄想分裂態勢における取り入れと投影（エス）。
（2）？（自我）
（3）抑うつ態勢における高所の良い対象への同一化（超自我）。
（4）全能的な器官としてのファルスによる諸性感帯の接続および身体表面の組織化。
（5）ファルスの全能的な力による償い＝修復の試み（善意）、およびその挫折（去勢）。
（6）去勢を否認し幻想を形成することによる非物体的領野の開示（昇華と象徴化）。

ドゥルーズは、フロイトやラカンやその他の精神分析家の名も引きながらであるが、基本的にはクラインの態勢の理論に依拠してこの過程を記述しており、概してクラインに対して肯定的に言及し続けている。クラインの態勢の理論は、動的発生論の着想と具体的な論理を与えるほとんど唯一の理論的源泉であり、ドゥルーズによるその評価がきわめて高いことは間違いない。しかし、実のところ、動的発生論のかなり早い段階で、ドゥルーズはクラインの態勢の理論を決定的な仕方で「修正」しており、それが『意味の論理学』における――そして『アンチ・オイディプス』へと向かう――ドゥルーズの独自の理論的構想をもたらしている。それが、上記の整理における（2）の部分に関する問題である。

クラインによれば、対象と自我の両方の破壊をもたらす悪い対象との対象関係に抗しては、良い対象の取り入れこそが、自我の統合ならびに現実吟味に寄与するのであった。しかし、ドゥルーズは、悪い対象と並んで良い対象も取り入れられるとするクラインの公準に対して疑義を呈する。「深層に住まうこのような部分的な対象と断片の領域において、「良い対象」（良い乳房）が、悪い対象と同じ仕方で取り入れられると考えることができるかどうかは、定かではない」（LS 219/下 27）。どういうことだろうか。ドゥルーズは次のように詳述している。

メラニー・クライン自身の説明では、取り入れにおける良い対象と悪い対象の分割には細分化がともなうのだが、良い対象が悪い断片を隠していないとは決して言い切れないのだから、良い対象がその細分化に抗うことはない。それどころか、断片であるものはすべて、原理的に悪いもの（つまり迫害されるものであり迫害するもの）である。無傷なもの、完全なものだけが、良いものである。しかし、厳密には、取り入れは無傷なものを残しておかない。だからこそ、一方では分裂態勢に固有の平衡が、他方では分裂態勢とそれに後続する抑うつ態勢との関係が、良い対象それ自体の取り入れから帰結しうるようには思われないのである。そのような平衡や関係は修正されなければならない。（LS 219／下 27-28）

対象の迫害性と幼児のサディズム的な攻撃性によって特徴づけられる妄想分裂態勢においては、すべてが傷つけ傷つけられ、無傷で済むものは何もない。そうであるからには、そのさなかに、安定して幼児に満足を与え自我の統合に寄与する良い対象など、原理上存在しえないはずである。精神分析理論の文脈では、これはクラインの批判者であるロナルド・フェアバーンに近い立場であるが[13]、哲学者ドゥルーズにとってこれが重要なのは、クラインが、妄想分裂態勢における良い対象の取り入れを公準化するとき、部分対象がやがてそこへと統合されていくような全体性を、部分対象関係に密輸入してしまっているからである。第三章で見たように、ドゥルーズは『意味の論理学』で、超越論的領野への自我の経験的姿形の混入を厳しく批判しているが、それと同様の批判の論理が、深層をめぐるクラインの立論にも適用されるのである。

例えば、精神科医の内海健は、クラインのこの密輸入について次のように指摘している。「「良い対象」と「悪い対象」が徐々に統合されていく」などということは、「初心者への説明には向いており、よく使われる図式だが、いったいどうすればそのようなことが起きるのだろうか」[14]。「対象とはすでに悪い対象によって傷つけられたものとしてしか現れない。それゆえ、良い対象とは〔……〕傷つけられる以前にあったと想定されるものである」[15]。ドゥルーズによれば、良い対象は、深層の悪い部分対象と同じ身分では存在しえず、「高所」というまったく異なる秩序に属している。そして高所の良い対象は、その完全さにおいて、「最初の一回目から、すでに失われたもの、失われてしまっていたもの」（LS 222／下 31-32）として、「時間全体に先立って存在する何か」（LS 223／下 32）として出現するという。部分対象関係が幼児の誕生以来の所与の生である以上、ドゥルーズの記述を文字どおりに取るならば、高所の良い対象、とりわけそれが備える完全さや全体性は、出生に先立つ何かに由来すると考えなければならない。

また、ドゥルーズによれば、高所の良い対象は、傷のない完全なものであり、深層の物体的次元に対する超越性をその特徴とし、超自我として振る舞いもする。しかし、注意しなければならないのは、それにもかかわらず高所の良い対象は、突如外部から介入してくる規範のようなものではないという点である。たしかにドゥルーズは、外部からの規範的介入として理解できる「超自我の音響的起源」としての〈声〉に触れている（LS 225／下 35-36）。それは、完全

（13） Cf. W. R. D. Fairbairn, "The Repression and the Return of Bad Objects (with Special Reference to the 'War Neuroses')," in *Psychoanalytic Studies of the Personality*, Routledge, 1994.（W・R・D・フェアベーン「抑圧と、悪い対象の回帰（とくに戦争神経症に言及して）」、『人格の精神分析学的研究』山口泰司訳、文化書房博文社、二〇〇二年）なお、文脈は異なるが、フェアバーンの仕事に注目するドゥルーズ論に、小泉義之『ドゥルーズと狂気』河出ブックス、二〇一四年がある。

（14） 内海健『さまよえる自己――ポストモダンの精神病理』筑摩書房、二〇一二年、一八〇頁。

（15） 同書、一八三頁。

なものとしての高所の良い対象から発せられ、深層の雑音にひとつのまとまった形態を付与するものであり、「口唇に対する音の進歩」（LS 226／下37）を、つまり物体的混在からの非物体的な領野への一歩をもたらす。しかしこれは、〈声〉がそこから発せられる良い対象の完全さを前提とした話であり、これにもとづくのでは、なお密輸入の状態にある。[16] 私たちが問題としているのは、そのような高所の良い対象が持つ完全さや全体性が、そもそも何に由来するのか、あるいは由来しなければならないのか、ということである。

先ほど言及したとおり、クラインの精神分析理論の利点は、外部からの規範的介入を重視することなく、心的生の方向定位を理論化する点にある。クラインにおいては、超自我さえもが、対象関係のただなかから、生来の不安と攻撃性だけを元手に形成されるのであり、たしかにクラインはそこに全体性を密輸入してしまうのだが、ドゥルーズの動的発生論は、クラインの着想を引き継ぎ、それをラディカルに押し進める。それゆえ、高所の良い対象が備える完全さと全体性は、クラインに対する批判にもかかわらず、やはり深層にのみ由来しなければならない。対象の迫害性とそれに対する幼児のサディズム的な攻撃性をその特徴とし、無傷で済むものが何もない深層において、しかもクラインのように来るべき全体性に寄与するとされる良い対象に訴えることなく、いかにして傷のない完全さを捻出するのか。これは、クライン以上にクラインを徹底するものであり、クラインの理論的貢献と限界が交差するこの地点に、ドゥルーズの動的発生論の独自性がある。

4　否認、再び

問題となっているのは、出生に由来する迫害的な現実と、それに対する幼児のサディズム的な攻撃性による際限のない破壊と細分化の過程から、何らかの仕方で、完全で全体的なものを引き出すことである。ここで、これとまったく同じ問題が、前章で読解した『ザッヘル＝マゾッホ紹介』において、まさにサディズムの「純粋否定」とマゾヒズムの「否認」の分析をとおして扱われていたことを指摘しなければならない。以下、前章での議論と重なる部分もあるが、重要な箇所なのでそれを敷衍しながら見ていこう。

ドゥルーズによれば、サディズムもマゾヒズムも、既存の法則や秩序を超えるものをめぐる、つまり快原理の彼岸をめぐる営みである。そのうちサディズムは、法則や秩序に服した「二次的自然」を超克し、その彼方にある「一次的自然」を目指すものである。その所与の世界を超

(16) 佐藤嘉幸は、動的発生における超自我の音響的起源をアルチュセール的な「イデオロギー的呼びかけ」と重ねて、そのイデオロギーの家族性を強調している。佐藤嘉幸「動的発生から生成変化へ——ドゥルーズ／ガタリにおける主体化と脱服従化」、『現代思想』第三六巻、第一五号、青土社、二〇〇八年、二三一頁。しかし、ドゥルーズ自身はそのような全体化作用の起源を、幼児の心的生の外部から介入してくる家族ではなく、幼児の心的生の方向定位のただなかに求めている。

えていく否定性が、法則や秩序のもとでの部分的な過程でしかない単なる否定に対して、「純粋否定」と呼ばれる。つまり、サディズムとは、純粋否定によって、法則や秩序の彼方にある、つまり快原理の彼岸にある純粋状態に到達しようとする超克の運動なのである。しかし、このようなサディズム的な超克の企図は、あくまで「部分的な否定や破壊の欲動の運動を増殖させ集中することによってしかなされえない」（PSM 28/45）。すなわち、サディズムの純粋否定は、所与の世界の彼方を目指しながらも、所与の世界の残滓をどこまでも引きずり、振り払うことができないのである。サディズムが目指す純粋状態としての一次的自然とは、結局のところ「〈理念〉の対象」（PSM 25/39）なのであり、サディズムは、その到達不可能なゼロ点をめぐって空転し続ける、際限のない破壊の運動にならざるをえないのである。このようなサディズムの原理的な困難は、本章で見てきた、妄想分裂態勢における、迫害的な現実に対する幼児の際限のないサディズム的な破壊の企図と正確に対応している。

『ザッヘル＝マゾッホ紹介』で、ドゥルーズはこの原理的な困難にマゾヒズムを対置する。マゾヒズムは、サディズムが自己へと反転した派生態ではなく、まったく異なるそれ固有の否定性を持つ。それが「否認」である。否認は、破壊による超克の企図ではなく、所与の現実に対する宙吊り、中性化、待機の操作であり、そうすることによって快原理の彼岸を、つまり「所与の彼方に、所与のものではない新たな地平を開く」（PSM 28/46）ものである。さらにドゥルーズは、この否認の操作を純粋否定の暴力性にも差し向け、それを「排除」と定式化することで、所与の現実とそれに対するサディズム的な超克の企図の両方を退ける否定性を、マゾヒズムに認める。サディズムの純粋否定が、所与の現実に対する否定を際限なく増幅させていくのに対して、マゾヒズムの否認と排除は、そのような破壊的な企図そのものを放棄することで、理想的なものを引き出すことを可能にするのである。そして、以下で確認するように、動的発生論においては、まさに「かの有名な「否認〔dénégation〕」の機制」（LS 242/下 60 強調引用者）が、深層における際限のない破壊の運動のなかから、傷のない理想的なものを導き出す操作として論じられるのである。

5　出生外傷から器官なき身体へ

以上で、『ザッヘル＝マゾッホ紹介』における、所与の現実とそれを超克しようとするサディズムの純粋否定の論理、そしてそれら両方を放棄することによって理想的なものを引き出す否認と排除の論理を再度確認した。動的発生論では、この否認の論理が、明示的に一度、そして私たちの解釈ではその前提となるかたちで一度、計二度現れる。

先に（1）～（6）にまとめて整理したように、動的発生の過程における否認の明示的な役割は、そのうち（6）に、すなわち、去勢という耐え難い現実を認めずに、物体的混在に対して幻想を形成し、非物体的な領野を切り開くことにある。より正確に言えば、ここでの否認は、幼児がファルスによる全能的な善意で良い対象の傷を償おうとし、しかしそれに必然的に挫折する（「善意は必ずや罰せられる」）ときに、その現実を認めずに、幻想において傷のない完全さに固執することを指している。この否認の場面は、動的発生のハイライトであり、そこには、為そうと意図した行為と実際に為された行為との分裂、すなわち因果関係の切断や、物体的原因に帰しえない非物体的な効果の出現、その帰属先としての形而上学的（メタ物体的）な表面の形成、そしてそこを境とする思考の開始など、実に多くの論点が絡んでくる。このときはじめて、幼児の生が、セリーを持たない物体的混在を抜け出て、互いに還元不可能な二つの異質なセリー――例えば、現実／幻想、物体的なもの／非物体的もの、シニフィエ／シニフィアン、等々――へと分岐するのであり、これによって幼児は、二つの異質なセリーを最小限の構成要件とする第二次組織へと参入することが可能となるのである。このように、『意味の論理学』で否認の概念が担う重要性がきわめて大きなものであることが理解できる。

しかし、私たちの議論において重要なのは、ここではない。ここでの否認は（3）を、すなわち抑うつ態勢における完全なものとしての高所の良い対象をすでに前提としたものである。私たちが問うているのは、そもそもその高所の良い対象が持つ完全さと全体性の起源が、密輸入なしにどこに求められるのかということである。（1）から（3）への飛躍を可能にするもの、つまりブラックボックスである（2）が論究されなければならないのである。

妄想分裂態勢における取り入れと投影の過程においては、無傷で済むものは何もなかった。

それゆえ、クラインが想定するように、自我の統合に寄与する何らかの良い対象が、悪い対象と同様に存在すると想定することもできないのであった。すると、この迫害的な対象関係の袋小路から何らかの完全で全体的なものを捻出する方法は、ひとつしかない。それは、悪い対象に対するサディズム的な破壊でも、クラインが考えたような良い対象の取り入れでもなく、逆に、一切の取り入れと投影の放棄である。

> 取り入れられ投影される、毒性で排泄的で、口唇的で肛門的な悪い部分対象に対して分裂態勢が対立させるのは、部分的でさえある良い対象ではない。むしろ、一切の取り入れと投影を放棄したことによって完全なものとなった、口も肛門もない、部分なきひとつの有機体、器官なきひとつの身体である。（LS 219-220／下 28）

すべてが傷つけ傷つけられる深層の部分対象関係にあっては、一切の取り入れと投影を放棄することと、すなわち、迫害性と攻撃性の際限のない悪循環からなる部分対象関係それ自体をそっくりそのまま放棄することが、完全で全体的なものを引き出すことを唯一可能にするのである。これは明らかに、私たちが確認した、『ザッヘル＝マゾッホ紹介』における、否認による所与の現実とサディズム的なその超克の企図の両方の放棄、およびそれによる理想的なものの引き出しと同じ論理である。

『ザッヘル＝マゾッホ紹介』
・サディズムの純粋否定による超克の企図（際限がない）
↑
・既存の法則や秩序（所与の世界）
↔否認と排除
→理想的なもの

『意味の論理学』の動的発生論
・サディズム的な攻撃性による破壊と細分化の企図（際限がない）
↑
・出生に由来する迫害的な現実（所与の世界）
↔対象関係の放棄
→理想的なもの
＝器官なき身体

図１　『ザッヘル＝マゾッホ紹介』と『意味の論理学』における理想的なものの創出の論理

このようにして見いだされる器官なき身体は、部分なき流体的身体であり、「すべての破片をひとつに結びつけ、細分化を乗り越えることのできる湿の原理〔principe mouillé〕」（LS 220/下28）をもたらす。そして、私たちがずっと問題にしてきた、高所の「良い対象が、形態を、すなわち完全さあるいは統合性を引き出してくる」のは、まさにこの「器官なき身体」からなのである。[17] 来るべき全体性を密輸入することなく（1）から（3）への飛躍を可能にするという点で、器官なき身体の導出は、動的発生論において決定的に重要な契機を構成する。そしてそれは、幼児が、迫害的なものでしかありえない所与の対象関係を、サディズム的な攻撃性によって破壊するのではなく――それは原理上際限のない過程となる――、反対に、それらをすべて放棄することによって、すなわち生まれなかったことにするという、『ザッヘル＝マゾッホ紹介』においてマゾヒズムに見いだされた否認＝排除的な論理によって、獲得されるのである。これが、後の『千のプラトー』におい

て、マゾヒズムが器官なき身体と結びつけられることの理論的理由を構成するだろう。(18)

さて、このようなドゥルーズの立論は、出生外傷とそれに対する防衛というクライン的着想から、そしてそれを徹底化することから、帰結するものだと言える。クラインは、妄想分裂態勢における防衛として、理想的な対象や状況を妄想的につくり出すことと、悪い対象や状況の現実存在そのものの「否認」(denial)とが、表裏一体であることを指摘しているが、その際、その否認の射程が、個々の対象や状況を超え、対象関係それ自体にまで及ぶということに気がついていた。

> 悪い対象および苦痛な状況の存在に対する全能的な否認は、無意識においては、破壊衝動による殲滅に等しい。しかしながら、否認され、殲滅させられるのは、ひとつひとつの状況や対象だけではない。この運命を被るのはまた、ひとつの対象関係である。(19)

(17)「実のところ、良い対象は、分裂病的な二つの極を引き受けている。一方は、部分対象の極であり、良い対象はそこから力を引き出す。他方は、器官なき身体の極であり、良い対象はそこから形態を、すなわち完全さあるいは統合性を引き出す」(LS 221/下28)。

(18) 本書第五章註13を参照。

(19) Melanie Klein, "Notes on Some Schizoid Mechanisms," in *Envy and Gratitude*, *op. cit.*, p. 7.(メラニー・クライン「分裂的機制についての覚書」、『メラニー・クライン著作集』第四巻、前掲書、一一頁)

引用中の強調はクライン自身によるものである。クラインはここで、妄想分裂態勢における苦痛や不快に対する防衛が、対象関係それ自体の殲滅を要するということをたしかに認めているのだが、ただそれをサディズム的な攻撃性の観点からしか考えることができなかったのである。クラインが主張するように、誕生以来の幼児の生が対象関係にほかならないなら、対象関係それ自体の否認は――もしそんなことが可能であるならば――、まさに幼児の生そのものに対する、そして生まれてきたことに対する否認ということになる。理想的なものの獲得は、まさに、このような生の根源的な水準に関わる否定性と、すなわち出生外傷に関わる特異な死と表裏一体なのである。

6　器官なき身体の栄光とは何か

以上で確認したように、妄想分裂態勢においては、出生に由来する現実の迫害性と、それに対するサディズム的な攻撃性による防衛が、際限のない悪循環を構成するのに対して、ドゥルーズは、クラインの立論に批判的な修正を加えることで、むしろ一切の部分対象関係の放棄によってのみ、つまり生まれなかったことにするという否認‐排除的な否定性によってのみ、完全で全体的なものが引き出されうると考える。これが『意味の論理学』における「器官なき身体」の導出の論理である。しかし、私たちの生の根源的水準に関わるこのような否定性は、当の私たちの生にとって、いったいどのような積極的な意義を持つのだろうか。

第三章で見たように、ドゥルーズは、動的発生論に先立って、『意味の論理学』第一三セリーにおいて、深層と表面の還元不可能な差異を提示した後、それに続けて、深層そのものの二元性を打ち立てていた。一方が「寸断された有機体の受動性」（LS 110/上164）であり、他方が「諸部分なきひとつの身体の能動」（LS 110/上164）である。前者は、世界に産み落とされた幼児が受苦する、受動的な情念の体制であり、後者は、引き裂かれることのない栄光の身体が備える能動の体制である。そして、アルトーによれば——とドゥルーズが言うには——、幼児は、この二つの生の体制のあいだで、二者択一を強いられるという。前章末尾でも引いたが、重要な個所なので再度引いておく。

> アントナン・アルトーは、身体の受動と能動という深層の二つの言葉にしたがって、幼児にこの上なく暴力的な二者択一を強制する。幼児は生まれてこない、すなわち、両親が姦淫する場所の下にとどまり、やがて脊柱になるはずの箱から出てこない（逆向きの自殺）。あるいは、幼児は、器官も両親もない、燃え上がる栄光の流体的身体へと自己をつくる（アルトーの言う、生まれるべき自分自身の「娘たち」）。（LS 113-114/上169）

『意味の論理学』のなかでおそらく最も難解な個所のひとつである。ここで、それ自体も難解な江川隆男による解釈を参照しよう。それによると、逆向きの自殺とは「存在のなかで生まれる前に死を選択すること」であり、栄光の身体になるとは「この死後に唯一の生を選択すること」[20]である。江川は、「逆向きの自殺」か「栄光の身体」かという二者択一が「疑似問題」であるとし、ドゥルーズの記述そのものに抗うようにして、この二つは両方ともが選択されなければならないと主張する。いったいどういうことだろうか。江川の議論は難解であるが、「単為発生による第二の誕生」の問題を追ってきた私たちなら、次のように理解することができるはずである。つまり、生まれ変わる（「栄光の身体へと自己をつくる」）には、死ななければならない（「逆向きの自殺」）ということである。「生まれなおし」を遂行するためには、両者は二者択一ではなく、ともに選択されなければならないのである。

　それでは、結局のところ、このような否定性、そしてそれによって導出される器官なき身体が、私たちの生において持つ意義とは何なのか。まず、件のアルトーをめぐる議論から分かるのは、第三章で論じたように、器官なき身体の導出が、みずからの生を受動から能動へと、つまり服従から命令へと転換する「行為」であるということである。そしてこのことは、すでに明らかなとおり、私たちが辿ってきた「単為発生」と「第二の起源」をめぐる問題と合致している。生まれなかったことにするという生の根幹に関わる否定性は、私たちが自分自身で開始したのではない受動的な生から離脱し、自分で自分を能動的に生みなおす「単為発生による第二の誕生」を可能にするのである。

それだけではない。先に整理した動的発生の過程(1)〜(6)を見るなら、同一化の対象としての高所の良い対象、身体表面を接続し、対象の傷をも修復するファルスの全能性、その挫折である去勢の否認と幻想の形成、これらすべてに、器官なき身体にのみ由来することができる完全さと全体性が関与していることが分かる。そのような完全さと全体性が理想的なものとしてなければ、私たちは、寸断されるがまま、深層に閉じ込められてしまうだろう。このように、器官なき身体は、動的発生の過程において、私たちが深層から一歩抜け出すことを可能にするとともに、尽きることのない理想的なものとして、私たちが、表面へと浮上する冒険の途上、幾度となく訪れる深層への落下の危機——その最大の危機であり表面の開示の好機でもあるのが去勢である——に抗して、持ちこたえることを可能にするのである。

華々しく謳われる器官なき身体の栄光とは、決して秩序の暴力的な破壊や転覆などに存するのではない。器官なき身体は、私たちが、みずからの可滅的な身体に抗して／とともに、あらゆる秩序、あらゆる暴力と破壊、それらが不可避的にもたらすあらゆる意気阻喪、妥協、そしてあらゆる絶望に抗して／とともに、生きていくことを——その生にすら抗しながら——可能にするのである。生きていくことを可能にするからといって、器官なき身体が快原理に服すということはない。なぜならそれは、生まれなかったことにするという、出生を拒絶する快原理

(20) 江川隆男『死の哲学』河出書房新社、二〇〇五年、八七頁。

の彼岸によってのみ導出されるものだからである。このような、特異な死に由来する、破滅や崩壊を切り抜ける力にこそ、器官なき身体の栄光が存するのである。

7　器官なき身体とカオスに抗する闘い

以上で論じた器官なき身体の導出こそ、第四章から私たちが追ってきた「単為発生」と「第二の起源」をめぐる問題系の到達点である。そして、本章の冒頭で言及したとおり、これは第一章から第三章で論じた「カオスに抗する闘い」の問題との合流点を構成している。最後に、以上の議論をその文脈へと引き戻した上で、第Ⅲ部の議論へとつなげることにしよう。

深層の引き裂かれるような受動的な生は、世界に産み落とされた幼児が受苦する、第一の誕生に由来する生である。そして、その所与の生の破滅性は、まさに、生来のサディズム的な攻撃性による際限のない暴力によって特徴づけられる。器官なき身体は、そのようなサディズム的な暴力によって現実を超克しようとするプロセスそれ自体を、つまり所与の受動的な対象関係それ自体を放棄することで、理想的なものをつくり出す、そんな否定性によってのみ獲得される。私たちが見てきたように、この器官なき身体の導出の論理は、否認-排除による性愛なき新たな人間への生まれなおしと同じ論理である。器官なき身体はまさに、無人島、他者、倒錯という、一九四〇年代以来の問題系に一貫して見いだされる、「単為発生」と「第二の起源」

をめぐる問いのひとつの帰結だと言える。

そして、先の（1）～（6）で確認できるように、動的発生における器官なき身体の導出は、〈エス〉からの自我の生成と定式化されている。これは、第二章の末尾で確認した、『差異と反復』における、不連続的瞬間としての非時間的位相からの時間の第一の総合による現在の構成が、同じく〈エス〉からの自我の形成として論じられていたことと重なっている。それゆえ、深層の妄想分裂態勢において幼児が受苦する、引き裂かれるような受動的な生、分裂病的身体の第一のアスペクトである寸断された身体とは、不連続的瞬間としての非時間的位相に相当するものであり、『哲学とは何か』の意味におけるカオスに相当するものなのである。それゆえ、器官なき身体は、「カオスに抗する闘い」の、最も根本的な契機を構成するものだと言えるのである。

次章以降では、一九七〇年代以降のドゥルーズの仕事を、ここまでと同じく「カオスに抗する闘い」の観点から読み解いていく。とりわけ、後期ドゥルーズの感覚と芸術の哲学に焦点を当て、そこで器官なき身体と呼ばれる〈形象〉の理論、そしてその晩年における展開であり、明示的に「カオスに抗する闘い」の文脈に位置づけられる「感覚の存在」と「モニュメント」の理論、これらを主題的に論じていく。そこでドゥルーズは、出生ではもはやなく、「老い」という不可逆的な崩壊とともにある人生を、みずからの哲学の対象とすることになる。

第Ⅲ部　モニュメント

第七章　シニフィアンと〈形象〉

前章までで、ドゥルーズにおける「カオスに抗する闘い」の問題と、その根本的契機を構成するものとしての「器官なき身体」の導出の論理について見てきた。本章からは、同じく「カオスに抗する闘い」という視座のもと、一九七〇年代以降、晩年に至るまでの器官なき身体の概念の展開を見ていく。主に、ドゥルーズの感覚と芸術の哲学、とりわけそこでまさに器官なき身体と呼ばれる〈形象〉の概念、そしてそれを明示的に「カオスに抗する闘い」のなかに位置づけ、発展させる、「感覚の存在」さらには「モニュメント」の概念を、テクストを読解しながら明らかにしていくことになる。

〈形象〉の概念は、ジャン＝フランソワ・リオタールの「形象的なもの」(le figural) の概念に由来し、フランシス・ベーコンの絵画を論じる『感覚の論理学』で本格的に提出されるものであるが、ドゥルーズがこの概念にはじめて言及するのは、彼が査読を務めたリオタールの国家博士号請求主論文『言説、形象』(一九七一年) を評した「評価」(一九七一年) においてである。そこでは、リオタールの形象的なものの概念が、「シニフィアンについてのはじめての全面的な批判」(ID 299／下 145) として高く評価されている。形象的なものに対するこのような評価は、『アンチ・オイディプス』にもほぼ同じ文言で見られる (AŒ 290／下 58)。つまり〈形象〉の概念は、『差異と反復』のシステム論をシニフィアンとシニフィエという語彙を用いて展開した『意味の論理学』の議論から、一九七〇年代以降の精神分析批判を経て、晩年の感覚と芸術の哲学へと至るまでの、理論的なつながりを示すものなのである。

　本章では、ドゥルーズにおけるシニフィアンから〈形象〉への移行の道筋を辿り、その上で、『感覚の論理学』における〈形象〉の概念について論じていく。そして、その際に鍵となるのが、「マルコフ連鎖」の概念である。マルコフ連鎖とは、ドゥルーズがシニフィアン連鎖に取って代わるものとして『アンチ・オイディプス』以降用いる、言語にかぎらない様々な事象を、「部分的に依存的な」、そして「半-偶然的な」形態化の過程として捉えるための概念である。このマルコフ連鎖の概念が、〈形象〉のある特徴、すなわち、ドゥルーズがカオスと同一視する「ダイアグラム」というまったき偶然を操作的にとどめ、局所的な秩序を生み出すという特徴を説明するものとして、重要な役割を演じるのである。

1　シニフィアンの行方

〈形象〉の概念に着手するために、まずはドゥルーズにおけるシニフィアンの行方を追っていこう。本書第三章で見たように、ドゥルーズは『差異と反復』で提示したシステムを、『意味の論理学』において、シニフィアンとシニフィエという二つの異質なセリー、およびそれらを発散的に連絡させるパラドックス的な審級からなる構造として記述した。その際、構造は、無意味の関数として意味を生産する「機械」（LS 88/上 134）あるいは「機械設備」（LS 90/上 137）などと形容された。しばしば指摘されるように、『アンチ・オイディプス』では、構造主義的精神分析の構造の概念が批判され、それに代わって機械の概念が前景化される。それとともに、構造を構成するものとして重要であったシニフィアンもまた批判対象となる。このような機械の概念の前景化と、シニフィアンに対する批判には、共著者であるフェリックス・ガタリが重要な役割を担っている。[1]

しかし、機械の概念の前景化にもかかわらず、あるいはそれとともに、『意味の論理学』で

（1）『アンチ・オイディプス』の機械の概念においてガタリが担った役割については、ガタリの『アンチ・オイディプス草稿』（二〇〇五年）をつぶさに検討している、千葉雅也「ガタリとドゥルーズの「分裂分析」における「機械」と「切断」の概念」、『フランス哲学・思想研究』第一七号、二〇一二年を参照されたい。

ドゥルーズがシニフィアンに託したものは、『アンチ・オイディプス』以降、シニフィアンが批判されるようになっても、ある側面では生き続けることになる。それが「連鎖」という考えである。そもそも、構造を構成する要件としてシニフィアンとシニフィエの二つのセリーが掲げられたのは、『差異と反復』からすれば限定的であり、本書第二章で見たとおり、『差異と反復』では、様々な事象に共通する一般システム論が構想されていた。ドゥルーズは、『アンチ・オイディプス』以降、シニフィアンを特権化することのない、言語、イメージ、脳、社会、歴史、等々、様々な事象に関する形態化の過程を、マルコフ連鎖という観点から独自に記述することを試みるようになるのである。

マルコフ連鎖とは、未来における振る舞いが現在の値によってのみ決定される確率過程のことであり、ロシアの数学者アンドレイ・A・マルコフによって理論化され、言語学をはじめとする様々な領域に応用されていったものである。『アンチ・オイディプス』以降のドゥルーズは、それをもっぱらレイモン・リュイエによる定式化に依拠しながら、独自の概念として練り上げ、展開している。[(2)] ドゥルーズはマルコフ連鎖を、「半‐偶然的な現象に、あるいは依存と不確実性の混合に関わっており、それゆえ決定された連鎖からも、偶然の配分からも同時に区別される」(IT 277 n. 36/(71) n. 36) と規定している。ドゥルーズの狙いは、言語だけでない様々な事象の形態化の過程を、決定か偶然かの二者択一を退けつつ、決定と偶然が混合状態で進行する連鎖として捉えることにある。

しかし、注意しなければならないのは、ドゥルーズの力点が、決定論的秩序を批判することよりも、むしろ「あらゆるものがあらゆるものと連鎖する〔n'importe quoi s'enchaîne avec n'importe quoi〕」(DRF 237/下85)ような純粋な偶然に対して、「規則性」(DRF 235/下83)の発明によって、ミニマムな秩序をつぎはぎしていくことに置かれているということである。これは『千のプラトー』で、有名な「リゾーム」について、「リゾームのあらゆる点が他のあらゆる点と接続されうるし、接続されるべきである〔n'importe quel point d'un rhizome peut être connecté avec n'importe quel autre, et doit l'être〕」(MP 13/上23)と言われていることと、少なくとも記述の上では著しい対照をなしている。マルコフ連鎖の概念は、ドゥルーズにおけるある種の秩序指向性を特によく表すものであり、本書の主題である「カオスに抗する闘い」の重要な局面を構成しているのである。

---

(2) ドゥルーズのマルコフ連鎖の理解と使用が、数学的あるいは言語学的に厳密なものであるかどうかには疑問符がついている。ジャン＝ジャック・ルセルクルは、ドゥルーズにおけるマルコフ連鎖の援用と展開を、言語学に対する「乗っ取り行為」(piracy)と形容し、その「創造的な誤解」の側面を積極的に評価している。Jean-Jacques Lecercle, *Deleuze and Language*, Palgrave Macmillan, 2002, p. 94. ジェイムズ・ウィリアムズは、ドゥルーズにおいてマルコフ連鎖とみなされているものは、通常のそれに比してより偶然が支配する過程になっており、それゆえマルコフ連鎖ではないと考えている。James Williams, "Objects in Manifold Times: Deleuze and the Speculative Philosophy of Objects," in *Cosmos and History: The Journal of Natural and Social Philosophy*, vol. 7, no. 1, 2011, p. 69.

2　ラカンにおけるシニフィアン連鎖と記憶形成

シニフィアンから〈形象〉への移行の筋道を理解するために、まずはラカンのシニフィアン連鎖の理論についていくつかの注解をしておこう。というのも、実はラカン自身が、「『盗まれた手紙』のセミネール」において、マルコフの名に言及しながら、シニフィアン連鎖を一種のマルコフ連鎖として構想しているからである。ドゥルーズによるマルコフ連鎖の概念化は、その批判的延長線上に繰り広げられていると考えることができるのである。(3)

マルコフは、一九一三年の論考で、アレクサンドル・プーシキンの韻文小説『エヴゲーニイ・オネーギン』(一八三二年)のテクストを確率分析にかけ、そこでの文字の出現について考察を加えている。その際、彼が注目するのは、小説内の文字の出現の「時間的側面」である。プーシキンのテクストにおける任意の文字の生起の確率を分析しても、単に無時間的な統計的特性を示すだけであるが、諸々の子音と母音からなるシークエンスの生起の様態に着目するなら、ある文字の生起の確率は、例えば特定の子音の後には特定の母音が高い確率で生起するというように、その都度の現在の状態にある程度依存する。(4)

ラカンがシニフィアンを連鎖の相のもとに捉えるのも、これと同様の問題関心からである。ラカンがシニフィアン連鎖と言うとき、問題となっているのは、マルコフが諸々の子音と母音からなるシークエスに注目したように、ある語とその語の後にやってくる語との統辞的な結びつきである。ラカンはこの統辞法に、つまり、語の生起を一定のパターンや形態へと拘束する象徴的なものの秩序に、現実にはただ現れて消えるだけのランダムな出来事を、執拗に保持し、反復する、無意識の特異な構造、とりわけその「不滅性」の構造を見いだそうとするのである。このように言語と心を連鎖の観点から捉える考えの根底には、語をひとつの独立した単位とみなし、言語活動をそれらの組み合わせに還元する原子論的言語観への批判と、心的過程を表象の組み合わせとして理解する連合主義的心理学への批判がある。(5) マルコフと同様に、ラカンは、言語と心を無時間的な組み合わせの観点からではなく、その時間的側面の観点から捉えるのである。

このような試みが最も明示的に提示されているのが、「『盗まれた手紙』のセミネール」である。ラカンはそこで、フロイトの『快原理の彼岸』の有名な「フォルト－ダー」に着想を得て、

(3) 以下の議論の一部は、ドゥルーズとラカンの理論的関係に焦点を当てた、小倉拓也「部分的依存と半－偶発——ドゥルーズにおける「連鎖」概念の行方」、『hyphen』第二号、DG-Lab、二〇一七年においても提示されている。当該論考は、本書の執筆過程でそのアイデアを元に別途構想されたものである。

(4) 以上、Philipp Von Hilgers and Amy N. Langville, "The Five Greatest Applications of Markov Chains," in *Proceedings of the Markov Anniversary Meeting*, Boston Press, 2006, pp. 155-157 に依拠。

(5) 原和之「どこにもない地図を発明する：「連鎖」の思想とその帰結——J・ラカンの「グラフ」とその再構成」、『電気通信大学紀要』第一二巻、第一号、電気通信大学、一九九九年、三一頁。

「+」と「−」からなる行列を構築している。フォルト－ダーは、フロイトの孫エルンストが行っていた、糸巻きを見えなくし、それを発見するということを繰り返す遊びである。ラカンによればこれは、「人間という動物が象徴的なものの秩序から受け取る決定を、その最も根本的な特徴において表現している」[6]。エルンストは、母が現れたり消えたりする「厳密に「偶然的な」」[7]出来事を、糸巻きの出現と消失の反復によって把捉し、象徴化しているのである。

ラカンは、その出現と消失を「+」と「−」によって示し、それらにいくつかのコード化を施すことで、象徴的なものの組成を明らかにしようとする。+と−は、コイントスの「表」と「裏」に比されるもので、偶然による世界の転変を表すものであり、本書の観点からは、ドゥルーズの『差異と反復』における不連続的瞬間に相当するものと考えることができる。ラカンによれば、そのような本来はまったくの偶然に委ねられている諸要素の振る舞いが、おのれ自身を一定の規則にしたがって形態化し、記憶するようになるというのである。ラカンはこの過程を「記憶形成〔mémoration〕」[8]と呼ぶ。

ブルース・フィンクの注解を参考に、ごく簡単に議論を要約しよう。まず、コイントスの結果が表か裏かは、それ自体は、象徴的決定とは無関係に生起する。つまり、エルンストにとって母はまったくの偶然で現れては消える。例えば、ラカンは「+ + + − + + − − + − etc.」[9]という例を与えているが、ここにおいては、その都度+がくるか−がくるかは、先行するものが+であるか−であるかに依存しない。換言すれば、それら諸要素の現実的な振る舞い

表1　三つの括り方

1	2	3
同じ並び	半端な並び	交代する並び
＋ ＋ ＋	＋ ＋ － 　－ － ＋	＋ － ＋
－ － －	＋ － － 　－ ＋ ＋	－ ＋ －

のあいだには、それらを拘束するいかなる紐帯もないということである。まさに不連続的瞬間に比すことができる。

次に、ラカンは、＋と－を三つでひとつに括り――つまり「トリグラム化」し――、それをひとつの単位として扱う。ラカンはこの括り方を表1の三とおりに分ける(10)。

これによって、先行するトリグラムの最後の二つの要素が、後続するトリグラムの最初の二つの要素となるように先の行列をコード化し、それを一列に生成させると、図1（次頁）のようになる。

注目すべきは、このとき、＋と－の厳密に偶然的な生起に付随して、それ自体はもはや偶然ではなく、特定のパターンや形態を示す行列が生成する

（6）Jacques Lacan, « La séminaire sur « la Lettre volée » », in *Écrits*, Seuil, 1966, p. 46.
（7）*Ibid.*, p. 47.
（8）*Ibid.*, p. 42.
（9）*Ibid.*, p. 47.
（10）Bruce Fink, *The Lacanian Subject: Between Language and Jouissance*, Princeton University Press, 1995, p. 158（ブルース・フィンク『後期ラカン入門――ラカン的主体について』村上靖彦監訳、小倉拓也＋塩飽耕規＋渋谷亮訳、人文書院、二〇一三年、二一八頁）の表を援用した。

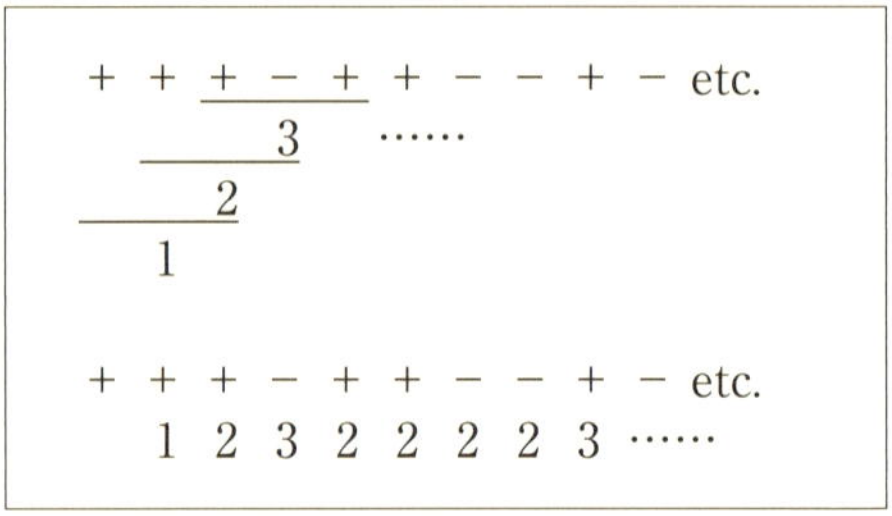

図1　コード化

ということである。例えば、現在の状態が1のとき、続く可能な連鎖は1か2であり、3は不可能である。仮に2が連鎖したとすると、その新たな現在の状態2に続く可能な連鎖は2か3であり、1は不可能である。こうして、各数字の連鎖の可能性は、その都度の現在の状態に依存し、完全にではなく、部分的に限定される。ラカンはさらに複雑なコード化を重ねていくことで、より厳密な象徴的決定のシステムを構成していく(11)。

ラカンが主張するのは、+と−の継起、つまり現実的なものにおける出現と消失が「まったくの偶然に委ねられている」にもかかわらず、「現実的なものから象徴的決定が切り出されてくる(12)」ということ、そしてランダムな出来事を執拗に保持し、反復する、無意識の不滅性を保証するものとしては、「この象徴的決定――そのなかにシニフィアンの重層的決定が位置づけられる――以外のいかなる絆も存在しない(13)」ということである。そしてラカンは、まさにマルコフの名に言及しながら、このような記憶形成の過程で生じていることを「統辞法の勝利〔triomph de la syntaxe〕(14)」と呼ぶのである。

ここで注記しておくべきなのは、このような象徴的秩序による記憶形成によって、何が退けられているのか、あるいは乗り越えられているのかということである。ラカンは次のように述べている。

フロイトが言う意味での無意識において問題となる記憶形成〔mémoration〕は、生物に固有のものであるかぎりでの記憶の領域として想定されるような領域には属さない。〔……〕さしあたり、象徴的秩序の結びつきこそが、無意識が保持するものの不滅性というフロイトの考えを説明するのに十分だと考えられる唯一のものである。[15]

問題とされているのは、フロイト的な無意識の不滅性を保証しうるものは何かということであるが、ラカンはここで、「生物に固有のもの」としての記憶を退けている。それは、脳神経系などにおいて、印象の質と量によって特徴づけられ、それらが減少するとともに失われていくものとしての記憶である。そのような可滅的なものとしての記憶は、無意識の不滅性を保証することはできない。それゆえラカンは、生物に固有のものではない、象徴的なものが形づく

(11) Cf. *Ibid.*, Appendix 1 and 2.（同書、補論1および2）
(12) Jacques Lacan, « La séminaire sur « la Lettre volée » », in *Écrits*, *op. cit.*, p. 51.
(13) *Ibid.*, p. 52.
(14) *Ibid.*, pp. 50-51.
(15) *Ibid.*, p. 42. 強調削除。

る秩序こそが、唯一それを保証しうると考えるのである。これは、本書第二章で見た、『差異と反復』においてドゥルーズが、可滅的な生ける現在の総合に対して、不滅的な純粋過去の総合を要請し、それを象徴的なものとみなしたことと軌を同じくしている。

3 ドゥルーズにおけるマルコフ連鎖の概念化

ドゥルーズは、『差異と反復』および『意味の論理学』において、ラカンのシニフィアン連鎖および象徴的なものの理論に大きな影響を受けながら、システム論を構築している。たったいま触れたとおり、時間の三つの総合の議論において、可滅的な現在の総合に対して、不滅的な過去の総合を論じる際、ドゥルーズが、「諸現在、あるいは諸セリーは、現実においては継起するが、しかし、純粋過去あるいは潜在的対象との関係においては、象徴的に共存する」（DR 162/上 332）と述べるのは、以上に見たラカンの記憶形成の理論の、ドゥルーズによる哲学的な再定式化である。このことはもちろん、そのシステム論をまさにシニフィアンとシニフィエの語彙で定式化しなおす『意味の論理学』の構造の概念にも当てはまることである。

一方では、このようなシニフィアン連鎖の考えは、『アンチ・オイディプス』において厳しい批判にさらされ、退けられることになる。しかし、他方で、「ひとつあるいは諸々のシニフィアン連鎖を包み込んだ無意識のかくも豊かな領野を発見したこと、そしてそれによって分析を変化させたことは、ラカンの功績である（この点に関する基本テクストは『盗まれた手紙』）」（AŒ 46／上 76）とされているように、シニフィアン連鎖の考えはある側面においては高く評価されてもいるのである。では、厳密には何が批判され、何が評価されているのだろうか。ドゥルーズは次のように述べている。

この連鎖がシニフィアン〔意味的〕と言われるのは、それが諸々の記号からできているからだが、これら記号そのものはシニフィアン〔意味的〕ではない。コードはひとつの言語よりも、ひとつのジャルゴン〔jargon〕に似ており、多義的な開かれた形態化である。〔……〕いかなる連鎖も等質的ではなく、連鎖は様々なアルファベットの文字がなす行列に似ている。そして、この行列において、突如として表意文字や絵文字が現れてくるのである。〔……〕それは、転轍機やくじ引きのシステムの全体のようなもので、マルコフ連鎖に似た、部分的に相互依存する偶然的な諸現象を形づくる。（AŒ 46／上 77-78）

まず言われているのは、連鎖は、ラカンの意に反して、それ自体はシニフィアンではない記号からできていて、連鎖の結果として意味的（シニフィアン）になりうるのであって、その逆ではないということである。ドゥルーズはそのような記号を、「非意味的記号」（AŒ 290／下 58）、あるいは「非意味的要素」（AŒ 343／下 140）と呼ぶ。そしてそれは、言語のように構造化されているのではなく、ジャルゴンのようであり、「マルコフ連鎖に似た、部分的に相互依存する偶然的な現象を形づくる」というのである。どういうことだろうか。引用内に出てくるジャルゴン、開かれた形態化、そしてくじ引きといったキーワードは、いずれもリュイエがマルコフ連鎖をめぐる自身の議論のなかで用いているものであり、ドゥルーズの記述はそれを援用したものである。それゆえリュイエの議論を確認しておく必要がある。

　リュイエは、『生物の形態の発生』（一九五八年）で、環境のなかで様々な刺激にさらされながらみずからを形づくっていく生物の形態を、「有機的なものと偶然的なものの混成体[16]」、「開かれた形態化」と呼び、その論理をマルコフ連鎖によって特徴づけている。リュイエによれば、マルコフ連鎖とは「偶然と依存の混成体[17]」であり、その例として「くじ引き」を想定することができるという。そのくじ引きは次のような一般的規定を持っている。まず、あるくじ引きにおいて、各引きT_1, T_2, T_nは、引きごとに互いに完全に独立している。そこで「T_nの確率が、T_{n-1}に依存したり、T_{n-1}とT_{n-2}の総体に依存したり、先行する引きによって拘束されるより複雑な総体に依存したりする法則[18]」を導入すると、「部分的に依存的な偶然的現象[19]」が得られるという。やや煩雑になるが、もう少し丁寧に見ておこう。リュイエは次のような具体例を与えている。

　いくつもの抽選箱があるとする。各箱のなかには、その並びが存在することを確認されている三つでひと括りのアルファベット、つまりトリグラムがいくつも入っている。各箱には名札がつけられていて、その名札には、その箱に入っているトリグラムの最初の二文字のアルファベットが記載されている。例えば、箱IBには、IBではじまるトリグラムがいくつも入っているということである。そして、最初の箱からトリグラムを引いた後、次の箱からまた引くのだが、その箱は、引いたばかりのトリグラムの最後の二文字を名札に記載している箱でなければならない。これを繰り返すと、最終的に、その並びが存在することを確認されている言語の「ジャルゴン」、つまり「言語もどき」が得られるというのだ。

リュイエは、ラテン語でその並びが存在することを確認されているトリグラムを用いた例を提示する。まず T_1 = IBUだとすると、次は最後の二文字であるBUの箱からランダムに引く。それが仮に T_2 = BUSだとすれば、次は最後の二文字であるUSの箱からランダムに引く。以下、T_3 = USC → 箱SC、T_4 = SCE → 箱CE……と繰り返しいくと、最終的にIBUS CENT IPITIA VETIS IPSE CUM VIVIUS SE ACETITI DEDENTURという、ラテン語を模倣するジャルゴンが生成する。そして、ボードレールやマラルメのテクストのなかでその並びが存在することを確認されているトリグラムでこれを行うことで、ボードレールやマラルメのジャルゴンを語る「贋作者」(pasticheur) が成立するというのである。(20)

(16) Raymond Ruyer, *La genèse des formes vivantes*, Flammarion, 1958, p. 171.
(17) *Ibid.*
(18) *Ibid.*
(19) *Ibid.*

図2　くじ引きとジャルゴン

これが、リュイエがくじ引きの例によって提示するマルコフ連鎖であり、それが生み出すジャルゴンである。それでは、これはラカンのシニフィアン連鎖とどのように共通し、そして袂を分かつのだろうか。まずは、トリグラムを用いたリュイエのくじ引きが、先に見た「『盗まれた手紙』のセミネール」のシニフィアン連鎖とよく似た構造になっていることを指摘することができるだろう（図2）。

反対に、違いはどこに求めることができるだろうか。次のように考えることができる。T_1, T_2, T_3……は、それぞれその都度の現在の状態にのみ依存し、連鎖していくが、例えば、後続するT_4は、T_3には依存するが、T_1には依存しない。つまり、連鎖は、現在にのみ依存し、過去による決定を受けない。それは、現在から現在への綱わたりなのであり、連鎖はその都度、過去から切断されるのである。これはマルコフ連鎖の一般的規定と違わないのだが、ラカンのシニフィアン連鎖が、幾重にもコード化を重ねていくことで、象徴的に不滅である無意識を構成すること、つまり記憶形成となることと対照されるだろう。このような、過去からの切断と、現在だけによる局所的な秩序の構成こそ、ドゥルーズがマルコフ連鎖を用いて論じようとする、決定論と純粋な偶然の両方をともに退ける、「部分的に依存的な偶然的現象」の中心的な意義である。

また、リュイエのくじ引きは、非意味的なトリグラムからのみなり、その結果として意味が生み出されうるであって、決してその逆ではない。つまり、言語の中心にジャルゴンが、つまり「言語もどき」があるのであって、決してその逆ではないのである。リュイエは、この言語ならざるジャルゴンを、広く生命、自然、文化を貫くものとして提示している。ドゥルーズはそれを踏まえ、ラカンのシニフィアン連鎖をそこに包摂しようとするのである。

この意味で、人間の文化と生物の種とに共通の特徴を「マルコフ連鎖」(部分的に依存的な偶然的現象)として主張することが可能となった。なぜなら、遺伝子のコード化においても、社会的コードにおいても、シニフィアン連鎖と呼ばれるものは、ひとつの言語である以上にひとつのジャルゴンであって、非意味的要素からなっているからである。この非意味的要素が意味や意味作用の効果を持ちうるのは、それら諸要素が、くじ引きの連鎖や、部分的依存や、中継の重なりによって形づくる、大きな総体のなかにおいてだけである。(AŒ 343-344/下 140-141)

一方で、シニフィアン連鎖は、それがシニフィアンを単位とし、言語のように無意識を構造

(20) *Ibid*., p. 172.

化するという点で批判されるが、他方で、その連鎖の論理そのものは否定されるのではなく、むしろ非意味的記号、非意味的要素からなるマルコフ連鎖のなかに位置づけなおされるのである。アンヌ・ソヴァニャルグが指摘しているように、「連鎖が意味を生み出すのは連鎖が〔非意味的〕記号によって構成されているからであって、記号そのものが意味を持つからではないということを明確にするなら、ラカンが行ったようにシニフィアン連鎖について語ることは十分に可能」[21]なのである。

4 シニフィアンから〈形象〉へ

以上、ラカン、リュイエ、ドゥルーズにおける連鎖の概念について概観した。ここであらためて注目すべきは、先の『アンチ・オイディプス』からの引用において、非意味的記号、非意味的要素の連鎖から、「表意文字」や「絵文字」すらも出現すると言われていることである。すなわち、ドゥルーズにおいてマルコフ連鎖は、まさに〈形象〉の生産の論理でもあるのだ。実際、ドゥルーズは『アンチ・オイディプス』で、パウル・クレーを論じるリオタールの絵画論に言及しながら、シニフィアン連鎖がそれに依存するところの非意味的記号、非意味的要素の連鎖を、〈形象〉の観点から論じているのである。

リオタールは、シニフィアンと形象の秩序を逆転させる。形象の方が、シニフィアンやその効果に依存しているのではない。シニフィアン連鎖の方が、形象的なものの効果に依存し、それ自体が諸々の非意味的記号によってつくられ、シニフィアンもシニフィエも破壊して、語を事物として扱い、新しい諸々の単位を製造し、具象的ではない形象によって、みずからを形づくりみずからを壊す諸々のイメージの布置を形成するのである。(AŒ 290/下 58)

リオタールは、『言説、形象』において、構造主義による世界のテクスト化に異議を唱え、メルロ゠ポンティの現象学とフロイトの精神分析を批判的に援用しながら、形象的なものの領域が言語的なものには還元されえず、むしろ言語の方が形象的なものを必ずや必要とし、それに依存すると主張している。[22] ドゥルーズは、そのような形象的なものの領野、つまり「シニフィアンもシニフィエも破壊して、語を事物として扱い」、「みずからを形づくりみずからを壊す諸々のイメージの布置を形成する」領野を、非意味的記号、非意味的要素からなるマルコフ連鎖の領野として、みずからの理論に取り込むのである。

そして、マルコフ連鎖と〈形象〉という理論装置が示している最も重要な点は、それらが

(21) Anne Sauvagnargues, *Deleuze et l'art*, PUF, 2005, p. 188.
(22) Jean-François Lyotard, *Discours, figure*, Klincksieck, 2002, pp. 9-19.(ジャン゠フランソワ・リオタール『言説、形象』合田正人+三浦直希訳、法政大学出版局、二〇一一年、一-二五頁)

ドゥルーズにおける「過去」から「現在」への理論的重点の移行を示しているということである。先に見てきたマルコフ連鎖は、過去による決定を受けない、現在から現在への綱わたりである。これは、『差異と反復』の語彙で言えば、大域的で不滅的な保存はなく、絶えず局所的で可滅的な現在があり続けるということである。マルコフ連鎖に関してドゥルーズが強調する、記号が意味的（シニフィアン）ではなく非意味的であることは、突き詰めるならば、純粋過去および〈記憶〉の拒絶にほかならない。そして、過去なしの現在、記憶なしの想像が指し示すのは、自己および世界の「感覚」的境域における総合であり、それを記憶によらずに保存し、消尽させることなく現前させることを、ドゥルーズは「芸術」の役目と考えるのである。ドゥルーズは、芸術における記憶と現在の身分について、次のように述べている。

記憶というものは芸術にほとんど介在しない（プルーストにおいてさえ、そしてプルーストにおいてはとりわけ）。たしかに、あらゆる芸術作品はひとつのモニュメントである。しかし、モニュメントはここで、過去を記念するものではなく、現前する＝現在の諸感覚のブロックであり、現前する＝現在の諸感覚は、おのれ自身の保存をおのれ自身だけに負う。（QP 158/281-282）

ここには、『感覚の論理学』から『哲学とは何か』を貫く、感覚と芸術の哲学の核心が記されている。ドゥルーズにおけるシニフィアンから〈形象〉への移行は、マルコフ連鎖の概念とともに、過去なしの現在を焦点化する感覚の哲学を、そして現在の感覚を記憶によることなく保存する芸術の哲学を切り開くものなのである。そしてそれは、『差異と反復』においては、不連続的瞬間としての非時間的位相から現在を構成し、過去によることなくその消尽に抗うことであり、これが『感覚の論理学』から『哲学とは何か』にかけて、明示的に「カオスに抗する闘い」として展開されていくのである。

5　肉塊への慈悲

以上で、シニフィアンから〈形象〉への道筋を辿った。ここからは『感覚の論理学』における〈形象〉の概念を見ていこう。

ドゥルーズは、『感覚の論理学』の冒頭で、リオタールの名をあげながら〈形象〉の概念を提示している。リオタールの定義によれば、形象的なもの（le figural）は、具象的なもの（le figuratif）ではなく、むしろそれと対立するものである（FB 12 n. 1/213 n. 1）。具象的なものとは、素朴に考えられた場合の具象画がそうであるように、何らかの事物や対象の模倣を意味する。しかしこのとき、人間が事物を模倣するのではなく、むしろ事物が人間を模倣すると言える。ピエール・モンテベロの的確な表現を借りるなら、「私たちは、人間的な空間、人間的な世界、人間的な宇宙をつくり出すとき、すなわち人間の内面性、人間の眼が事物へ投影されるとき、具象的なものをつくっている」[(23)]。つまり、空間や世界や宇宙が、人間による表象＝再現前化によって、説明的で物語的なものとなることが、具象的なものを定義するのである。

ドゥルーズが〈形象〉によって問題とするのは、このような人間的な内面性や眼を排除した、説明や物語なしの、イメージそのものである。それゆえ、ドゥルーズの〈形象〉論は、まずは表象＝再現前化的な具象的なものに対して、下‐表象的なものを探求するものであり、それゆえ表象＝再現前化の批判を構成すると考えることができる。ドゥルーズによれば、近代絵画の挑戦は、そのような具象的なものを乗り越えようとするものである。しかし、その試みは、単に具象性の排除によってだけ定義されるのではない。むしろそれは、具象性を排除したときに出現する「ダイアグラム」と呼ばれるものにいかに対処するかによって定義される。ダイアグラムとは、「具象的な所与や蓋然的な所与のなかで、キャンバス上に突如生起するカタストロフィ」（FB 94/134）である。それは「カオス」、「深淵」とも言われる。

それは別の世界の出現のようである。なぜなら、そのしるし、描線は、非合理的で、非意志的で、偶発的で、自由で、偶然的なものだからである。それらは表象＝再現前化的ではなく、説明的ではなく、物語的ではない。意義的でも意味的〔シニフィアン〕でもない。それらは諸々の非意味的描線である。（FB 94/134-135）

ダイアグラムとは、キャンバスにまったき偶然を吹き込む、非意味的記号、非意味的要素としての、しるしや描線である。問題なのは、このようなダイアグラムにいかに対処するかということである。ドゥルーズは、ダイアグラムへの対処の仕方にしたがって、具象的なものを乗り越える三つの道を提示する。

第一の道が、抽象絵画である。モンドリアンやカンディンスキーに代表される抽象絵画は、具象的なものの排除によって出現するダイアグラムを、幾何学的図形を描くことで最小限に切り詰める。この抽象絵画に固有の幾何学性、そしてその象徴的コードの様態を、ドゥルーズは「指状的なもの」(le digital) と呼ぶ。そこでは、「人間を「深淵」から、つまり外部の喧騒と手のカオスから救済するものは何かという今日の絵画の問いに答える役割を担うのは、コードなのである」(FB 97/139-140)。第二の道が、抽象表現主義、あるいはアンフォルメル芸術と呼ばれるものである。ジャクソン・ポロックらによって代表されるこの立場は、具象性も幾何学性も、まったき偶然を呼び込む作法としてのアクション・ペインティングによって破壊し、ダイアグラムを画面全体に広げ、それによって「深淵あるいはカオスが最大限に展開される」(FB

(23) Pierre Montebello, *Delueze. La passion de la pensée*, Vrin, 2008, p. 201.(ピエール・モンテベロ『ドゥルーズ——思考のパッション』大山載吉+原一樹訳、河出書房新社、二〇一八年、二九〇頁)

98/140）ことになる。ドゥルーズはこのダイアグラムの増殖の様態を、抽象絵画の「指状的なもの」に対して、「手動的なもの」（le manuel）と呼ぶ。

ドゥルーズがベーコンに見いだすのは、これらのいずれでもない第三の道である。それが、抽象でもアンフォルメルでもないものとしての〈形象〉である。それは、ダイアグラムを最小限に切り詰める幾何学性やコードに訴えるのでも、ダイアグラムを最大限に広げまったくの偶然に身を委ねるのでもない、それらの「中庸の道」（FB 105/149）である。しかしながら、中庸とはいえ、ドゥルーズにとってのベーコンの〈形象〉は、ジャン＝クリストフ・ゴダールが強調するように、何よりもまず「反‐ポロック」である。ドゥルーズ自身、次のように述べている。「ベーコンが絶えず言い続けるのは、ダイアグラムの増殖を防ぐ必要性、ダイアグラムを絵の特定の範囲のうちに、そして描く行為の特定の瞬間のなかに局限する必要性である」（FB 102/146-147）。このようなダイアグラムの局限、そしてそれによって描かれる〈形象〉が、指状と手動の両方から区別される、「触視的なもの」（l'haptique）と呼ばれる。

抽象表現主義やアンフォルメルは、ダイアグラムを画面全体に広げることで、たしかに具象性を完膚なきまでに排除するのだが、しかし今度は、カオスからの救済という、抽象絵画であれば幾何学性やコードというかたちで応答する「今日の絵画の問い」をも排除してしまい、「本当の「台無し」」（FB 102/146）を帰結してしまうのである。それゆえ、「ダイアグラムは操作的なまま、コントロールされたままでなければならない」（FB 103/147）。ドゥルーズは、ベーコンのライトモチーフを「肉塊への慈悲〔pitié pour la viande〕」（FB 29/39）と表現しているが、これは、カオスに対する、抽象絵画における幾何学性やコードによる救済とは別の、身体的、感覚的な水準での救済を求めるものだと言える。

それでは、ダイアグラムを操作的にとどめる方法とはいかなるものだろうか。ドゥルーズはベーコンの絵画上の技法についていくつか解釈を提示しているが、ここで注目したいのは、操作的にとどまるダイアグラムについて書かれた別の著作の記述である。ドゥルーズは『フーコー』でこう述べている。「ダイアグラムは、そしてダイアグラムのある状態は、つねにマルコフ連鎖の場合のように、偶然と依存の混成体である」（F 92/159）。『アンチ・オイディプス』において、非意味的記号、非意味的要素からなるマルコフ連鎖が、表意文字や象形文字の生産、さらにはリオタールの形象的なものに関連づけられていたように、非意味的描線としてのダイアグラムを操作的にとどめることで描き出されるベーコンの〈形象〉は、まさに象徴的決定（抽象絵画）とまったき偶然（抽象表現主義、アンフォルメル）の「中庸」としての、「部分的に依存的な偶然的現象」だと言えるのである。

（24）Jean-Christophe Goddard, « Henri Maldiney et Gilles Deleuze: La station rythmique de l'œuvre d'art », in *Revista Filosófica de Coimbra*, no. 33, Instituto de Estudos Filosófico da Faculdade de Letras da Universidade de Coimbra, 2008, p. 114.

6　リズム、器官なき身体、ヒステリー

ドゥルーズはこのような〈形象〉の固有の秩序について、「リズム」という概念を用いて論じてもいる。このリズム論は、〈形象〉を「器官なき身体」に関連づける重要な議論である。

ドゥルーズは、ベーコンの絵画に三つの基本的な要素を見いだす。（1）背景＝地に相当する物質的質料的構造としての単色ベタ塗り、（2）形態＝図に相当する極度に孤立した〈形象〉、（3）二者の境界としての輪郭、である（FB 21/26）。そしてこの三者は、次のような二重の「運動競技」（athlétisme）のなかにあるという。第一の運動は、物質的質料的構造から〈形象〉が析出され、その〈形象〉がみずからを当の物質的質料的構造から隔離する運動、すなわち形態化の運動である。ドゥルーズはこれを「心収縮」（systole）と呼ぶ。第二の運動は、〈形象〉が物質的質料的構造へと向かい消散する運動、すなわち脱形態化の運動である。ドゥルーズはこれを「心拡張」（diastole）と呼ぶ。そしてこれら二つの運動がせめぎ合う場が輪郭である。重要なのは、ベーコンが、この二つの運動を有機的に生起させ、地と図をゲシュタルト的に現出させるのではなく、それらを同時的に共存させ、現前させるということである。

目下のところ重要なのは、背景＝地として機能する単色ベタ塗りと、形態＝図として機能す

る〈形象〉の、絶対的近接性であり、共厳密性〔coprécision〕である。そして、このシステム、つまり二つの領域相互のこのような共存こそが、空間を閉じ、絶対的に閉じられひん曲がった空間を構成する。（FB 15/19）

このような背景＝地と形態＝図の、絶対的近接性と共厳密性が、ベーコンの激しく歪曲されながらも、アンフォルメルになることなく堅固に自立する〈形象〉を可能にするのである。ドゥルーズは、このような二つの運動の共存を、「不動のアクロバット」（FB 45/61）、「その場かぎりでの運動、痙攣」（FB 45/61）、そして「リズム」と呼ぶ。リズムはここで、有機的な分節のようなものではなく、むしろ同時的に現前することのないものたちの、痙攣するようないびつな同時的現前を意味する。そしてドゥルーズは、このような有機的にはありえない過度の現前という観点から、「〈形象〉、それはまさに器官なき身体である」（FB 48/65）と主張するのである。地と図のゲシュタルト的な現出ではないこのような過度の現前が、「知覚」ではない「感覚」を生み出すことを可能にするのである。

ところで、リズムを非有機的な現前として、しかも絵画における形態との関係において理解する解釈は、心収縮と心拡張という語彙とともに、ドゥルーズのリヨン時代の同僚であった現象学者のアンリ・マルディネのリズム概念を援用するものである。マルディネは、『哲学とは何か』のモニュメントの概念の発案者でもあり、ドゥルーズの感覚と芸術の哲学にとって大きな理論的源泉となっている。あまり固有名を増やすのは憚られるが、マルディネのリズムの概念および形態の概念は、目下の『感覚の論理学』の器官なき身体としての〈形象〉をさらに踏み込んで理解するのにも役立つので、瞥見しておこう。[25]

マルディネは、『眼差・言葉・空間』（一九七三年）において、エミール・バンヴェニストの語源学的研究に依拠して、古代ギリシアの原子論者たちが、リズム（ῥυθμός）という観念を、一般に信じられているような流れの現象を指すものとしてではなく、流れが瞬間的に取る形状を指すものとして用いていたと説明する。マルディネはバンヴェニストの次のくだりを引いている。

> ῥυθμόςは、それが与えられる文脈によっては、運動するもの、動くもの、流れるものによって引き受けられる、瞬間のなかの形態、つまり有機的な共立性を持たないものの形態を指し示す。ῥυθμόςとは、流れる要素のパターン、恣意的にかたどられた文字、ひとが好みで仕立てたペプロス、性格や性質の特定の傾向、これらに相応しい言葉である。それは即興の、刹那の、修正可能な形態である。[26]

ここで流れるものと言われているのは、原子論における原子のことであり、それゆえ、リズムとは、それなしでは原子がいかなる形態もなすことなく流れ去っていくような、原子を何らかの形態へと一時的に布置化するもの、あるいはそのようにして布置化された瞬間のなかの形態そのものを指す。マルディネによれば、リズム的な形態は、不動の背景の上に、つまり地の上の図のようにゲシュタルト的に現出するのではない。なぜなら、形態＝図がそこから現れてくる背景＝地に相当するものは、原子の流動であり、それは地（fond）というよりもむしろ「無底」（sans-fond）だからである。

　無底から出現する形態は、その出現に先立っては背景＝地を持たず、その出現の瞬間に、それと同時に、無底を背景＝地と化す。ここには、背景＝地と形態＝図の、継起的な時間性ではなく、同時的現前がある。形態の出現と同時に無底が背景＝地と化さなければ、つまりそれらが同時的に現前しなければ、形態はみずからを支えるものを持たず、即座に無底へと消散するだろう。マルディネは、背景＝地と形態＝図のこの緊張関係を、まさに心収縮－心拡張のリズムと呼ぶ。リズムとはこのように、同時的に現前することのないものたちの、痙攣するようないびつな同時的現前、有機的にはありえない過度の現前を実現するものなのである。リズムはこうして、地の上の図として知覚されることに先立って、世界が現前し、感覚される契機を構

(25) 日本語でアプローチできるマルディネ入門としては、合田正人「アンリ・マルディネ——美と狂気の現象学」、『フラグメンテ』法政大学出版局、二〇一五年を参照されたい。

(26) Émile Benveniste, « La notion de rythme dans son expression linguistique », in *Problèmes de linguistique générale*, I, Gallimard, 1966, p. 333.

成するのである。

このようなマルディネの議論は、ドゥルーズの〈形象〉の理論、そしてそれをドゥルーズ哲学のなかでどのように位置づけるかについて、いくつもの示唆を与えてくれる。たったいま確認したように、マルディネは、バンヴェニストを参照しながら、リズムを、有機的な共立性を持たずに絶えず流れ去っていく原子を何らかの形態へと一時的に布置化するもの、あるいは布置化された形態そのものとして定義しているが、これは、本書の観点からは、『差異と反復』における、不連続的瞬間を縮約し、局所的で有限な現在を構成することに等しく、『アンチ・オイディプス』においてマルコフ連鎖とともに語られる〈形象〉の生産の論理とも重なるものである。

また、背景＝地と形態＝図の同時性とは、時間性の観点からすれば、すでに存在するものとそれに引き続くものの同時性にほかならないが、ドゥルーズはこの同時性について、「過度の現前における、すでにあることとつねに遅れてあることの同一性」（FB 53/73）と表現している。これは、本書第五章で見た、『ザッヘル＝マゾッホ紹介』において、運動を放棄するマゾヒズムに固有の宙吊りの時間性、待機の時間が、これと同様の文言とともに「時間のリズム」（PSM 63/109）と定式化されていることと重なるものである。(27)

〈形象〉の概念は、有機的な知覚にはありえない非有機的な過度の現前を実現し、それゆえに器官なき身体と呼ばれもするが、このことは、かつて打ち出された哲学的概念が個別の画家の作品に思いつきで適用されているのではなく、このように、本書が主題とするドゥルーズ哲学における「カオスに抗する闘い」の問題系のなかに明確に位置づけられるのであり、まさに器官なき身体と呼ばれる理論的必然性を持っているのである。

最後に一点付記しておきたい。以上の〈形象〉をめぐる議論の途中で、興味深いことに、ドゥルーズは、有機性の彼岸、手前、あるいはただなかにある、このような痙攣するようないびつな現前を、「ヒステリー的な停留＝姿勢〔station hystérique〕」（FB 51/71）と呼んでいる。ここでのヒステリーは、精神分析において神経症のカテゴリーに数えられるそれではない。むしろそれは、フロイトによって、読解され、解釈される――まさに説明され、物語られる――ものとなる以前の、例えばシャルコーにおいて、見られるものであった身体の痙攣、そしてそのいびつな現前、停留＝姿勢を指している。[28] そして驚くべきことに、ドゥルーズはこのヒステリーに、アルコール、麻薬、分裂病、サディズム、マゾヒズム、等々を、包摂し、代表させるのである。このことはドゥルーズ哲学、とりわけその後期の歩みにおいて大きな意味を持つの

（27）本書第五章註29を参照。

（28）Tomas Geyskens, "Painting as Hysteria: Deleuze on Bacon," in *Deleuze Studies*, vol. 2, issue 2, Edinburgh University Press, 2008, pp. 141-142. ドゥルーズ自身は、ヒステリー概念について、「ヒステリーについての一九世紀のどんな教科書を参照してもかまわない」（FB 51 n. 45/217 n. 45）とことわった上で、Paul Sollier, *Les phénomènes d'autoscopie*, Alcan, 1903 をあげている。

だが、それについては第九章であらためて考察することにしよう。

以上見てきたように、ドゥルーズにおけるシニフィアンから〈形象〉への移行は、過去から現在への理論的重点の移行を意味し、感覚と芸術の哲学における、器官なき身体と同一視される「純粋な現前としての〈形象〉」（FB 54/74）の概念を練り上げるに至った。現前＝現在の水準におけるカオスに抗する闘いは、『感覚の論理学』と多くの論点を共有する『哲学とは何か』の感覚論、芸術論において、自分で自分を打ち立て、持ちこたえるものとしての「感覚の存在」、そして「モニュメント」の概念へと展開されていくことになる。次章では、これら〈形象〉、感覚の存在、モニュメントの概念が、現象学とりわけメルロ＝ポンティの肉の哲学との対峙のなかで、どのように練り上げられていくのかを見ていく。

第八章　担われなければならない肉

前章では、一九七〇年代以降の、ドゥルーズにおけるシニフィアンから〈形象〉への移行について見た。〈形象〉は、構造主義に抗って「感覚」の身分を捉えなおそうとしたジャン゠フランソワ・リオタールの「形象的なもの」の概念に由来するものであり、ドゥルーズはそれを、『感覚の論理学』において「器官なき身体」と呼んでいる。本章で注目したいのは、〈形象〉の概念の練り上げにおいて、ドゥルーズのなかで幾人かの「現象学者たち」（FB 39/53）が無視しえない対峙者として浮上してくることである。すでに前章で、アンリ・マルディィネのリズムの概念と形態の概念が重要な意義を持つことを見たが、これは後期ドゥルーズ、とりわけ『感覚の論理学』から晩年の『哲学とは何か』に至る芸術論における、現象学との複雑な理論的交渉関係の一部を示すものである。

本章では、この文脈のなかで、『哲学とは何か』におけるドゥルーズとモーリス・メルロ゠ポンティ、とりわけその「肉」の概念との関係に焦点を当てる。ドゥルーズは、「カオスに抗する闘い」の観点から、芸術作品を合成＝創作されたカオスとしての「感覚の存在」（l'être de sensation）と定義し、メルロ＝ポンティの肉の概念がこの感覚の存在を開示する可能性を示唆している。しかしドゥルーズは、最終的に、「肉こそが担われなければならない」（QP 169/301）、「肉は柔らかすぎる」（QP 169/302）という謎めいた結論をくだしている。ドゥルーズによるメルロ＝ポンティへのこの一瞥は、両者の哲学的関係を考察しようとする際にしばしば注目されてきた。しかしながら、明らかに言葉足らずなこの一瞥の個所は、両者の関係についての様々な解釈をもたらし、場合によっては紛糾の様相を呈してさえいる。[1]

本書の考えでは、この一瞥の箇所で問題となっているのは、『差異と反復』や『意味の論理学』で繰り広げられる、志向性の理論、超越論的領野への経験的自我の形姿の混入、根源的臆見、これらをターゲットにした現象学批判ではない。[2] ドゥルーズの論点はむしろ――あるいは「反対に」と言ってもいいだろう――、肉があまりにカオスに近いという点にある。感覚の存在を開示する肉は、しかしそれだけでは、「ひとつのごたまぜあるいはカオスになってしまう」（QP 169/302）というのである。これに対してドゥルーズは、カオスに対抗するための感覚の存在に固有の論理を主張し、それを論じることになる。

以下ではまず、『感覚の論理学』の〈形象〉の概念を、ドゥルーズがそれを練り上げる際に実際に参照している、メルロ＝ポンティの感覚論との関係において見ていく。その上で、『哲学とは何か』での肉の概念との対峙について論じていく。その際、重要になるのが、ドゥルーズとメルロ＝ポンティがともに依拠している、エルヴィン・シュトラウスの感覚の現象学である。シュトラウスの感覚の現象学は、両者の実際の蝶番であるだけでなく、『哲学とは何か』で提出される「風景」や「変様態」など、感覚の存在を論じる際に重要となる概念の理論的源泉をなしており、これを検討することで、晩年のドゥルーズの歩みに、より理論的な言葉づかいで接近することができるようになるだろう。

1　絵画における形象と感覚

前章での議論を敷衍しつつ見ていこう。ドゥルーズは、『感覚の論理学』で、フランシス・

(1) 例えば、下記の一連の論争などがそうである。Taylor Carman and Mark B. N. Hansen, "Introduction," in *The Cambridge Companion to Merleau-Ponty*, Taylor Carman and Mark B. N. Hansen (ed.), Cambridge University Press, 2004 の解釈と、それに対する Jack Reynolds, "Review of Taylor Carman (ed.) and Mark B. N. Hansen (ed.), *The Cambridge Companion to Merleau-Ponty*," in *Notre Dame Philosophical Review*, September-2005, University of Notre Dame, 2005 の批判、および Jack Reynolds and Jon Roffe, "Deleuze and Merleau-Ponty: Immanence, Univocity and Phenomenology," in *The Journal of the British Society of Phenomenology*, vol. 37, issue 3, Jackson Publishing, 2006 での踏み込んだ解釈。

(2) この一瞥の箇所をそのような現象学批判の一種とする解釈としては、次の二つの論考を合わせて参照されたい。鈴木泉「スティルとリトルネロ――メルロ＝ポンティとドゥルーズ」、『思想』第一〇一五号、岩波書店、二〇〇八年；「ドゥルーズと発生の問題」、『現代思想』第三七巻、第一六号、青土社、二〇〇九年。

ベーコンに至る近代絵画の歴史を「具象的なもの」から逃れる試みと見なしている。絵画において描かれるものが、説明され、物語られるべきモデルのコピーであるとき、あるいはむしろ、人間的な内面性が世界に投影されるとき、それらを具象的なものと言うことができる。それゆえ近代絵画の歩みは、説明や物語を排除することで具象的なものと手を切る方法によって定義されるのだが、前章で確認したように、ドゥルーズはそれを三つに分類している。第一に抽象絵画の道、第二に抽象表現主義やアンフォルメルの道、第三に〈形象〉の道であり、ドゥルーズはこのうち最後の道にベーコンを見いだしている。

ドゥルーズは、抽象絵画が、その非物体化された幾何学的図形と象徴的なコードゆえに「脳」へと差し向けられるのに対して、〈形象〉は、脳を経由せずに「身体」——とりわけ神経系——に直接働きかけ、「感覚」を引き起こすと論じる。そして、ドゥルーズによると、このように抽象と対照される〈形象〉は、印象派に対してセザンヌが切り開いた道と同じだという。ここでのドゥルーズのセザンヌ評価は、メルロ゠ポンティのセザンヌ論を下敷きにしたものである。メルロ゠ポンティによれば、印象派が光と空気からなる輪郭なき雰囲気のなかに対象を表現しようとして、結局のところ対象に固有の「重みを消滅させた」のに対して、セザンヌは「雰囲気の背後に対象を再発見しようとする」(3)。ドゥルーズも言うように、印象派に対するセザンヌの教訓とは、「〈感覚〉は、光と色の「自由な」あるいは脱肉化された戯れのなかにではなく、反対に、身体——たとえそれが林檎の身体だとしても——のなかにある」(FB 40/53) ということである。〈形象〉とはこのように、身体に直接働きかける形態、「感覚と結びついた感性的形態」（FB 39/52）である。

そして興味深いことに、ドゥルーズによれば、それは「現象学者たちが言うように世界内存在である」（FB 39/53）。すなわち、具象的なものを回避し、脳を経由することもない、〈形象〉およびそれがもたらす感覚においては、主体と対象は身体において分かちがたく結びついており、「同じひとつの身体こそが、感覚を与え、感覚を受け取り、主体であると同時に対象でもある」（FB 39-40/53）のだ。このようなものとしての〈形象〉および感覚を描くという点が、一見するときわめて異なるベーコンとセザンヌの絵画を、具象的なものに対する闘いにおいて結びつけるのである。

ベーコンが感覚について語るとき、彼は二つのことを言わんとしており、それはセザンヌにきわめて近い。消極的に彼は次のように言う。感覚に結びついた形態（〈形象〉）は、対象に結びついた形態（具象化）――この場合形態はその対象を表象＝再現前化するとみなされている――の反対物である。ヴァレリーの言葉によれば、感覚とは、語られるべき物語の迂回

（3）Maurice Merleau-Ponty, « Le doute de Cézanne », in *Sens et non-sens*, Gallimard, 1996, p. 20.（モーリス・メルロ＝ポンティ「セザンヌの疑惑」、『意味と無意味』滝浦静雄＋粟津則雄＋木田元＋海老坂武訳、みすず書房、一九八三年、一三－一四頁）

や退屈を回避することで、みずからを直接に伝達するものである。積極的にベーコンは絶えず次のように言う。感覚とは、ある「秩序」から別の秩序へ、ある「水準」から別の水準へ、ある「領域」から別の領域へと通り過ぎていくものである。(FB 40-41/54)

表象＝再現前化を介さずに身体に直接働きかける感覚は、それだけでなく、引用にあるように複数の秩序、水準、領域を横断するという。そしてドゥルーズは、これら複数の秩序、水準、領域の横断が、「還元不可能な総合的性格」(FB 42/56) を持つことを要請する。ベーコンの絵画において働いている――そしてセザンヌもまた「諸感官の論理」と呼ぶ――、これら複数の秩序、水準、領域の横断とは、そしてそれらの総合的性格とはいかなるものだろうか。

ドゥルーズはそれを説明しうるものとして、いくつかの仮説をあげて退けた後、最後に「「現象学的」仮説」(FB 45/62) を提示する。それによると、共感覚が示すように、諸感官は、表象＝再現前化された対象とは独立に、「感覚全般〔*la* sensation〕」(FB 45/62) に関わる交流を持ち、それぞれの秩序、水準、領域の感覚は、視覚、聴覚、等々といった諸感官の分割よりも深い〈リズム〉によって共存するという。そして画家は、このような「諸感官のある種の根源的統一を見えるようにし、多感覚的な〈形象〉を視覚的に現出させること」(FB 45/62) を自身の務めとするのである。

この「「現象学的」仮説」は、ほとんどドゥルーズの主張そのものである。それゆえ、ピエール・ロドリゴが指摘するように、これは一見すると「ドゥルーズと現象学のほとんど全面的な一致という印象」(4)を与えるかもしれない。しかし、直後にドゥルーズは、ベーコンとセザンヌの〈形象〉が開示する感覚の、その複数の秩序、水準、領域の横断を説明するものとして、現象学的仮説に留保をつける。

> 現象学的仮説はおそらく不十分であり、それというのも、その仮説は単に生きられた身体を引き合いに出すだけだからである。しかし、生きられた身体は、それよりも深くほとんど生きられえない〈力〉との関係においては、いまだ取るに足らないものである。(FB 47/64)

ここでドゥルーズは、前章で見た非有機的な現前としての「器官なき身体」を持ち出すことで、現象学的仮説を突き放すことになる。しかし、印籠のように器官なき身体を持ち出すだけでは、何も説明したことにならない。実際、ここでのドゥルーズと現象学の関係は、きわめて

(4) Pierre Rodrigo, « « Chair » et « figure » », in *Chiasmi International*, no. 13, Vrin, Mimesis and Penn State University, 2011, p. 181.
(5) ここでは、メルロ＝ポンティ、シュトラウス、マルディネの三者に対する評価が、記述上のそれと内容上のそれとで一致しないこと、そしてそのことが『哲学とは何か』第七章と結論での感覚論および芸術論の理解にまで関わっていることを念頭に置いている(cf. FB 40 n. 27/215 n. 27)。

複雑なものであり、(5) これを押さえておかなければ、私たちが問題としている『哲学とは何か』における肉の概念をめぐる対峙の意味は理解できない。その関係の実相に迫っていこう。ドゥルーズが、自身で立てておいて留保する現象学的仮説で念頭に置いているのは、メルロ＝ポンティの『知覚の現象学』（一九四五年）における「感覚すること」（le sentir）をめぐる一連の議論である。たしかにメルロ＝ポンティはここで、諸感官の根源的統一やリズムといった、ドゥルーズが論究しようとしている主題を踏み込んで考察している。しばしそれを確認していこう。

2　諸感官の統一と現象的身体

メルロ＝ポンティは『知覚の現象学』の冒頭から一貫して、感覚を客観的意識状態とする経験論か、その状態についての主観的意識とする主知主義かという二者択一を退ける議論を構成しているが、ドゥルーズが指示している第Ⅱ部第二章「感覚すること」において、同様の観点から感覚的経験における主体と対象の関係を存在論的に考察している。

感覚の主体は、ある質を書きとめる思考する者でも、その質によって影響され、変化させられるような不活性な場でもなく、ある実存の場と共同出生し、その実存の場と共時化される能力である。感覚する者と感じられるものの関係は、眠る者とその眠りの関係に比することが

できる。(6)

感覚するとき、眠る者にとっての眠りと同様に、私は感じられるものと「共同出生」し、「共時化」されるという。例えば、眠りにつくとき、私はそのゆったりとした呼吸によって眠りを呼び寄せるのだが、そうすることによって、その目指されていた眠りは、突如として私を捉え、私の現実の状況となる。そこでは、眠る者は眠りを分析的に思考しているのでも所有しているのでもなく、それを内側から生きている。あるいは、眠る者は、みずからが身を委ねるところの眠りの到来とともに、それと同時に、眠る者となる。同じように、私は、感じられるものに身を委ねることによって、そのときはじめて、感覚する者として、感じられるものとまさに共同出生し、共時化されるのである。

メルロ゠ポンティはこの関係を「コミュニオン」(7)と呼ぶ。そして、感覚をこのように共存あるいはコミュニオンとして定義することによって、感覚する者と感じられるもののあいだに「志向性」という生きられた紐帯を見いだし、この志向的関係を「実存のリズム」(rythme

(6) Maurice Merleau-Ponty, *Phénoménologie de la perception*, Gallimard, 1976, p. 256.(モーリス・メルロ゠ポンティ『知覚の現象学』第二巻、竹内芳郎+木田元+宮本忠雄訳、みすず書房、一九七四年、一五頁、強調引用者)

(7) *Ibid.*, p. 257.(同書、一五頁)

d'existence）という言葉を用いて説明する。

感覚が志向的であるのは、感じられるもののなかに、ある実存のリズム――外転や内転――が提示されているのを私が見いだすからであり、また、その提示につきしたがいつつ、そしてこのように示される実存の形式のなかへと滑り込みながら、私がみずからを外部の存在へと――そこへと自分を開くためであれ、そこに対して自分を閉ざすためであれ――結びつけるからである。(8)

感覚する者と感じられるものは、互いに外的な二つの項として「対面」（en face）するのでも、一方が他方に「侵入」（invasion）するのでもない。そうではなく、「私のまなざしと色とが、そして私の手と固いものや柔らかいものとが、カップリングする」(9)のである。このような感覚する者と感じられるものとのリズム的カップリング、そしてそのコミュニオンの場は、「諸感官の分割に先立つ、感覚することの「根源的な層」(10)を証言する。感覚する者が感じられるもののなかに実存のリズムを見いだし、それにつきしたがうように、「諸感官は事物の構造にみずからを開くことによって互いに交流し合う」(11)のである。このような諸感官の論理こそが共感覚を説明するのである。

そして、メルロ＝ポンティによれば、このような感覚する者と感じられるものとのリズム的カップリング、および諸感官の統一を担うのが、「現象的身体」であり、その「身体図式の前論理的統一」[12]である。現象的身体は、客観的な事物的存在者でも純粋な内面性でもなく、「諸感官相互の等価性と互換のすっかり出来上がったひとつのシステム」[13]であり、身体諸器官は、その身体の目標志向的な運動投企をとおして互いに結びついた、「ひとつの共働するシステム」、「実存の凝固した形象」[14]である。抽象的思考の産物である純粋に客観的な存在者でも、純粋な内面性でもない現象的身体は、まさに私たちの生の現場において「生きられた」身体なのである。

以上、ドゥルーズが指示しているメルロ゠ポンティの「感覚すること」の議論を見てきた。ではなぜ、ベーコンやセザンヌの〈形象〉における感覚の複数の秩序、水準、領域の横断、そしてその総合的性格を説明するのに、このような生きられた身体を引き合いに出すことでは不十分なのか。ドゥルーズが言うところの生きられえない〈力〉とはいかなるものなのか。その

(8) *Ibid.*, p. 258.(同書、一八頁)
(9) *Ibid.*, pp. 258-259.(同書、一九頁)「カップリングする」と訳出した s'accoupler は、現象学用語としては「対化する」。
(10) *Ibid.*, p. 273.(同書、三七‐三八頁)
(11) *Ibid.*, p. 275.(同書、四〇頁)
(12) *Ibid.*, p. 279.(同書、四五頁)
(13) *Ibid.*, p. 279.(同書、四七頁)
(14) *Ibid.*, pp. 280-281.(同書、四六頁)

ような〈力〉について、その存在を単にドゥルーズの立場から公準化するのではなく、引き続き感覚の現象学の文脈から粘り強く考えよう。そのために注目したいのは、メルロ゠ポンティとドゥルーズがともに参照しているシュトラウスの感覚論である。

3 知覚と感覚

さて、以上の記述から予想できることだが、「感覚すること」をめぐるメルロ゠ポンティの考察は、実のところ「知覚」に還元されると言える。「ひとが感覚と呼ぶものは、知覚の最も単純なものにすぎないし、実存の様態として、あらゆる知覚と同様に、結局のところ世界という背景゠地から切り離すことができない」(15)。まさに『知覚の現象学』と題され、古典的思考が前提とする、抽象化された「感覚ナルモノ」を批判的に考察しながら、感覚を「ある地の上の図」のように、「あらかじめひとつの全体に結びつき、あらかじめひとつの意味を与えられたひとつの形成物」(16)と定式化することからはじめられる書物なのだから、このことはむしろ当然のことであり、そこにこそメルロ゠ポンティの思索の意義があると言えるだろう。

しかし、一見すると実に多くの事柄が知覚の構造のなかに説明されるかのように見える『知覚の現象学』だが、そのなかで、知覚の構造による説明から根本的に逸脱する事象が考察されている。それが精神病、とりわけ分裂病の空間経験である。そして興味深いことに、メルロ゠ポンティは、分裂病の空間経験を、シュトラウスが『感覚の意味について』（一九三五年）で提示している「風景空間」から「地理空間」への展開不可能性という観点から記述している。なぜこのことが興味深いかというと、シュトラウスにおいて地理空間へとアクセスできないかぎりでの風景空間は、まさに、知覚には還元できない感覚することに固有の空間性だからであり、また、ドゥルーズの感覚論が同じくシュトラウスの感覚論から練り上げられているからである。とりわけ、『哲学とは何か』において、肉の概念がそれと対照されるところの感覚の存在を論究する際、ドゥルーズが繰り返し言及する「風景」の概念は、ほかならぬシュトラウスの風景空間の概念を参照するものなのである。

このように、ドゥルーズの形象論、感覚論、そして肉の概念との対峙の意味を理解するには、ドゥルーズ、メルロ＝ポンティ、シュトラウスのいわば三つ巴の考察が必要となるのである。まずはメルロ＝ポンティの分裂病論を見ていこう。

メルロ＝ポンティによれば、分裂病の病理的経験は、「知覚から引き出すことができる諸々の情報にもとづいているのではなく、「知覚」の下にある意識のより深い生を明らかにする」(17)。

(15) *Ibid.*, p. 289.（同書、五八頁）
(16) *Ibid.*, p. 32.（モーリス・メルロ＝ポンティ『知覚の現象学』第一巻、竹内芳郎＋小木貞孝訳、みすず書房、一九六七年、三八頁）
(17) *Ibid.*, p. 334.（モーリス・メルロ＝ポンティ『知覚の現象学』第二巻、前掲書、一一七頁）

分裂病者においては、空間はゲシュタルト的に構造化されず、「全体はひとつのシステムを形成しない」[18]。事物は射映せず、「私はもはや、知覚の部屋に立てこもって、対象の諸側面が距離を置いて次々と過ぎ去っていくのを見るということがない」[19]。知覚空間から切り離されたこの「第二の空間」は、「私を包み込み、私の諸感官すべてを貫き、私を窒息させ、私の人格的同一性をほとんど消去する」[20]。分裂病の空間は、知覚の構造や現象的身体の有機的な共働システムとは別の仕方で、それらの下で、まさに私の諸感官すべてを貫くのである。そしてメルロ＝ポンティは、この分裂病の空間性をシュトラウスの用語法で記述している。

> 見える空間を横断するこの第二の空間は、世界を投企する私たちの固有の仕方が各瞬間に組み立てるものであり、分裂病者のトラブルはとりわけ、この永続的な投企が、知覚によってなお与えられるような客観的世界からは切り離され、いわばみずからのうちに引きこもることに存する。分裂病者はもはや共通の世界のなかに生きてはおらず、私的な＝剝奪された世界のなかに生きており、もはや地理空間に至ることはない。すなわち彼は「風景空間」にとどまるのであり、この空間そのものは、ひとたび共通の世界から切断されてしまうと、きわめて貧しいものとなる[21]。

これに対して、「正常者においては、いかなる明白な検証もなしに、私的な＝剝奪された経験は、自身の経験や他人の経験に結びついており、風景は地理世界へと開かれている」[22]。すでに示唆したとおり、ここでの地理空間と風景空間という用語法は、シュトラウス『感覚の意味について』のものであり、シュトラウスはまさに、風景空間から地理空間への展開不可能性を、知覚ではない感覚に固有の特徴として描いているのである。シュトラウスは一貫して、知覚を地理空間すなわち人間の共通の世界に、感覚をそのような共通の尺度や系を有さない風景空間に割り当てた上で[23]、風景空間を次のように特徴づけている。

薄明、闇、靄のなかでは、私はいまだ風景のなかにいる。私の現在の位置はつねに、その最も近接した位置によって決定される。私はまだ動くことはできる。しかし、私はもはや自分がどこにいるのか分からないし、眺望の開けた全体のなかで自分の位置を決定することもで

（18）*Ibid.*（同前）
（19）*Ibid.*, p. 335.（同書、一一九頁）
（20）*Ibid.*（同書、一一八 - 一一九）
（21）*Ibid.*, p. 339.（同書、一二三頁）
（22）*Ibid.*, p. 400.（同書、二〇三頁）
（23）「感覚の世界の空間と知覚の世界の空間の関係は、風景と地理の関係に等しい」。Erwin Straus, *Du sens des sens. Contribution à l'étude des fondements de la psychologie*, G. Thine et J.-P. Legrand (trans.), Jérôme Millon, 2000, p. 376.

きない。もはや風景から出発して地理が展開していくことはできない。私たちは道を失った。人間として私たちは「さまよった」と感じる。(24)

おそらくドゥルーズがそれをとおしてシュトラウスを知ったであろう、マルディネによる注解も引いておこう。(25)

> 風景のなかで、私たちは、その都度私たちのここに結びついた地平に包囲されている。ところで、ここ-地平の関係は、私たちに基準座標系を与えるような空間の体系化をすべて排除する。風景空間のなかを歩くとき、私たちはつねに起源に、すなわち絶対的なここにいる。いかなる支配的視点や変形規則によっても、私たちは、方向づけられた総体のなかで相互に関係し合っている諸々の位置を決定することはできない。〔……〕私たちは、風景を超えて位置を変えるのではなく、ここからここへと、風景のなかを歩くのである。(26)

風景空間においては、私の現在の位置は、その直接的な近傍によってのみかろうじて決定される。風景空間とは、いわば〈そこ〉がない永続的な〈ここ〉であり、対象と主体のあいだには、対象の知覚的現出を可能にする距離もシステムもない。そしてこのような風景空間においては、私たちは「さまよう」のであり、もはや地理空間すなわち共通の世界へと展開していくことはできない。シュトラウスはこのように、風景空間を感覚することに固有の空間性として特徴づけ、そこからの地理空間への展開不可能性を強調することによって、知覚と感覚のあいだに還元不可能な差異を主張するのである。

注意しなければならないが、シュトラウスにおいて感覚から区別される知覚は、必ずしもメルロ＝ポンティのそれと厳密に重なるわけではなく、「知ること」（connaître）という高度な意識過程の一様態を指すようにも見受けられる。(27) ルノー・バルバラスが指摘するように、知覚と感覚のあいだに、「シュトラウスは留保なしにあまりに根本的な仕方で線を引いている」(28) のかもしれない。しかし、そのような批判はあまり意味がないだろう。なぜなら、メルロ＝ポンティ自身が、一方では感覚をより広く知覚の構造へと包摂しようとしながらも、他方ではシュトラウスの理論装置——風景空間から地理空間への展開不可能性——を借りながら、「「知覚」

（24）*Ibid.*, p. 379.

（25）ドゥルーズのシュトラウス受容は、一九八一年の『感覚の論理学』の段階では、マルディネの『眼差・言葉・空間』（一九七三年）での紹介と解釈によるものであり、一九九一年の『哲学とは何か』では、一九八九年に刊行されたシュトラウスの『感覚の意味について』の仏訳の第一版が実際に参照されている。

（26）Henri Maldiney, *Regard Parole Espace*, Cerf, 2012, pp. 203-204.

（27）Erwin Straus, *Du sens des sens*, *op. cit.*, p. 371; 376.

（28）Renaud Barbaras, « Affectivité et movement. Le sens du sentir chez Erwin Straus », in *Alter. Revue de phénoménologie*, no. 7, Groupe de recherche en phénoménologie, 1999, p. 29.

の下にある意識のより深い生」を記述しようとしているからである。

メルロ゠ポンティが、分裂病の病理的な空間経験に託しながら、そしてシュトラウスの感覚をめぐる議論を念頭に置きながら、たとえシュトラウスとは異なりそれを感覚とは呼ばないにしても、知覚より深いとされる知覚ならざる経験の位相を記述しようと試みているのはまぎれもない事実である。知覚ならざる経験が知覚の構造のうちへと乗り越えられているばかりではなく、反対に、知覚ならざる経験をそれとして記述し、展開しようとする、メルロ゠ポンティ自身の思考の線がたしかに存在するのである(29)。そして、この思考の線とともに、シュトラウスをいわばパラドックス的な審級とする発散するセリーを構成するように、ドゥルーズが独自の感覚の哲学を展開するのである。

4　病者から絵画へ

さて、生きられた身体を引き合いに出すことが不十分である理由は、ある意味で、すでにメルロ゠ポンティ自身によって明かされていると言っていいだろう。「「知覚」の下にある意識のより深い生」が分裂病の病理的経験のうちに垣間見られたのだった。それはシュトラウスが言うところの風景空間であり、メルロ゠ポンティが「私の諸感官すべてを貫く」と形容するこの空間性は、「日常的な知覚や客観的な思考によって、抑圧されている(30)」。シュトラウスも認めるように、知覚はあまりに私たちの生に深く根づいているので、地理空間から風景空間へと入っていくには、多大なる犠牲と試練を要するのである。ドゥルーズも『哲学とは何かで』引用する重要なくだりを引いておこう。

風景に到達しようとするなら、私たちは可能なかぎりすべての時間的、空間的、客観的な規定を犠牲にしなければならない。しかしそのような放棄は、単に客観的なものにだけ当てはまるのではなく、その同じかぎりにおいて、私たち自身を変様する。〔……〕私たちは客観的世界から遮断されるだけでなく、私たち自身からも遮断される。それが感覚することである。(31)

(29) 澤田哲生は『知覚の現象学』の分裂病論の意義を次のように説明している。「彼〔メルロ゠ポンティ〕は、シュナイダーの症例を分析することで、健常者が生活のなかで必ずしも注意を払わない、行動の現象学的基盤(知覚、身体、時間、等々)を発見した。これに対して、分裂病の分析は、物を知覚できなくなった患者の行動の構造から、現象学の新たな概念(夜の世界、仮象、身体の収縮と膨張)を抽出しようとしている。〔……〕分裂病患者の行動の分析により、知覚に立脚した生活から隔たった体験の構造(「収縮」、「夜の世界」、「幻影」)が明らかとなる。これにより、現象学の諸概念は、知覚からその外部へと拡張される」。澤田哲生『メルロ゠ポンティと病理の現象学』人文書院、二〇一二年、二三七 - 二三八頁。

(30) Maurice Merleau-Ponty, *Phénoménologie de la perception*, *op. cit.*, p. 344.(モーリス・メルロ゠ポンティ『知覚の現象学』第二巻、前掲書、一二九頁)

(31) Erwin Straus, *Du sens des sens*, *op. cit.*, p. 382; QP 160 n. 6/385 n. 6.

風景空間に到達するには、客観的規定をすべて犠牲にするだけでなく、私たちは自分自身をも危機にさらし、自分自身から遮断される。そこではいわば、メルロ＝ポンティが知覚経験の可能性の条件を根源的に構成するものと考える「私は私自身に与えられている」[32]ということがもはやないのである。まさに人格的同一性が消去されるかもしれない。このような経験の位相は、知覚経験からすればまさに経験不可能なもの、生きられえないものだろう。しかし、シュトラウスは、「パラドックスは避けられないが」と慎重にことわりながら、このような経験不可能なものを経験可能にする営みを挙げる。それが絵画である。

風景絵画は、私たちが見るもの、とりわけ、ある所与の場について考えるときに私たちが気づくものを表象＝再現前化するのではない。パラドックスは避けられないが、それは見えないものを見えるようにする。ただし、遮断されたもの、遠く離れたものとして。偉大な風景には、あらゆる幻視的性格が備わっている。見え〔vision〕とは、見えるようになった見えないものである。〔……〕見えにおいて呈示可能となったものは、同時に、その〈知覚〉の世界には属さない。それは〈知覚〉の世界の限界を上にも下にも同時に超えている。[33]

以上から、ドゥルーズの言う、生きられた身体には担えない「生きられえない〈力〉」が何であるか、感覚の現象学の文脈において明らかとなる。ドゥルーズがシュトラウスを援用しながら狙っているのは、メルロ＝ポンティが同じくシュトラウスの理論装置を用いて記述するところの、知覚によって抑圧されている経験の位相、私の諸感官すべてを貫き、人格的同一性を消去してしまう、そんな〈力〉の領域なのである。そしてこの生きられえない〈力〉は、絵画において感覚可能となる。病者はこのような〈力〉に、それが感覚不可能なまま、それを生きることができないまま、圧倒されてしまうかもしれない。しかし、ドゥルーズが言うように、病者が持たないもの、「つまり、少しばかりのコツ〔un peu d'art〕を、絵画は持つ」（FB 53/74）[34]のである。

（32）Maurice Merleau-Ponty, *Phénoménologie de la perception, op. cit.*, p. 418.（モーリス・メルロ＝ポンティ『知覚の現象学』第二巻、前掲書、四一八頁）強調削除。ここでは展開する余裕がないが、メルロ＝ポンティにおける「私は私自身に与えられている」は、誕生＝出生を意味している。これは本章で後述するメラニー・クラインをめぐるメルロ＝ポンティとドゥルーズの身体概念の対照にも関わってくるだろう。メルロ＝ポンティにおける「私は私自身に与えられている」については、川崎唯史「メルロ＝ポンティと生き方の問い――交流の問題を中心に」大阪大学文学研究科博士論文、二〇一七年を参照されたい。

（33）Erwin Straus, *Du sens des sens, op. cit.*, p. 382.

（34）ドゥルーズは正確には次のように書いている。「絵画とともに、ヒステリーは芸術となる。〔……〕このようにヒステリー者が持たないもの、つまり少しばかりのコツ〔un peu d'art〕を、絵画は持つ」（FB 53/74）。第七章でヒステリーについて言及したときと同様、このことの含意については第九章で論じる。

したがって、このような生きられえない〈力〉を絵画において感覚可能にするということは、いかなる形態をもなきものとし、カオスに同化することではない。事実、前章で見たように、ドゥルーズは、ダイアグラムをキャンバス全域に広げるジャクソン・ポロックの抽象表現主義を、「本当の「台無し」」(FB 102/146) として退け、カオスに対抗する「停留＝姿勢」(station) を、ベーコンの〈形象〉に見いだす。ベーコンはあくまでセザンヌ主義者である。ベーコンの絵画の形態は、どれだけ歪曲されていようとも、決して崩壊することなく、おのれだけによって停留＝姿勢を維持している。芸術家が敢行する具象的なものの排除、あるいは『哲学とは何か』の言葉を借りるなら「崇高な誤謬〔sublimes erreurs〕」(QP 155/276) は、ある「堅固さ」を必要とするのであり、形態がおのれひとりで立っていられるように「合成＝創作」されていなければならない。まさに「少しばかりのコツ」が要請されるのである。

問題は二重になっている。一方で、具象的表象と手を切ることは視覚的カオスに接近することだが、他方で、形態がカオスに陥ることなく、自分で自分を打ち立て、持ちこたえる論理がなければならない。『感覚の論理学』から『哲学とは何か』に至るまで、ドゥルーズの芸術論はこのように、カオスに接近し、場合によってはカオスに潜りながら、しかしそこから身を引きはがす、「カオスに抗する闘い」(QP 191/341) として構成されるのである。しかしここで終わりではない。まさにこの点において、メルロ＝ポンティが再度、今度はその肉の概念をめぐって検討されることになるのである。

5　感覚の存在と肉

〈形象〉が、あるいはより広く芸術作品が、それに抗してそのなかで自分で自分を打ち立てるこのカオスとは、本書序論で見たように、そこにおいてあらゆる要素が現れると同時に持ちこたえずに消えていく、「誕生と消滅の無限速度」（QP 111-112/200）であり、これは私たちがそれ自体としては経験することのできない〈力〉の領域である。ドゥルーズは『哲学とは何か』で、芸術作品を、このようなカオスを「具現化し、あるいは受肉する」ところの「モニュメント」（QP 168/276）と規定する。『哲学とは何か』のモニュメントは、『感覚の論理学』の〈形象〉の同義語であるが、このような呼称によってとりわけ強調されるのが、モデルや製作者や鑑賞者から独立した、「それ自体において自分自身を保存する創造物の自己定立」（QP 154/275）である。そして、このような自己定立が、芸術作品を即自的に存在する感覚の存在たらしめるのである。

では、そのように自己定立する芸術作品、感覚の存在とはいかなるものなのか。ドゥルーズによれば、感覚の存在は「被知覚態」（percept）と「変様態」（affect）と呼ばれるものから成り立っているという。

被知覚態〔percepts〕はもはや知覚〔perceptions〕ではなく、それを体験する者の状態から独立している。変様態〔affects〕はもはや情緒〔sentiments〕や情動〔affections〕ではなく、それを経験する者の力をはみ出ている。感覚、すなわち被知覚態と変様態は、それ自身で妥当する存在であり、いかなる体験をも超過している。（QP 154-155/275）

被知覚態と変様態は、その語感からしてある種の受動性や対象性のニュアンスをともなっていることが推察される。しかし、被知覚態と変様態は、それらを経験する者の状態や能力から独立している以上、単なる能動に対するものとしての受動、主観に対するものとしての客観ではない。むしろそれらは、知覚と情動から、能動－受動や主観－客観の相関を取り払った、知覚や情動の即自的な「存在」である。芸術作品は、このように存在としての被知覚態と変様態からなる合成態であり、これこそがドゥルーズが感覚の存在と呼ぶものである。

ドゥルーズはここで、シュトラウスを引きながら次のように述べる。被知覚態とは、知覚主体も知覚対象もない「風景」であり、人間はもはや「風景のなかで知覚するのではなく、それ自身が風景へと移行する」（QP 159/284）。そして、まさにシュトラウスがそう述べていたように、風景へと入っていくことは、「私たち自身を変様する」（QP 160 n. 6/388 n. 6）。もはや体験の次元にはないこの人間の非人間への生成が、変様態を定義する。いまや、人間は風景であり、「風景が見る〔Le paysage *voit*〕」（QP 159/283）のである。風景にはそれ自身以外の主体も対象もない。世界とは、あるいは「見え」（vision）とは、それ自身によるそれ自身の観照であり、「絶えずそれがそれであるところのものになる」（QP 162/288）、ひとつの「行為」（acte）なのである[35]。それ自体がひとつの「行為」であるこのような「見え」は、体験の次元においては抑圧されているが、芸術は、マテリアルにこの「行為」を演じさせ、感覚の存在としての作品を合成＝創作し、自己定立させることで、体験の次元を生きる私たちに、それを超えた「見え」を可能的に開示するのである。そこで私たちは「見え」へと移行し、「見え」となる、あるいは「見え」である。

ところで、このような「風景が見る」という契機は、メルロ＝ポンティの『眼と精神』（一九六一年）に引かれた、画家アンドレ・マルシャンの有名な言葉を想起させるかもしれない。「森のなかで、私は何度も、森を見つめているのが私なのではないと感じた。日によっては、私は、木々こそが私を見つめ、私に語りかけていると感じた……」[36]。メルロ＝ポンティは、このような画家の霊感をリアルなものとみなし、「まさに、〈存在〉の吸気と呼気、〈存在〉における呼吸、何が見、何が見られるのか、何が描き、何が描かれるのかもはや分からないほど見

(35)「感覚的生成とは、それによって何かあるいは誰かが（それがそれであるところのものでありながら）他なるものへと生成するひとつの行為である」（QP 168/299）。

(36) Maurice Merleau-Ponty, *L'oeil et l'esprit*, Gallimard, 1964, p. 31.（モーリス・メルロ＝ポンティ『眼と精神』滝浦静雄＋木田元訳、みすず書房、一九六六年、二六六頁）

分けにくい、そんな能動と受動がある」[37]と主張する。まさに「風景が見る」と言いうるようなこの〈存在〉の能動と受動の識別不可能な境域が、「私たちの肉の形而上学的構造」[38]と呼ばれるのである。

よく知られているとおり、メルロ゠ポンティの肉の概念は、「哲学者とその影」（一九五九年）のフッサール論に端を発するものである。そこでは、私の右手が私の左手に触れるときに生じる、「私は触れつつある私に触れる」という身体の「一種の反省作用」[39]が、次のように分析されている。

この反省作用において、そしてこの反省作用によって存在するのは、感覚する者の感覚されるものに対する一方的な関係だけではない。関係が反転し、触れられる手が触れる手に生成するのである。次のように言わなければならない。ここでは触れることが身体のなかに拡散し、身体は「感覚する事物」、「主体的客体〔sujet-objet〕」である、と。[40]

メルロ゠ポンティは、身体における主体と対象の混同が、身体だけでなく事物それ自体についても該当すると主張し、そのような拡張された混同の場を、より一般化された「感覚的なものの肉」[41]という観念に練り上げる。この「肉」において、まさに「風景が見る」ように、「事物が感覚する」のである。「肉」があらわにするのは、「存在のひとつの類、みずからの「主体」と「対象」を備えた比類なきひとつの宇宙、「主体」と「対象」の結合、感覚的経験のあらゆる「相対性」が持つ「非対称性」の最終定義[42]である。この一般化された感覚的なものの肉は、『見えるものと見えないもの』（一九六四年）において、触れる‐触れられる、見る‐見られるを貫く、「〈感覚的なものそれ自体〉の一般性[43]」と呼ばれ、「世界の肉――身体の肉――〈存在〉[44]」と記されるに至る。

6　担われなければならない肉

ドゥルーズの感覚の存在の哲学と、メルロ＝ポンティの肉の哲学は、きわめて接近している

（37）*Ibid.*, pp. 31-32.（同書、二六六頁）
（38）*Ibid.*, p. 33.（同書、二六七頁）
（39）Maurice Merleau-Ponty, « Le philosophe et son ombre », in *Signes*, Gallimard, 2001, p. 271.（モーリス・メルロ＝ポンティ「哲学者とその影」、『シーニュ』第二巻、竹内芳郎訳、みすず書房、一九七〇年、一五頁）
（40）*Ibid.*（同前）
（41）*Ibid.*, p. 272.（同書、一五頁）
（42）*Ibid.*（同書、一五‐一六頁）
（43）Maurice Merleau-Ponty, *Le visible et l'invisible*, Gallimard, 1964, p. 181.（モーリス・メルロ＝ポンティ『見えるものと見えないもの』滝浦静雄＋木田元訳、みすず書房、一九八九年、一九三頁）
（44）*Ibid.*, p. 297.（同書、三六三頁）

ように見える。実際、ドゥルーズは、感覚の存在をめぐって肉の概念に対峙する。件の個所である。

感覚の存在、すなわち被知覚態と変様態からなるブロックは、握り合っている手のように、感覚する者と感覚されるものとの統一ないし可逆性として、それらの親密な絡み合いとして、現れるだろう。それが肉であり、肉は、生きられた身体、知覚された世界、それら二つのあいだのいまだあまりに経験に結びついた志向性、これらから同時に解放されるだろう。（QP 168-169/300-301）

肉はもはや、生きられた身体や知覚や志向性をターゲットにした現象学批判の射程には収まらないものであり、おそらく二人の哲学者はここにおいて最も接近する。しかし、その接近は収束することなく即座に発散する。ドゥルーズによれば、肉はそれにもかかわらず、ある超越を臆見として持ち込んでいるというのである。それが、「互いに交換される相関項としての世界の肉と身体の肉、イデア的な合致」、すなわち「受肉の秘儀」（QP 169/301）である。注意しなければならないが、ドゥルーズの強調点はこのある種の超越の導入そのものにではなく、その後続する記述にある。すなわち、「それなしでは、肉はおそらく、自分ひとりで立っていることはないだろう」（QP 169/301）。「イデア的な合致」に訴えなければ、肉は「ひとつのごた混ぜあるいはカオスになってしまう」。だからこそ「肉は柔らかすぎる」（QP 169/302）のである。

メルロ＝ポンティ自身は、『見えるものと見えないもの』において、肉がカオスであることを明確に否定している[45]。「私はカオスを見るのではなく物を見る[46]」のであり、「肉（世界の肉と私の肉）は偶然でもカオスでもない[47]」。見る者と見られるもの、触れる者と触れられるものとのキアスム、私の肉と世界の肉の関係は、恣意的なものでも偶然でもない。では、何がそれらの絆を保証しているのか。なぜカオスではなく物が——何らかの形態が——見えるのか。カオスを否定しているその同じ文で、次のように述べられる。

> 私たちが述べたように、まなざしは、様々な見えるものを包み込み、それらに手で触れ、それらと合致する。まなざしは、それら様々な見えるものと予定調和の関係にあるかのように、それらと知り合う前からそれらを知っていたかのように、不規則で身勝手なスタイルで自己

（45）メルロ＝ポンティにおけるカオスの問題については、合田正人「構造のパルス——メルロ＝ポンティの思想を通底するもの」、『思想』第一〇一五号、岩波書店、二〇〇八年、八一‐八二頁を参照。

（46）Maurice Merleau-Ponty, *Le visible et l'invisible, op. cit.*, p. 173.（モーリス・メルロ＝ポンティ『見えるものと見えないもの』前掲書、一八五頁）

（47）*Ibid.*, p. 190.（同書、二〇三頁）

流に動き回りながらも、その見方は何でもありではないのだ。[48]

これはあくまで記述的水準での表現であり、喩えにすぎないと言うこともできるが、ここでの記述は、カオスを回避するために、神による予定あるいはイデアの観想を引き合いに出すものに見える。ドゥルーズが「イデア的な合致」を見てとるのはおそらくここだろう。そのようなある種の超越の導入なしには、カオスではなく物が見えると言うことはできない、それは形態なきごたまぜになってしまう――少なくともドゥルーズの眼にはそう見えているのである。たしかに肉は、見る‐見られる、触れる‐触れられるがもはや区別できないような感覚的経験の最も深い層をあらわにし、感覚の存在を開示する。しかし「肉はおのれが開示するもののなかで消失する開示者にすぎない」（QP 173/308）。イデア的合致、すなわちカオスからの予定された保護に訴えないならば、肉は、カオスに抗するために、自身に欠けている論理によって担われなければならないのである。ドゥルーズが肉に欠けていると見なすのは、「モニュメント」、すなわち、合致なき形態の自己定立の論理、カオスのただなかで自分で自分を打ち立て、持ちこたえる、形態それ自身の絶対的な行為である。そして芸術だけが、マテリアルにこの行為を演じさせ、感覚の存在と化すことで、この行為を実現することができるのである。ドゥルーズはこの論理を、マルディネに依拠しながら、リズム、そしてリトルネロと呼ぶだろう。モニュメントの概念に関わるドゥルーズとマルディネの理論的関係、そしてドゥルーズがマルディネを越えて提示する独自の議論については、次章で見ていくことにする。

最後に一点論じておきたい。以上で示した論点は、メルロ＝ポンティとドゥルーズのメラニー・クライン読解に対応していると言える。メルロ＝ポンティは、コレージュ・ド・フランス講義『自然』（一九五六－一九六〇年）において、ポール・シルダーの「身体図式」の概念について言及した直後に、クラインの精神分析理論を、「内－外の普遍的なシステムとしての身体」(49)を説明するものとして取り上げている。そしてメルロ＝ポンティは、クラインが描き出す幼児の対象関係を、世界、存在者、身体、これらの根源的な「不分割＝共有〔indivision〕」(50)を理論化するものとして高く評価している。このようなクラインに見いだされた「不分割＝共有」が、肉の概念の練り上げに大きな役割を果たしているのである(51)。これに対して、本書第六章で見たように、ドゥルーズは、クラインを批判的に援用しながら、物体的混在である深層の身体のただなかに、まさにイデア的な良い対象の密輸入を批判しながら、カオスに抗するものとし

（48）*Ibid*., p. 173.（同書、一八四－一八五頁、強調引用者）

（49）Maurice Merlau-Ponty, *La nature. Notes, cours du Collègu du France*, Dominique Séglard (ed.), Seuil, 1994, p. 346.

（50）*Ibid*.

（51）メルロ＝ポンティの肉の概念の成立においてクラインが果たした役割は、本書の範疇を超える問題であり、ここでは詳述できない。さしあたり次の優れた研究を参照されたい。Emmanuel de Saint-Aubert, *Être et chair I. Du corps au désir: L'habilitation ontologique de la chair*, Vrin, 2013.

て、器官なき身体を導出しているのであった。クラインの対象関係論を特異な身体の概念へと援用する両者のこのような対照は、本章で見てきた「肉は柔らかすぎる」という批判と、偶然ではなく、構造的、理論的な必然性において一致しているのである。

7　黄泉の国、民衆の幻視

以上、ドゥルーズとメルロ゠ポンティの対峙の実相について見てきた。批判者たちが言うように、ドゥルーズのメルロ゠ポンティ理解が粗いのは事実だろうし、ドゥルーズがメルロ゠ポンティに対峙して言わんとしたことは、もしかしたらメルロ゠ポンティ自身が言わんとしたことなのかもしれない(52)。それでも、ドゥルーズが提示する、感覚の存在を定義するモニュメント、自分で自分を打ち立て、持ちこたえる、形態の行為という観念は、おそらくメルロ゠ポンティにはない――そしてマルディネにもない――ある固有の論点を含んでいるように思われる。それはあたかも、老いを知ることなく「生まれつつある」ばかりの世界を探究して逝った故メルロ゠ポンティに対して、老ドゥルーズが自身の老いの境地から反論するかのようである。すなわち、「モニュメントの行為、それは記憶ではなく仮構である」(QP 158/282)。身体も肉も、腐って剝がれて落ちて消えていくが、モニュメントとしての芸術作品は、私たちに生きることができず、病者にあっても垣間見ることができるにすぎないカオスを、可能的に具現化し、いまここに現存させることで、必然的に幻視的な機能を担い、カオスを乗り越えるいまだ存在しない人間と世界の絆を仮構する。ドゥルーズはそれを「「来るべき民衆」の影」と呼ぶだろう。そして、老人にとって生きられえないカオスが、言うまでもなく「黄泉の国〔pays des morts〕」（QP 190/339）として立ち現れるからには、芸術が遂行するカオスに抗する闘いは、私たちの可滅的な身体の生と死に抗する闘いであり、感覚の存在がその行為によって仮構する現前＝現在の「見え」のなかに、ドゥルーズは生きられえない〈力〉を生き延びる、そして死を超えて生き延びる、そんな新しい身体を幻視するのである。これが本書の最後の理路となる。

（52）例えば、ピエール・ロドリゴは、肉が、ハイデガーから援用された動詞形の「現成」（wesen）という自己形態化の論理に裏打ちされていることを指摘し、ドゥルーズによる批判を退けている。Cf. Pierre Rodrigo, « « Chair » et « figure » », in *Chiasmi International*, *op. cit.* また、メルロ＝ポンティが、『見えるものと見えないもの』において、根源的創設の問題系に属す「モニュメンタル」（monumentale）という概念を用いていることも鑑みれば、私たちの考察はいまだ開かれている。Maurice Merleau-Ponty, *Le visible et l'invisible*, *op. cit.*, p. 233; 292.（モーリス・メルロ＝ポンティ『見えるものと見えないもの』前掲書、二五八、三五五頁）メルロ＝ポンティにおける「モニュメンタル」についてては、廣瀬浩司氏にご教示いただいた。

第九章　モニュメントの行為としての仮構

> おそらく、哲学とは何かという問いを立てることができるのは、老いが到来し、具体的に語るときがやってくる、晩年においてのみである。実のところ、文献目録はきわめて取るに足らないものである。その問いは、もはや尋ねることが何もないような、慎み深いざわめきのなかで立てられる問いである。（QP 7/7）

ドゥルーズは、ガタリとの連名で出版した最後の著作『哲学とは何か』を、老いが到来する晩年にのみ提出することができる書物と位置づけている。一方で、老いが至高の自由を与えてくれることがあるというのはたしかだろう。ドゥルーズがあげているように、老年のターナーの絵画、カントの『判断力批判』は、驚くべき仕方でみずからの壮年期の達成を踏み越えていくものである。しかし、他方で、老いはまた「心的カオスへの落下」でもあり、「これら以上に苦しく、不安にさせるものはない」（QP 189/337）。私たちは、本書の冒頭に掲げた問題に辿りついた。晩年にのみ提出することができる、哲学とは何かといういかにも総括めいた問いは、しかし従前の思考をまとめ上げることを意図されたものではない。ドゥルーズは、自身の哲学を、いまや到来しつつあるみずからの不可避の老いにつきしたがわせ、老いの相のもとに新たに繰り広げるのである。

本章ではまず、『哲学とは何か』における「カオスに抗する闘い」をめぐる議論の整理をしていく。この闘いは、まずはやはり、『差異と反復』の時間の三つの総合や、『意味の論理学』の動的発生と同様、カオスからの出来をめぐるものとして論じられている。そこでは、哲学、科学、芸術の三つの営みが、それぞれカオスに介入し、カオスをカオイドに、つまりカオスモスに変成させる営みとして定義される。このことについて確認した後、これらの闘いが不可逆的に無に帰していく、老いの問題、つまりカオスへの落下をめぐる問題を考察していく。三つの営みのうち、芸術は、このカオスへの不可逆的な落下において、「モニュメントの行為」としての「仮構」によって、他の営みには不可能な仕方で、カオスに抗する特異な闘いを形づくることになるのである。

人生がそれであるところの、この言うまでもない崩壊の過程のなかで、もはや過去も未来もない現在の諸感覚は、その限られた短い持続のなかで、いかなる生の絆を構成し、あるいは幻視させるのだろうか。

1　哲学＝潜在的／科学＝現働的

ドゥルーズは、「哲学とは何か」という問いに有名な答えを与えている。それによると、「哲学とは、諸々の概念を形づくったり、発明したり、製作したりする技術である」（QP 8/8）。哲学を概念の創造とするこの定義は、ドゥルーズが語ったことのなかでも比較的ポピュラーなものだろう。ドゥルーズは、哲学だけでなく、同様に科学と芸術についても定義を行っている。それによると、科学は「ファンクティヴ」（函数的なもの）と呼ばれるものを構築する営みであり、芸術は「被知覚態と変様態」からなる「感覚の存在」としての芸術作品を合成＝創作する営みである。そして、これら創造、構築、合成＝創作には、共通の「源泉」かつ「敵」がある。それがカオスである。

カオスは、無秩序によってではなく、むしろ、そこに輪郭を現そうとする形態がすべてそれによって消散するところの無限速度によって定義される。カオスとは空虚であり、この空虚は、無ではなくある潜在的なもの〔un *virtuel*〕である。そこには、すべての可能な諸粒子、すべての可能な諸形態が含まれているのだが、これら諸粒子および諸形態は、共立性も準拠もなく、結果を生み出すことなしに、出現してはただ即座に消失する。それは誕生と消滅の

無限速度である。(QP 111-112/200)

カオスとは、そこからあらゆる形態が生み出されうる潜在的なものであるが、この潜在的なものは、共立性も準拠も欠いているがゆえに、生まれつつあるものをただ流産させ続け、結局は何も生み出すことがない。それは、あたかもまばたきするたびに記憶喪失するかのように、経験を構成しうる諸要素がいかなるまとまりも構成することのない、「誕生と消滅の無限速度」である。ドゥルーズは、イリア・プリゴジンとイザベル・スタンジェールが提示する、結晶の核を形成しておきながらも結晶化せずに核を流産させる過融解水溶の例に着想を得て、これを定式化している。(1) このようなカオスの概念は、本書で見てきたように、『差異と反復』における不連続的瞬間としての非時間的位相、『意味の論理学』における超越論的領野――まさに結晶化を引き起こす過飽和水溶液がそのモデルであった――が破綻した、深層の第一のアスペクト、そして『感覚の論理学』における、操作的にとどめ置かれない「本当の「台なし」」としての全面化したダイアグラム、これらに相当するものである。それは「未分化な深淵、あるいは非類似の大洋」(QP 195/348)とも呼ばれる。

哲学、科学、芸術は、このようなカオスに介入し、そこから何らかの形態を引き出すことを可能にする営みである。ドゥルーズはまず、哲学と科学について次のように述べている。

ところで、哲学が問うのは、共立性を獲得しながらも、つまり潜在的なものに固有の共立性を与えながらも、いかにして無限速度を保持するのかということである。〔……〕科学のカオスへの取り組み方は、まったく別の、ほとんど反対のものである。科学は、潜在的なものを現働化することができる準拠を獲得するために、無限なものを、つまり無限速度を放棄する。哲学は、無限なものを保持することで、概念によって、潜在的なものに共立性を与える。科学は、無限なものを放棄することで、ファンクションによって、潜在的なものにそれを現働化する準拠を与える。(QP 112/200-201)

哲学は、共立性を欠いた潜在的なものに共立性を与えることで、それを実在的なものとして把捉するものである。ここで重要なのは、それが無限速度を放棄することなく、保持するという点である。つまり哲学は、無限速度で現れると同時に消える諸要素の全体を、無限なものにかないうる思考に固有の力で——言い換えれば、有限なものでしかない感覚的経験にはできない仕方で——、一挙に把捉する。ある種の知的直観のようなものにも思えるこのようなカオスの把捉を、ドゥルーズはレイモン・リュイエの概念を援用し、「絶対俯瞰〔*survol absolu*〕」

(1)「そのような水溶液においては、小さな結晶の核が形成されるが、それら核はいかなる結果ももたらさずに、現れそして溶解する」。Ilya Prigogine et Isabelle Stangers, *Entre le temps et l'éterinié*, Flammarion, 2009, p. 218. 本書序論註6も参照。

（QP 26/41）と呼ぶ[2]。これが概念を創造するということであり、哲学によるカオスに抗する闘いである。そして、哲学による概念の創造のためのカオスとの接触面、つまりその闘いのための場が、「内在平面」あるいは「共立平面」と呼ばれる。

これに対して科学は、ファンクション（函数）によって――あるいはその基本要素であるファンクティヴと呼ばれるものの構築をとおして――、潜在的なものに準拠を与えることで、それを指示可能、計測可能、予測可能な事物の状態へと現働化する。それは無限速度を減速させ、無限なものを放棄することを意味する。それゆえ、哲学と科学は反対方向のベクトルを持つものとして理解される。つまり、科学が現働化するのに対して、哲学は「科学が下る道を遡上する」（QP 133/235）ことで、「反‐実現」するのである。このとき、科学によるファンクティヴの構築のためのカオスとの接触面が、哲学の場合の内在平面および共立平面と区別されながら、「準拠平面」と呼ばれる。

2　芸術＝可能的？

このように、哲学と科学は、カオスとの関係において、それぞれ潜在的なものの実在性と潜在的なものの現働化とに関わる営みとして定義される。それらは、ドゥルーズに馴染みの概念的な枠組に、ある意味ではきれいに収まるものだと言えるだろう。それでは、芸術はどうだろうか。驚くべきことに――と言ってかまわないだろう――、芸術は、潜在的なものの実在性に関わる哲学による概念の創造と鋭く対照されながら、「可能的なものの現存」をつくり出すものとして定義される。

モニュメント〔＝芸術作品〕は、潜在的な出来事を現働化するのではなく、それを具現化し、あるいは受肉する。モニュメントは、潜在的な出来事にひとつの身体、ひとつの生、ひとつの宇宙を与える。〔……〕このような宇宙は、潜在的でも現働的でもなく、可能的である。それは、美的＝感性的範疇としての可能的なもの、すなわち可能的なものの現存である（「可能的なものを、さもなくば私は窒息してしまう」）。これに対して、諸々の出来事〔＝概念〕は、潜在的なものの実在性であり、すべての可能的な宇宙を俯瞰する〈自然〉‐思考の形式である。（QP 168/299）

（2）リュイエの「絶対俯瞰」の概念は、メルロ＝ポンティが世界に身を挺したものとしての「世界内存在」と対照して批判する、いわゆる「上空飛行」（survol）に当たるものであるが、ドゥルーズはリュイエのこの概念を好意的な仕方で独自に援用していると言える。メルロ＝ポンティによるリュイエの絶対俯瞰に対する直接的な言及としては、Maurice Merleau-Ponty, *Le monde sensible et le monde de l'expression. Cours au Collège de France. Notes, 1953*, Metis Presses, 2011, p. 55を参照。また、メルロ＝ポンティ、リュイエ、ドゥルーズの三者を論じるものとして、小林徹『経験と出来事――メルロ＝ポンティとドゥルーズにおける身体の哲学』水声社、二〇一四年、第三章をあげることができる。

芸術は、潜在的なものを「具現化し」、「受肉する」という。それは、無限速度で現れると同時に消える諸要素を、合成＝創作することによって、一時的に感覚可能にし、一時的に持ちこたえさせることである。そのように合成＝創作されたものとしての芸術作品が、「被知覚態と変様態」からなる「感覚の存在」であり、「モニュメント」である。これらは、哲学のように無限なものにかなうものではないが、科学のようにそれを放棄するものでもなく、「無限なものを再び与える有限なもの」（QP 186/333）である。そして、このような芸術による合成＝創作のためのカオスとの接触面が、「合成＝創作平面」と呼ばれる。

しかしながら、ロナルド・ボーグが指摘するように、芸術を可能的なものに割り当てる「このような設定は、ドゥルーズとガタリの芸術に関する分析のほとんどすべてに潜在的なものおよび出来事という概念が執拗に姿を現していることを鑑みれば、困惑を招くものである」[3]。ドゥルーズの概念体系においては、可能的なものは、現働的なものの遡及的な転写物にすぎず、それゆえ既存の現実に尽きるものであり、潜在的なものとの対比において、概して批判対象である（DR 272-273/下 118-122）。このことは、本書第四章で論じたドゥルーズの他者論において、可能世界の表現である他者に対して、他者なき世界が志向されていたことからも明らかだろう。

例えば、『プルーストとシーニュ』でのシーニュの分類では、可能的なものは「愛のシーニュ」に割り当てられているが、それに対して「芸術のシーニュ」は、それによって潜在的な理念の世界、あるいは本質の世界が見いだされるものとして、「他のあらゆるシーニュに対する優位性」(PS 51/49)が強調されている。また、『哲学とは何か』と用語法において多くの点が共通する『千のプラトー』においては、哲学と芸術は、明確に区別されることなく、いずれも共立平面を構築するものとして論じられている(e.g. MP 325-333/中 218-232)。これらの事実を鑑みるなら、芸術を可能的なものに関係づけ、その固有の平面を合成=創作平面に限定するこのような『哲学とは何か』における定義は、たしかに「困惑を招くもの」だと言えるだろう。

一見すると、ドゥルーズはここで、哲学に比して芸術を否定的に評定しているようにも思える。有限なものを介して、一時的、部分的に無限なものを垣間見させることができるにすぎない可能的なものの現存は、無限なものをそのままに把捉する思考の形式である概念の創造よりも、「劣っている」ように見えなくもないからである。(4) このことは次のようにも対照すること

(3) Ronald Bogue, *Deleuze on Music, Painting and the Arts*, Routledge, 2003, p. 164.

(4) 実際、ピーター・ホルワードは、『哲学とは何か』における哲学と芸術を、それぞれ完全な創造と不完全な創造として特徴づけ、それらのあいだに優劣を設けている。Peter Hallward, *Out of This World: Deleuze and the Philosophy of Creation*, Verso, 2006, p. 129.(ピーター・ホルワード『ドゥルーズと創造の哲学――この世界を抜け出て』松本潤一郎訳、青土社、二〇一〇年、二八二-二八三頁)エリザベス・グロスは、ドゥルーズにおける哲学と芸術の身分をめぐるいくつかの解釈と立場を整理しながら、ホルワードに対して反論を構成している。Elizabeth Grosz, *Chaos, Territory, Art: Deleuze and the Framing of the World*, Columbia University Press, 2008, p. 5, n. 4 and n. 5. グロスの整理は有益なものであるが、彼女の反論そのものは、ドゥルーズが二つの営みに対して政治的に適正な非差別主義者であることを期待するもので、やや説得力に欠ける。

ができる。すなわち、哲学によるカオスに抗する闘い、つまり概念の創造が、実のところ『差異と反復』の時間の第三の総合、そして『意味の論理学』の動的発生の最終段階——いずれにおいても「思考」が問題となる——に相当するものであるのに対して、芸術によるカオスに抗する闘い、つまり感覚の存在の合成＝創作は、『差異と反復』の時間の第一の総合、そして『意味の論理学』の動的発生の最初期段階——いずれにおいても「感覚」と「想像」が問題となる——に相当するものなのである。この観点からすれば、つまり、カオスからの出来の「度合」のようなものを『哲学とは何か』においても考えることができるとすれば、後者より前者の方がより十全で、構成されるべきシステムにより近いことになるのである。

それではやはり、可能的なものの現存をつくり出す芸術は、潜在的なものを実在的なものとして把捉する哲学に対して、劣っていたり、非十全であったりするのだろうか。後者に還元されない、前者に固有の意義は存在しないのだろうか。あるとすれば、それはいかなるものだろうか。これらについて明らかにするために、次節以降では、さらに踏み込んで、芸術によるカオスに抗する闘いを見ていくことにしよう。以上で概観してきた、哲学、科学、芸術の一般的関係ついては、本章の後の部分で言及する事項も含め、さしあたり図1のようにまとめておくことができる。

カオス
(非一貫的、柔らかすぎる)

↓ ……カオスに抗する闘い

	哲学	科学(論理学)	芸術
形而上学的平面	内在/共立平面	準拠平面	合成=創作平面
諸要素への対処	絶対俯瞰	選択的抽出	縮約/観照
生産物	概念	ファンクティヴ(見通し)	被知覚態と変様態/感覚の存在
カオスに対する位置	上	下	中
主体	自己超越体	自己投出体	自己凝縮体
ドゥルーズ的様相	潜在的なものの実在性	潜在的なものの現働化	可能的なものの現存

↓

共立するカオス、準拠づけられたカオス、
合成=創作されたカオスとしての「カオイド」。
これが「カオスモス」。
(一貫的、堅固)

→このカオイドによって、オピニオンに抗する、
つまり表象=再現前化に抗する闘いが可能になる。

図1 『哲学とは何か』における哲学、科学、芸術によるカオスに抗する闘い

3　芸術は保存する

確認したように、カオスとは、経験を構成しうる諸要素が現れると同時に消え、何も生み出すことがない、「誕生と消滅の無限速度」である。そこではいかなる要素も保持されず、いかなる形態も帰結しない。しかし、このようなカオスに抗する闘いとして、「芸術は保存する」。「それは、みずからを保存するこの世でただひとつのものである」（QP 154/274）。

もしかしたら、芸術をこのように「保存」（conservation）によって特徴づけることは、先の可能的なものの問題とともに、ジェフリー・ベルが指摘するように「意外なもの」[5]に思えるかもしれない。しかし、私たちはすでに、『差異と反復』の時間の第一の総合を不連続的瞬間の保持として、また、芸術そのものについても、『感覚の論理学』におけるベーコンの〈形象〉を、非意味的要素であるダイアグラムを操作的にとどめて「停留＝姿勢」を実現するものとして読解してきた。「芸術は保存する」というこの言明は、まさに本書が追求してきた「カオスに抗する闘い」の観点から、一貫したものとして理解することができるのである。

ドゥルーズによると、芸術において保存されるもの、つまり感覚の存在としての芸術作品は、「自分で自分を保存する創造物の自己定立」（QP 154/275）であり、「モニュメント」（QP 155/276）である。自己定立であるからには、芸術作品は即自的に存在するのでなければならない。ドゥルーズによれば、それには次のような条件があるという。つまり、表象＝再現前化を排除するような、キャンバス等に展開される物理的、器質的にはありえないアクロバティックな姿勢、つまり「崇高な誤謬」（QP 155/276）は、それが芸術たりうるためには、物理的、器質的な可能性とは異なる、芸術に固有の可能性によって安定することができなければならないという条件である。ドゥルーズはこれを「芸術の必然性」（QP 155/276）と呼ぶ。

これは、『感覚の論理学』でも問題とされていた、印象派に対するセザンヌの形態の、そして抽象絵画や抽象表現主義に対するベーコンの〈形象〉の堅固さの問題にほかならないが、驚くべきことに、ドゥルーズはこの観点から、麻薬、子ども、狂人を、このような堅固さを欠くがゆえに芸術に値しないものとして、厳しく退けるのである。長くなるがまとめて引いておこう。

麻薬は、芸術家が感覚の存在を創造する手助けとなるかどうか。麻薬は、〈芸術の〉内的な手段の一部であるかどうか。麻薬は、私たちを実際に「知覚の扉」に連れていくかどうか。麻薬は、私たちを被知覚態と変様態へと送り届けるかどうか。このような問題は、麻薬のも

（5）「ドゥルーズとガタリがキャリアをとおして、生成、連続的変奏、変化、これらの重要性および不可避性を強調していたという事実を鑑みると、これは彼らから出てくる言明としてはかなり意外なものである」。Jeffrey A. Bell, *Deleuze and Guattari's What is Philosophy?: A Critical Introduction and Guide*, Edinburgh University Press, 2016, p. 215.

とでつくられる合成態が、ほとんどの場合、異常なまでに脆く、自分で自分を保存することができず、出来上がるそばから、見ているそばから壊れていく以上、すでに一般的な答えが出ている。ひとはまた、子どもの描く絵に感心したり、あるいは感動したりするということがある。しかし、子どもの絵が立って持ちこたえることはめったにないし、子どもの絵がクレーやミロの作品に似ているのは、子どもの絵をしっかりと見ない場合だけである。反対に、狂人の絵はしばしば持ちこたえるが、しかしそれも、画面いっぱいに描かれていて、空白を残していない場合にかぎられる。(QP 156/277-278)

ここに見られるのは、老ドゥルーズによる、麻薬や狂気に対するある種の「見限り」である。実のところ、これはすでに『感覚の論理学』においても表明されていた。本書第七章で言及したとおり、そこではアルコール、麻薬、分裂病、サディズム、マゾヒズム、等々、ドゥルーズがかつて積極的に論じていた、表象＝再現前化に対する精神的および身体的な闘いが、「ヒステリー」という総称のもとにまとめられているが、その上でドゥルーズは、「ヒステリー者が持たないもの、つまり少しばかりのコツ〔un peu d'art〕を、絵画は持つ」(FB 53/74) と述べている。『千のプラトー』においては、例えば麻薬は、慎重さや節度が要請されながらも、それ自体は必ずしも否定されてはいなかった (e.g. MP 348-351/ 中 260-264)。しかしここでは、麻薬や狂気と、芸術とが、より明確に対立させられているのである。「芸術の必然性」とは、これら種々の「異常」を芸術たりえないものとして、批判的に退けることを含意するのである。こう言ってよければ、病者の身体はあまりに「柔らかすぎる」のである。

それでは、このような柔らかさに対する、芸術に固有の堅固さとはいかなるものだろうか。それはマテリアルの堅固さではない。というのも、物質的なものはみな例外なく摩耗し、消滅するのであり、その素材が何であれ、その持続の長さがどうであれ、結局のところ「柔らかすぎる」からである。芸術に固有の堅固さは、このように物質的なものではありえず、とはいえ哲学の概念のように完全に非物体的なものでもない。これが芸術において問題となる「感覚」と呼ばれるものの特異な存在論的身分である。このマテリアルでも概念でもない感覚にこそ、芸術に固有の堅固さの在処が求められるのである。

感覚は、少なくとも権利上は、マテリアルと同じものではない。権利上みずからを保存するものはマテリアルではない。マテリアルは単に事実上の条件を構成するにすぎない。〔……〕たとえマテリアルが数秒しか持続しないとしても、マテリアルは感覚に、その短い持続と共存する永遠のなかで、存在し、みずからを保存する力を与える。マテリアルが持続するかぎりにおいて、感覚は、まさにそれらの瞬間のなかで、ある永遠性を享受するのである。(QP 157/279-280 強調削除)

この差分、つまり事実問題を超える権利の持ち分が、芸術の存在証明である。それゆえ、「芸術の必然性」にかなうものとしての芸術作品の創作、感覚の存在の合成とは、例えば粗野な「材料全体が、表現的になる」（QP 157/280）ように、マテリアルそれ自体のなかにマテリアル以上のものを実現することである。「マテリアルが感覚のなかに、つまり被知覚態と変様態のなかに完全に移行することなしには、感覚はマテリアルのなかに実現されることはない」（QP 157/280）。では、いったいいかなる仕方で、マテリアルそれ自体のなかにマテリアル以上のものを、しかも自己定立するものとして、実現することができるのか。これについてのドゥルーズの記述は、そのための技法が、作家ごとに、マテリアルの種類ごとに発明されなければならないとするものであり、あまり理論的なものではない。それゆえここで、ドゥルーズが芸術作品を自己定立するモニュメントとして定義する際に依拠している、マルディネの議論を参照することにしよう。

4　標

本書第七章で見たように、マルディネはリズムの概念を定式化する際、それを、いかなる形態もなすことなく流れ去っていく原子を、何らかの形態へと布置化するもの、あるいはそうして布置化される瞬間のなかの形態そのものとして定義していた。そして、形態がそこから現れてくる背景＝地は、無底でしかありえず、形態はみずからが現れることによって、それと同時に、この無底をおのれの背景＝地として成立させるのであった。マルディネはこの論理を、シェリングの概念を用いて定式化している(6)。

シェリングは、『人間的自由の本質について』（一八〇九年）において、汎神論の立場から、神の「実存」（Existenz）と「根底」（Grund）について、それらの共属の関係を論じている。「神は、自己のうちに自己の実存の内的根底を含み、この根底は、そのかぎりにおいて、実存するものとしての神に先行する。しかし、同様にまた、神は根底に先行するものでもある。というのも、神が現実的に実存しないとすれば、根底は根底それ自体としても存在することができないだろうからである」(7)。神の根底は、根底であるからには神に先行するものであるが、しかしこの根底は、神が現実的に「実存する」ことによって、つまり「外に－立つ」ことによっ

（6）マルディネのシェリング解釈は、ハイデガーのそれに影響を受けたものであるが、そのあたりの事情については、Jean-Christophe Goddard, « Henri Maldiney et Gilles Deleuze: La station rythmique de l'œuvre d'art », in *Revista Filosófica de Coimbra*, no. 33, Instituto de Estudos Filosófico da Faculdade de Letras da Universidade de Coimbra, 2008, pp. 116-118 を参照されたい。

（7）F. W. J von Schelling, „Philosophische Untersuchungen über das Wesen der menschlichen Freiheit und die damit zusammenhängenden Gegenstände", in *Sämmtliche Werke*, Band VII, Cotta'sche Verlag, 1860, p. 358.（「人間的自由の本質とそれに関連する諸対象についての哲学的探求」藤田正勝訳、『シェリング著作集』第4a巻、燈影舎、二〇一一年、六〇頁）

てはじめて、根底として存在する。実存と根底は同時発生するのであり、共属の関係にある。マルディネによれば、芸術作品における形態＝図と背景＝地の関係は、この実存と根底の共属の論理の表現にほかならないという。「実存は、根底を打ち立てることによって、根底を実存する。絵画についてもそうである。〔……〕形態＝図は、形態＝図がそこから生じる背景＝地を打ち立てる」(8)。絵画の形態＝図は、あらかじめ背景＝地を持つことはなく、みずからが外に－出ることによってはじめて、それと同時に、背景＝地をそれとして存在させるのである。このように、絵画の形態は、自分を打ち立てるものを自分で打ち立てることで、「自己定立」するのである。

無底からこのような仕方で形態が自己定立することは、いわば粗野なマッスからある際立ちが生じ、その際立ちが、みずからが際立つことと同時にマッスをおのれの背景＝地と化し、その背景＝地との対立あるいは緊張関係によって、もはやマッスへと埋没することなく自立することを意味する。マルディネは、このような形態つまり際立ちを、ドイツ語で Mal と呼ぶ。Mal は、点、線、ブロックなど「標《しるし》」一般を意味し、「描く」(malen) や「絵画」(Malerei) など、造形芸術にまつわる語彙とともに姿を現すものであるが、詩などの荘重な語法においては「記念碑」、つまりモニュメントを意味する。標つまりモニュメントは、マテリアルからの感覚的な質の出現であり、その自立なのである(9)。

そして、具体的な芸術製作においてこの論理が最も明白に現れるのが、マルディネもドゥルーズも指摘するように、石材と彫像の形態の場合である。[10] 彫像においては、形態の実存によって背景＝地として存在するようになる無底とは、石材それ自体にほかならないのであり、形態は、それが実存することによって、それと同時に、石材をおのれの背景＝地として打ち立て、それとの対立あるいは緊張関係によって、自己定立する。もちろん、石材と彫像の形態だけでなく、塗料と絵画の形態等についても同様のことが言えるだろう。このような感覚的な質の出現とその自立によって、粗野な「材料全体が、表現的になる」のであり、マテリアルの相対的持続から「権利上は」自立した、感覚の存在が合成されるのである。

(8) Henri Maldiney, *Regard Parole Espace*, Cerf, 2012, p. 253.
(9) マルディネは、このような標つまりモニュメントの例として、荒野に建立される巨石記念物に言及している。Henri Maldiney, *Regard Parole Espace, op. cit.*, p. 232. 未分化な仕方で荒野と一体となっている石を、そこから隆起させるように建立し、際立たせることで、荒野は未分化であることをやめて根底となり、その根底との対立あるいは緊張関係において、石は自立したモニュメントとなるということだろう。ドゥルーズは、前後左右不覚であるような暗闇で歌を口ずさむことや（MP 382/中 317）、周囲に埋没しない葉の色の際立ちによる野生の鳥のなわばりのマーキングを（QP 174/310）、「リトルネロ」と呼んで芸術の始原としているが、そのとき「モニュメントはリトルネロである」（QP 175/311）と述べられているのは、以上のような荒野における巨石記念物の建立と同様の論理によるものだと言えるだろう。
(10) Henri Maldiney, *Regard Parole Espace, op. cit.*, p. 254; QP 159/283.

5　老い

以上のような仕方で、粗野なマテリアルから感覚可能な質が出現し、それがマテリアルに対して自立することが、感覚の存在の、事実上の条件に還元されない権利の持ち分を構成する。しかし、やはり、感覚の存在は、たとえ権利の持ち分を主張し、それによって定義されるとしても、事実上は、マテリアルの摩耗と消滅とともに必ずや無に帰す。このことは、先に言及した、哲学による概念の創造と、芸術による感覚の存在の合成＝創作の、「優劣」の問題を反映している。哲学が、無限速度で現れると同時に消える諸要素の全体を、感覚的なものに依存することなく、思考の力によって絶対俯瞰し、潜在的なものを実在的なものとして把捉するのに対して、芸術は、まさにそれが感覚的なものであるがゆえに、諸要素を一時的に具現化し、受肉する、可能的なものの現存をつくり出すことができるにすぎない。感覚の存在は、マテリアルの可滅性に、どうしようもなく依存するのである。

それでは、芸術によるカオスに抗する闘いの意義とは何だろうか。時間の第一の総合がその第三の総合によって、そして動的発生の最初期段階がその最終段階によって、それぞれ乗り越えられるように、そしてその結果として、構成されるべきシステムに到達するように、芸術によるカオスに抗する闘いは、カオスからの出来の不完全な契機を構成するだけなのだろうか。

そうではない。芸術によるカオスに抗する闘いは、それが感覚的で、どうしようもなく可滅的であるからこそ、哲学による概念の創造には不可能な仕方で、それ固有の意義、ある種の特権性を持つ。つまり、マテリアルの可滅性とともにある感覚の存在は、まさに、可滅的な身体とともに生まれ、それとともに生き、その相対的な持続のかぎりにおいて死んでいく、私たちの限りある生、その言うまでもない崩壊の過程に対して、私たちがどのように立ち向かうことができるのかという問いに、唯一応答しうるものなのである。

ベーコンの〈形象〉が「器官なき身体」と呼ばれていたように、そして「風景」が、私たちがそれであるところの「見え」そのものであったように、感覚の存在は、単に狭義の作品だけを指すのではない。感覚の存在、モニュメントが、可能的なものの現存と定義される際、それが「ひとつの身体、ひとつの生」(QP 168/299) を与えると述べられていたとおり、感覚の存在とは、私たちがそれであるところのひとつの身体、ひとつの生を形づくるものなのである。ドゥルーズは、カオスのただなかで、諸要素を縮約し、観照し、そのように縮約され観照された諸要素で自分自身を形づくる主体を、「自己凝縮体〔*injet*〕」(QP 200/357)[(11)] と呼び、次のように述べている。

---

(11) ドゥルーズは、これに対して、哲学において諸要素の絶対俯瞰を遂行する主体を「自己超越体〔superjet〕」(QP 198/354)、科学において諸要素の選択的抽出を行う主体を「自己投出体〔ejet〕」(QP 202/361) と呼ぶ。

〔合成＝創作平面において〕感覚は、その感覚を合成するものを縮約することによって、そしてその感覚がさらに縮約する他の諸感覚とともにみずからを合成することによって、形づくられる。感覚は純粋観照である。というのも、観照によってこそ、ひとは、ひとがそこから生じてくる当の諸要素を観照するにつれて、自分で自分を観照することによって、縮約するからである。観照すること、それは受動的創造の神秘であり、それこそが感覚なのである。（QP 200/356）

これは明らかに、『差異と反復』の時間の第一の総合が、「私たちがそれであるところの原初的な感受性」（DR 99/上 204）としての「幼生の主体」を構成すること――それゆえ『意味の論理学』の動的発生における器官なき身体の導出――と重なるものである。感覚の存在とは、人間であれ、植物であれ、鉱物であれ、そして芸術作品であれ、カオスのただなかから、自分で自分を打ち立て、持ちこたえる、すべての存在者の存在論的な身分を論じるものなのである。それゆえ、マテリアルの可滅性とともにある感覚の存在の可滅性は、私たちがそれであるところのひとつの身体、ひとつの生の可滅性と等しいと言わなければならない。このことは即座に、「老い」の問題を前景化するだろう。ドゥルーズは『哲学とは何か』を、老いの書物と定義しているのであったが、この書物は文字どおりの意味において、まさに「老いの哲学」を構想するものなのである。実際、『哲学とは何か』におけるカオスの記述は、終盤に近づくにつれて、明らかに老いにおける崩壊のごときものとなっていく。

> 自分自身から逃れ去る思考、すでに忘却によって蝕まれ、別の諸観念のなかへと落下した、漏出し、粗描すらままならず消失する諸観念——そして落下先の諸観念もまた、私たちの支配を逃れていく——、これら以上に苦しく、不安にさせるものはない。それらこそ、消失と現出が合致する無限の変化可能性である。それらこそ、無色かつ沈黙の無の不動性と混じり合う無限速度であり、無限速度は本質も思考もなしにこの無を駆け巡る。(QP 189/337)

『差異と反復』の時間の三つの総合、『意味の論理学』の動的発生は、いずれもカオスから私たちが出来することを論じるものであった。しかし、『哲学とは何か』のカオスに抗する闘いは、一方では、それらと同様にカオスからの出来を論じるものであるが、他方では、そのように出来した私たちの、カオスへの不可逆的な落下を問題化するものなのである。このような落下の契機は、『差異と反復』では、「疲労」の概念によってかすかに言及されていた。それによると、「疲労は、心が、みずから観照するものをもはや縮約できないような契機、つまり、観照と縮約が解体するような契機を示している」(DR 201/上360)。いまや、『哲学とは何か』において、そのような解体としての疲労は不可逆的、全面的なものとなり、それが「老い」を定義するのである。

どろどろに溶けた諸感覚が、ますます縮約しがたくなっていく要素や振動を取り逃す。このような事態を構成するのは、客観的な断絶や解体であり、またそれだけでなく、ある途方もない疲労でもある。老いとはまさにこのような疲労である。（QP 201/359）

老いにおいて、思考は逃れ去り、観念は漏出し、感覚はみずからの要素を取り逃していく。老いとは、「心的カオスへの落下」であり、私たちは「もはや、どのように保存し、観照し、縮約するのか分からない」（QP 201/360）。老いにおいては、諸要素を再び縮約したり、そこから回復したりすることはままならず、一切がほどけていき、忘却の淵へと落下していくのである。このような忘却は、しかし、かつてニーチェとともに語られた、『差異と反復』の時間の第三の総合における〈記憶〉の脱根拠化と重なるような能動的な忘却ではなく、受動的で、不可逆的な忘却であり、再開不可能な「終わり」へと向かうものである。

6　モニュメントの行為としての仮構

途方もない疲労としての老いを、ドゥルーズはどのように捉えているのか。それはただ「終わり」へと至ることを待つだけの絶望なのだろうか。ドゥルーズは、『哲学とは何か』の翌年に刊行された『消尽したもの』において、そのような絶望について、つまり私たちが疲労の果てに行き着く「消尽」について語っている。

消尽は、横たわっていることができず、夜が訪れても、テーブルに座ったままで、空っぽになった頭は、動けなくなった両手の上にある。〔……〕これは座ったまま、起き上がることも横たわることもできず死を待つ、最も恐ろしい姿勢である。最後に私たちをもう一度立ち上がらせ、そして永遠に横たわらせる一撃をうかがいながら。座ったまま、そこから立ちなおることも、思い出ひとつ揺さぶることもできない。（E 64/13）

ドゥルーズは消尽を、疲労との対照において定義している。それによると、疲労はいまだ可能的なものを保持しているが、消尽においては可能的なものが尽きている。可能的なものが尽きている以上、このような死の待機は、文字どおりの絶望である。しかし、本書の議論にとって重要なのは、消尽ではなく、疲労の方である。消尽から区別され、いまだ可能的なものを保持している疲労は、「決して終わりや最後の言葉ではなく、終わりの直前である」（E 64/12）。途方もない疲労である老いも、それが消尽ではない以上、やはり終わりではなく、終わりの直前である。そこでは、たとえ尽き果てつつあるとしても、可能的なものが保持されているはずである。

老いにおいては、厳密には何が起こっているのか。『差異と反復』においても、縮約された現在は、原理上、局所的かつ有限なものであり、それだけでは永続しえず、不連続的瞬間へとほどけていく、つまり消尽すると述べられていた。その現在が消尽することなく保存されえたのは、それが純粋過去へと乗り越えられたから、つまり〈記憶〉のおかげであった。だとすれば、不可逆の途方もない疲労としての老いにおいて根本的に損なわれているのは、実のところ、現在ではなく過去、縮約ではなく〈記憶〉なのであり、むしろそれによって現在は、いままさに消え去るものだとしても、いやむしろ、いままさに消え去るものだからこそ、過去や〈記憶〉の協働なしに、純粋状態で現前することになるのである。老いは、このような〈記憶〉に統合されることのない純粋状態の現在を、いままさに消え去るものとして、そのかぎりにおいて、現前させるのである。

ドゥルーズは、カオスに抗して諸要素を合成＝創作することで可能的なものを現存させるものを「モニュメント」と呼んでいた。そしてモニュメントが、記憶によることなく作動することと、その「行為」を、ドゥルーズは次のように定義する。「モニュメントの行為、それは記憶ではなく仮構である」(QP 158/282)。仮構は、ベルクソンに由来する概念であり、ドゥルーズの後期の仕事において、芸術と政治をめぐる議論のなかで独自の意味合いを付与されながら強調されるものであるが、その明確な定義は『哲学とは何か』においてもなされていない[12]。それゆえ、これを定義するには論者による解釈が必要となる。勇気を持ってそれを試みよう。まず、ドゥルーズは、仮構がそれの行為であるところのモニュメントについて、次のように述べている。

> 感覚は、神経の表面で、あるいは脳の容積のなかで、刺激を与えるものの振動を縮約する。先行するものは、後続するものが現れるとき、まだ消えない。これが、感覚がカオスに応答する仕方である。感覚は、諸々の振動を縮約することによって、それ自身が振動する。感覚は、いくつもの振動を保存することによって、それ自身を保存する。それはモニュメントである。（QP 199/355 強調引用者）

注目すべきは、「感覚がカオスに応答する仕方」として述べられている、「先行するものは、後続するものが現れるとき、まだ消えない」という記述である。これは明らかに、『差異と反

(12)『ベルクソニズム』では、ベルクソンによる定義がそのまま説明されるにとどまっている（B 113-114/122-133）。後期における芸術と政治をめぐる議論については、ここでは以下の参照先を示すにとどめておく。IT 329/335; PP 235/349; CC 13-14/16-17; 147/241-242. また、これらの議論を概観するものとしては、Ronald Bogue, "Fabulation, Narration and People to Come," in *Deleuze and Philosophy*, Constantin V. Boundas (ed.), Edinburgh University Press, 2006 を参照されたい。

復』における時間の第一の総合を遂行するものとしての「想像」の定義である。想像は、非時間的位相である不連続的瞬間を縮約することで、直前の瞬間と直後の瞬間を含み持つ、局所的で有限な「現在」を構成するのであった。そして、その現在が、再び不連続的瞬間へとほどけていかないように、〈記憶〉による純粋過去の超越論的総合が要請された。しかし、いまや、縮約が遂行する保存は〈記憶〉によるものではない。

記憶というものは芸術にほとんど介在しない（プルーストにおいてさえ、そしてプルーストにおいてはとりわけ）。たしかに、あらゆる芸術作品はひとつのモニュメントである。しかし、モニュメントはここで、過去を記念するものではなく、現前する＝現在の諸感覚のブロックであり、現前する＝現在の諸感覚は、おのれ自身の保存をおのれ自身だけに負う。モニュメントの行為、それは記憶ではなく仮構である。（QP 158/281-282）

モニュメントの行為としての仮構は、このように、〈記憶〉によることのない、現在における現在の保存であり、もはや過去へと乗り越えられることのない、その限られた現在のなかで、しかしそれでもなお、「先行するものは、後続するものが現れるとき、まだ消えない」のである。モニュメントは、マテリアルが灰塵に帰すとともに消え去るものを、それにもかかわらず把持し、マテリアルが灰塵に帰すとともにもうやってこないものを、それにもかかわらず期待することができるのである。すなわち、モニュメントは、その事実上の条件を構成するマテリアルの摩耗と消滅を超えて、「出来事を受肉する執拗な諸感覚を、未来の耳に託す」（QP 167/298）のである。このような、事実上の生と死を権利上わずかに超えるもの、つまり「可能的なもの」を、過去も未来もない現在のなかで、しかし「その短い持続と共存する永遠のなかで」、現存させ、現前させる行為こそ、仮構にほかならない。

7　来るべき民衆

仮構は、ドゥルーズにおける想像の問題系に属するものであるが、しかし〈記憶〉によることのない、現在における現在の保存であるという点で、想像からは区別される。ドゥルーズはさらに、これとは別の理由で仮構が想像とは同一視されないと注意を促す際に、ベルクソン自身によるそれらの区別を参照している（QP 162 n. 8/384 n. 8）。老ベルクソンは、『道徳と宗教の二つの源泉』（一九三二年）において、当時の心理学において想像と呼ばれているもののうち、幻想的な表象を生じさせる行為を仮構として限定している。[13] 重要なのは、この行為が、個体的

（13）Henri Bergson, *Les deux sources de la morale et de la religion*, Frédéric Worms (ed.), PUF, 2013, p. 111.（アンリ・ベルクソン『道徳と宗教の二つの源泉』合田正人＋小野浩太郎訳、ちくま学芸文庫、二〇一五年、一四七頁）

および社会的な生を維持し発展させる必要から生じるものとされている点である。この観点から、仮構は、本能と知性という生命の二つの傾向性のうち、知性が、そのエゴイズムによって本能に由来する社会的紐帯を解体したり、死や有限性の自覚を喚起することで失望を招いたりすることに対して反発し、解体や死の不安を打ち消すような表象をつくり出すことで、それらを乗り越える宗教的な絆を構成する幻視能力として論じられるのである。(14) 仮構とは、個体や社会が直面する耐え難いものに対して、自然が用意した防御反応にほかならないのである。

それゆえ、ドゥルーズにおける仮構の概念は、さらに次のように定義しなおすことができる。つまり、仮構とは、老いにおいて不可逆的にほどけていく自己、そして世界を、〈記憶〉なしで縮約し、それらをいびつなかたちでつなぎとめるまがいものの表象をつくり出すことで、崩壊を越える自己および世界の絆を構成する幻視能力であり、「カオスに抗する闘い」である、と。ちょうど、思考や観念の解体のただなかで、忘却によってむしばまれたまがいものの表象によって、まがいものの絆を構成することで、当の解体に対抗する老人の「呆け」のように。そしてドゥルーズは、このように崩壊を超えて幻視される自己および世界の絆を、「来るべき民衆」と呼ぶのである。

この絆を構成する闘い、つまり来るべき民衆を召喚する闘いこそ、哲学には不可能な、芸術にのみ可能な闘いである。哲学による概念の創造は、感覚的なものによることのない思考に固有の力によって遂行されるカオスの把捉であるが、しかしそうである以上、逆説的にも、このようなまがいものの表象、まがいものの絆を生み出すことはできない。それは、マテリアルの可滅性とともにある感覚の存在に固有の力であり、その「絶対的特権」[15]を構成する。このようなまがいものの表象、まがいものの絆を生み出す幻視能力、その特権的な行為が、「モニュメントの行為としての仮構」なのである。

モニュメントは、過ぎ去った何かを記念したり、祝福したりするのではなく、出来事を受肉する執拗な諸感覚を、未来の耳に託す。絶えず刷新される人間たちの苦しみ、新たに再開される人間たちの抗議、絶えず繰り返される人間たちの闘いを、未来の耳に託すのである。苦しみが永遠のものであり、革命が勝利まで生き延びないという理由で、このことはすべて無駄になるだろうか。しかし、革命の成功は、革命それ自体のなかにだけ、まさに、革命が生起しつつあるときにその革命が人間たちに与えた振動、締めつけ、開放のなかにだけ宿る。そして、この振動、締めつけ、開放が、つねに生成しつつあるモニュメントをそれ自体において合成＝創作するのである。新たな旅人がひとりひとり一個の石を持ってくる石塚のように。革命の勝利は、革命が民衆のあいだに打ち立てる新たな絆に内在し、存立する。たとえ

(14) *Ibid.*, pp. 121-137.（同書、一六二－一八〇頁）
(15) 小泉義之「来るべき民衆——科学と芸術のポテンシャル」、『ドゥルーズ／ガタリの現在』小泉義之＋鈴木泉＋檜垣立哉編、平凡社、二〇〇八年、三九〇頁。

その絆が、革命の溶解物より持続することなく、即座に分断と裏切りに取って代わられるとしても。(QP 167/297-298)

世界に産み落とされた幼児は、受動的な第一の誕生を覆してみずから生きはじめるとき、寸断された身体の引き裂くような苦しみのなかで、それを否認‐排除することで、現実に尽きることのない理想的なものの権利を主張し、生へと乗り出していく。その理想的なものが器官なき身体であった。そして、老人もまた、生から退場していくとき、その言うまでもない崩壊、その耐え難い苦痛のなかで、それを否認‐排除する理想的なものを仮構する。モニュメントの行為としての仮構は、崩壊のただなかで、すべてが「溶解物」に帰すまでのその短い持続において、崩壊を乗り越える自己および世界の絆を、過去も未来もない現在のなかで幻視させ、それを「未来の耳に託す」のである。このことは、宗教的な彼岸における救済を請い願うものだろうか。おそらくそうではないだろう。器官なき身体と同じく、モニュメントの行為としての仮構もまた、私たちが、みずからの可滅的な身体に抗して/とともに、あらゆる秩序、暴力、破壊、意気阻喪、妥協、そしてあらゆる絶望に抗して/とともに、別の人生ではなく、ほかならぬこ、の、人生を生きて、死んでいくための、「少しばかりのコツ」だからである。

結論

本書で私たちは、ドゥルーズの哲学を「カオスに抗する闘い」の観点から読み解いた。結局のところ、この敗北をよぎなくされた闘いに、ドゥルーズはいかなる答えを提出したのだろうか。本書の議論を簡潔に振り返り、結論を出すことにしよう。

序論

本書にとってまず重要だったのは、ドゥルーズにおける「カオス」の概念の理解である。一方で、ドゥルーズは、『差異と反復』で、表象＝再現前化の秩序のはるか下、あるいはそのただなかで作動している、同一性に媒介されることのない、非人称的で前個体的な特異性からなる差異の領野、世界や経験の潜在的で理念的な構造を、繰り返しカオスという語で形容している。このカオスは、その結果＝効果として多様な現象を発生させる「システム」のことであり、未分化な深淵と同化することのないそれ自身の一貫性を有しており、それゆえ「カオスモス」

とも呼ばれる。

しかし、他方で、ドゥルーズは、そのようなカオスと形容されるシステムそれ自体を破綻させるような、さらなるカオスを、晩年に近づくにつれて前景化するようになる。それが、『哲学とは何か』で主題化されるカオスの概念である。このカオスは、それとの闘いを必要とし、その闘いをとおして「少しばかりの秩序」が獲得されなければならないものである。『差異と反復』においてカオスと形容されるシステム、つまりカオスモスは、実のところ、そのようにして獲得される秩序のことである。

この対照が意味するのは、しばしばドゥルーズ哲学の中心とされる潜在的で理念的なシステムとしての前者のカオスは、後者のカオスとの闘いをとおして獲得され、それに対して守られていなければならないということ、しかし前者のカオスはつねに、後者のカオスへの落下と崩壊の危険にさらされているということである。実際、ドゥルーズの哲学は、そのような「カオスに抗する闘い」に貫かれている。本書をとおして、私たちはこの実相に迫ることを試みた。

第I部

第一章から第三章では、ドゥルーズの一九六〇年代後半の主著である『差異と反復』と『意味の論理学』を中心に扱い、ドゥルーズがカオスという語で形容する潜在的で理念的なシステムと、その破綻可能性とを、存在論的および形而上学な観点から論じた。

第一章では、『差異と反復』を読解し、ドゥルーズがカオスと形容するシステムについて基本的な注解を行った。ドゥルーズは、この潜在的で理念的なシステムを、「差異」を内容とし、「反復」を形式とするものとして論じている。この差異は、プラトニズムの転倒をとおして「シミュラクル」として定式化され、反復は、存在の一義性をめぐる考察をとおして「永劫回帰」として定式化される。そして、このような、シミュラクルとしての差異を内容とし、永劫回帰としての反復を形式とするシステムこそ、ドゥルーズが『差異と反復』において「カオス」と呼ぶものなのである。

第二章では、このようなカオスと形容されるシステムの成り立ちと、その作動の仕方を明らかにするために、『差異と反復』の時間の三つの総合をめぐる議論を批判的に読解した。ドゥルーズは、時間の三つの総合を、不連続的瞬間としての非時間的位相からの、1．局所的で有限な生ける現在の総合（＝土台）、2．大域的で非有限な純粋過去の総合（＝根拠）、3．そこに裂け目を入れ、新しいものを到来させる未来の総合（＝脱根拠化）、として論じているが、これらはそれぞれ、システムの三つの構成的契機である、バラバラな諸要素からの、1．局所的なセリーの組織化（＝土台）、2．それら諸セリーの保存、共存、共鳴（＝根拠）、3．それら諸セリーには還元不可能な新たな現象の発生（＝脱根拠化）、を説明するものである。

本書が注目したのは、いずれの総合でもなく、総合以前の、不連続的瞬間としての非時間的位相である。これは、体系上、そして内容面でも、『哲学とは何か』で前景化されるカオスに相当するものであり、この不連続的瞬間をバラバラな諸要素とし、そこからの三つの総合をとおして、カオスモスが、つまり『差異と反復』のカオスと形容されるシステムが構成される。それゆえ、時間の三つの総合は「カオスに抗する闘い」に相当するものだと言えるのである。しかし、不連続的瞬間としての非時間的位相は、『差異と反復』ではそれ自体としては主題的に論じられておらず、システムに対する破綻的契機は、「疲労」や「消尽」といった概念によってかすかに触れられるにとどまっているのである。

第三章では、このような批判的な観点を持ちつつ、『意味の論理学』を読解した。そこでは、『差異と反復』のシステムに相当する「表面」と呼ばれる位相に対して、「もはやセリーがまったくない」とされる「深層」という位相が明示的に主題化されるとともに、そのような深層からの表面の構成を問題とする「動的発生」論が展開されることで、『差異と反復』に比して「カオスに抗する闘い」がより前面に押し出されている。この深層は、アルトーのそれをモデルとする分裂病的な身体の領域であり、その第一のアスペクトが、受動的にバラバラに引き裂かれる「寸断された身体」として、第二のアスペクトがそのような寸断された部分にまとまりを与える「器官なき身体」として論じられる。

このうち、いかなるまとまりもなさずに、受動的に引き裂かれ続ける寸断された身体の生は、『差異と反復』の不連続的瞬間、そして『哲学とは何か』のカオスに相当する。したがって、このような深層の最奥部から出発してシステムとしての表面を構成する動的発生は、時間の三つの総合と同じく「カオスに抗する闘い」だと言える。そして、表面に至るはるか手前、深層のただなかで、寸断された身体のバラバラな諸部分を原初的にまとめ上げる器官なき身体、とりわけ前者の受動性に対するその「能動＝行為」は、「カオスに抗する闘い」の根本的契機を構成しているのである。このように、ドゥルーズ哲学のおそらく最も知られた、しかしその哲学の個々の文脈なかに一義的に位置づけ、定義することが困難な、器官なき身体の概念は、「カオスに抗する闘い」の観点から、その根本的契機を構成するものとして理解することができるのである。

第Ⅱ部

第四章から第六章では、このように「カオスに抗する闘い」の根本的契機を構成するものとして理解された器官なき身体の概念の、ドゥルーズにおけるひとつの発生史を、ドゥルーズと精神分析の理論的関係に注目しつつ、一九四〇年代の最初期論文から『意味の論理学』の動的発生論まで跡づけた。この発生史を貫くのは、「単為発生」と「第二の起源」をめぐる問題系である。

第四章では、まず、死後刊行された論集『無人島』の巻頭論文であり、ドゥルーズ哲学の「公式の」はじまりを画すとされる「無人島の原因と理由」を読解し、無人島を志向する文学的想像力の意味について明らかにした。無人島とは、私たちが「一組の男女」によって、つまり私ではない他者によって与えられた第一の起源に発する生から離脱し、自分で自分の生を真にはじめるための、つまり「単為発生」するための、「第二の起源」なのである。次に、この問題系を辿るために、『書簡とその他のテクスト』に収録された、ドゥルーズ哲学の「非公式の」はじまりである一九四〇年代の最初期論文を読解し、そこで展開される他者論の基本的な整理を行った。そして、これら無人島論と他者論が合流する「ミシェル・トゥルニエと他者なき世界」を集中的に読解し、無人島という他者なき世界の哲学的意味について論じた。

他者とは、最初期論文の他者論での定式化から一貫して「可能世界の表現」であり、私の経験に先立ってその可能性を組織化するア・プリオリな構造である。無人島では、そのような「構造－他者」が消失することで、他者によって構造化されていた空間、時間、欲望に関する経験の変容が生じる。ドゥルーズは、他者の消失をラカンの精神分析の用語で「排除」と呼び、それによる経験の変容の過程を、「神経症をたしかに経由して精神病をかすめる冒険」として、そしてその冒険の結果、「倒錯」へと到達し、そこで可能性なき必然を肯定する「自由な人間」へと生まれなおすこととして論じるのである。

第五章では、このようにして提出された倒錯のより具体的な論理を明らかにするために、「ミシェル・トゥルニエと他者なき世界」と同年に刊行され、ドゥルーズの倒錯論が最も集中的に展開されている『ザッヘル＝マゾッホ紹介』を読解した。ドゥルーズは、フロイトの精神分析理論を批判的に援用しながら、サディズムとマゾヒズムという倒錯の二つの形態の、それぞれに固有の論理、とりわけそれらの特異な否定性を、批評的‐臨床的に区別する。それによると、サディズムは、既存の法則や秩序のなかで与えられる二次的自然を、それら法則や秩序ごと超克し、その彼方にある一次的自然に到達しようとする「純粋否定」によって特徴づけられる。これに対して、マゾヒズムは、「否認」という否定性によって特徴づけられるのだが、これは、既存の法則や秩序を超克するのではなく、「幻想」を形成することでそれらを宙吊りにし、そのなかにとどまることで、現実として与えられるものに対して、「理想的なもの」の権利を主張するものである。そして、マゾヒズムの否認は、「排除」という否定性とともに働くことで、既存の法則や秩序だけでなく、それらを内側から超克しようとして際限のない暴力の運動となってしまうサディズムの純粋否定をも放棄するものである。このように、現実とその超克の企図の両方に対して、その徹底的な手前へととどまろうとする否定性である否認‐排除が、マゾヒズムに固有の倒錯の論理なのである。そしてドゥルーズは、この否認‐排除によって遂行されるものを、「単為発生による第二の誕生」と特定する。これは明らかに、無人島論と他者論に通底する「単為発生」と「第二の起源」の問題系の延長線上に位置づけられるものである。

第六章では『意味の論理学』の動的発生論を読解し、単為発生による第二の誕生を遂行するものとして、器官なき身体の導出の論理を明らかにすることを試みた。その際、鍵となったのが、メラニー・クラインの精神分析理論である。ドゥルーズは、深層の第一のアスペクトである寸断された身体の受動的に引き裂かれる生を、クラインが記述する幼児の「妄想分裂態勢」の生と重ね合わせながら、いかにして幼児が、寸断された身体から出発して、やがて表面の位相を獲得するのかを論じる。しかし、ドゥルーズは、クラインの態勢の理論の原理的な困難に焦点を当て、それを起点として、独自の器官なき身体の概念を提出するのである。

クラインによれば、妄想分裂態勢は、出生に由来する現実の迫害性、つまり「悪い対象」との対象関係の迫害性と、その迫害的な対象関係を超克して理想的な状態をつくり出そうとする、サディズム的な破壊の企図によって特徴づけられるが、これらは、互いに互いを増幅するという悪循環を形成し、幼児の生は出口なしの袋小路となる。クラインが、この袋小路を突破するのに寄与する「良い対象」を理論的に密輸入するのに対して、ドゥルーズは、その密輸入を批判した上で、むしろ、出生に由来する対象関係を、超克するのではなく、その一切を放棄すること、つまり「生まれなかったことにする」という否定性によってのみ、出生に先立つ理想的なものが創出され、袋小路が突破されうると考える。生まれなかったことにするという否定性によって獲得される理想的なものこそ、出生の迫害性を表象する寸断された身体に対する、器官なき身体の完備さをもたらすのである。

器官なき身体を導出する否定性、その論理は、まさに、現実とそれに対する際限のないサディズム的な超克の企図の両方を放棄する、マゾヒズム的な「否認 - 排除」のそれと同じものであり、それゆえ、器官なき身体の概念は、「単為発生」と「第二の起源」の問題系の延長線上に、まさに「単為発生による第二の誕生」を遂行するものとして理解することができるのである。そして、深層における器官なき身体の導出は、カオスに抗する闘いの根本的契機を構成するものであり、器官なき身体は、その尽きることのない理想性によって、受動的に引き裂かれ続ける寸断された身体にまとまりを与えるとともに、幾度と訪れる深層への落下の危機に抗して、幼児が表面へと浮上することを可能にするのである。

第Ⅲ部

第七章から第九章では、以上でその導出の論理を明らかにした器官なき身体の概念が、一九七〇年代以降、晩年に至るまで、主に感覚と芸術の哲学のなかでどのように展開されていくのかについて、ドゥルーズと「現象学者たち」の理論的関係に焦点を当てながら論じた。ドゥルーズは、『感覚の論理学』で、フランシス・ベーコンの絵画の〈形象〉を器官なき身体と呼んで論じているが、この〈形象〉の概念は、老いの書物とされる『哲学とは何か』において、「感覚の存在」および「モニュメント」という概念へと練り上げられ、明示的に「カオスに抗する闘い」を構成するものとして論じられるのである。

第七章では、まず、『アンチ・オイディプス』以降のドゥルーズにおける「シニフィアン」から〈形象〉への移行の道筋を辿った。〈形象〉の概念は、リオタールの「形象的なもの」の概念に由来するものであるが、ドゥルーズはこれを、当時興隆していた構造主義におけるシニフィアンの概念に対する全面的な批判を構成するものとして高く評価している。その際、本書が注目したのが、「マルコフ連鎖」の概念である。マルコフ連鎖は、シニフィアンではなく、「非意味的記号」、「非意味的要素」からなる、様々な事象の形態化の過程を理論化するものとして、ドゥルーズがリュイエから援用し、独自に展開するものである。ドゥルーズは、そのような非意味的記号、非意味的要素からなるマルコフ連鎖を、決定論的秩序からもまったき偶然からも区別される、「部分的に依存的な」、「半 - 偶然的な」連鎖として、〈形象〉の生産の論理として定式化するのである。

『感覚の論理学』のベーコン論では、具象性の排除によってキャンバス上に出現する非意味的記号、非意味的要素としての「ダイアグラム」が、「本当の「台無し」」を帰結するその全面化を回避して、「操作的」にとどめ置かれることで、非有機的ないびつな現前としての〈形象〉が描かれるとされる。〈形象〉は、器官なき身体と呼ばれるが、それはまさに、まったき偶然による描線の繁茂であるダイアグラムの全面化に抗する闘いなのである。ドゥルーズはまた、〈形象〉の非有機的ないびつな現前、その張り詰めた緊張を、マルディネの現象学を援用しながら「リズム」という概念によって定式化しており、このマルディネの援用は、晩年の感覚の存在およびモニュメントの概念の定式化へと連なるものである。

第八章では、『哲学とは何か』において芸術作品を定義するものとして論じられる、感覚の存在およびモニュメントの概念を、メルロ゠ポンティの「肉」の概念との対決に注目しながら、両者の実際の蝶番をなすシュトラウスの感覚の現象学を参照しつつ論じた。芸術作品とは、主体と対象の志向的相関を持たない「被知覚態」と「変様態」からなる感覚の即自的な存在であり、それゆえ、ドゥルーズ自身がそう言うように、メルロ＝ポンティの肉の概念にきわめて近いものである。しかし、ドゥルーズは、メルロ＝ポンティの肉の概念が、身体の肉と世界の肉の「イデア的な合致」、つまり「受肉の秘儀」という超越の導入に訴えており、肉は、それなしでは芸術作品としての、つまり感覚の存在としての堅固さを持たず、持ちこたえることなくカオスへと崩壊してしまうと主張する。ドゥルーズは、そのような超越なしに、感覚の存在が自分で自分を打ち立て、カオスに抗して持ちこたえる、その絶対的行為を、「モニュメントの行為」と呼び、芸術によるカオスに抗する闘いが、いかにしてカオスへの落下を乗り越えるのか、あるいは乗り越えないのかを問うのである。

第九章では、『哲学とは何か』における、哲学、科学、芸術の三つの営みによるカオスに抗する闘いを概観した上で、モニュメントの行為を定義する「仮構」の概念について考察しながら、とりわけ哲学によるカオスに抗する闘いとの対比において、芸術だけが果たすことができるカオスとの特異な闘いの意義について論じた。カオスとは、そこにおいて諸要素が現れると同時に消え、いかなる形態も生み出すことのない、「誕生と消滅の無限速度」であり、共立性を欠いた潜在的なものである。哲学は、無限速度で現れると同時に消える諸要素の全体を、無限なものにかないうる思考に固有の力で、一挙に把捉する。このように、共立性を欠いた潜在的なものに共立性を与え、それを実在的なものとして把捉することが、「概念の創造」であり、哲学によるカオスに抗する闘いである。

これに対して、芸術は、無限速度で現れると同時に消える諸要素を合成することで、それらを一時的に受肉し、具現化する。このようにして合成＝創作されるものが、感覚の存在、すなわちモニュメントであり、これが芸術作品を定義する。しかし、感覚の存在は、モニュメントとしての自己定立の論理によって、権利上はその支持材であるマテリアルには還元されない持続性、固有の堅固さを持つが、事実上はマテリアルの可滅性に依存し、マテリアルの摩耗と消滅とともに無に帰す運命にある。それゆえ、芸術によるカオスに抗する闘いは、物質的なものにまったく依存しない哲学の概念の創造による闘いに比して、限界づけられたものとならざるをえないのである。

しかし、感覚の存在は、それが可滅的な物質に依存するという点で、同じく可滅的な身体的な存在者である私たちが、その不可逆的な崩壊、カオスへの落下である「老い」のなかで、いかにして、事実上の死を超えるものを持つことができるのかということを説明するのである。感覚の存在は、その可滅性と有限性ゆえに、哲学の概念のような共立性を欠いており、それゆえ潜在的なものの実在性にではなく、まがいものの表象である「可能的なものの現存」に関わる「幻視」を引き起こす。ドゥルーズはこの幻視能力を、モニュメントの行為としての「仮構」と呼び、私たちが老いという不可逆的な崩壊に直面したときに、崩壊のただなかで、崩壊を越えて存続する人間および世界の絆――それもまがいものの絆でしかありえない――を構成するものとして提示する。これは、可滅性と有限性とともにある感覚の存在にだけ可能なカオスとの特異な闘いであり、老いとともにある私たちの終わりある生を、その絶望に抗して生き抜くための、「少しばかりのコツ」なのである。

結論

以上、本書の議論を振り返った。それでは、結局のところ、「カオスに抗する闘い」とは何なのか。そしてドゥルーズは、その勝ち目のない闘いに、いかなる絶望と望みを見たのか。

カオスに抗する闘いとは、経験を構成しうる諸要素が、現れると同時に消えていき、いかなる形態もなすことがない、そんな空虚から、様々な程度の一貫性――局所的なもの、大域的なもの、開かれたもの――を構築し、それらをシステムと呼ばれるものへと総合すること、そして、そのような構築や総合が破綻し、空虚へと落下する危機には、それに反発し、最小限の一貫性を保持することである。これは、私たちが生まれ、生き、老い、死んでいく、人生を貫いて遂行されるものであり、人生をそのような空虚に、つまり、いまだ／もはやいかなる差異も反復もない粗野な現実に還元させないものである。

幼児は、出生に由来する耐え難い現実に対して、出生を拒絶するような否認‐排除を遂行することで、そのような現実に尽きないものをつくり出し、それによって当の現実を生きていく。

これが器官なき身体の栄光であった。そして、老人は、不可避の、不可逆の崩壊という、死へと向かう耐え難い現実に対して、もはや老人の呆けでしかないような仮構を遂行することによって、そのような現実に尽きないものをつくり出し、それによって崩壊を生き抜く。仮構という幻視能力による現実に対する否定性は、私たちが、あらゆる絶望とともに、しかしそれに抗って生きていくことを可能にするものである。これがモニュメントの行為としての仮構であった。

カオスに抗する闘いは、様々な程度の一貫性を重層的に構築していくものであるが、器官なき身体とモニュメントは、それぞれ、私たちがカオスから出来するときの、そしてカオスへと落下するときの、カオスとの最も接近した闘いであり、その根本的契機を構成していると言える。これらはいずれも、経験の根源的な境域である自己および世界の感覚的水準における総合であり、それぞれ、「私たちがそれであるところの原初的な感受性」と、こう言ってよければ、「私たちがそれであるところの最後の感受性」を構成するものである。私たちはこれを足がかりに生へと乗り出し、これから足が外れることで生から退場していく。

このように構成される――縮約される、合成される――感覚の存在は、事実上は、私たちの可滅的な身体の物質性に依存し、それとともに消滅せざるをえないものだが、しかし権利上は、そのような物質性には還元されないもの、それ以上のものである。この差分にこそ、人生を言うまでもない崩壊とみなした哲学者の、言うまでもない絶望と、それにもかかわらぬ望みがある。感覚の存在は、すべてが崩壊するそのとき、過去も未来もなくなったその限られた現在のなかで、しかし「その短い持続と共存する永遠のなかで」、崩壊を超えるものを、私たちに与えるのである。それは、絶望と矛盾する、絶望を打ち消すような望みではなく、言うまでもない絶望とともにあり、同時にそれに抗する、そんな望みである。

いままさに消え去る現在のなかに、消尽しないものを。現実の生を生き抜くために、それを超える可能的なものを。耐え難いものに直面しながら、しかしほかならぬこの人生を、生まれ、生き、老い、死んでいくために、私たちは敗北をよぎなくされたカオスに抗する闘いに挑むのであり、その闘いは、誕生にも、死にも、尽きることはないのである。

あとがき

本書は、博士論文「ジル・ドゥルーズの哲学における意味と感覚の理論についての人間学的研究」（大阪大学、二〇一五年）を改稿し、一冊の書物にしたものである。初出のあるものは次のとおりである。いずれも初出時から加筆、修正が施されている。

第四章　「ドゥルーズ哲学における「他者」の問題」、『フランス哲学・思想研究』第一六号、日仏哲学会、二〇一一年

第五章　「ドゥルーズにおける「倒錯」の問題――一九六〇年代におけるその展開と帰結」、『年報人間科学』第三三号、大阪大学大学院人間科学研究科、二〇一二年

第六章　「出生外傷から器官なき身体へ――ドゥルーズ『意味の論理学』におけるメラニー・クライン受容の意義と限界」、『フランス哲学・思想研究』第一八号、日仏哲学会、二〇一三年

第八章　「担われなければならない肉――故メルロ゠ポンティへの老ドゥルーズの最後の一

瞥をめぐって」、『メルロ＝ポンティ研究』第一八号、日本メルロ＝ポンティ・サークル、二〇一五年

博士論文を書きはじめたのは、大阪から滋賀の実家に逃げ帰った日だった。湖と山のあいだの猫の額のような土地にある小さな町は、厳冬の真っ只中だったことを憶えている。三〇余年前に京都、大阪への通勤のために開発されたベッドタウンは、当時働き盛りだった親世代が引退し、成人した子どもたちはみな家を出て、打ち捨てられた遺物の様相を呈していた。私が通っていた頃は一学年五、六学級あった小学校は、一学級すら人数を充足しなくなったという。所属していた少年野球チームも消滅していた。高齢の親は癌を患い、メスを入れた。再開のない終わりを意識するようになった。こういったことが博士論文の内容に影響を与えたということはない。しかし、そういう雰囲気のなかで書きはじめられ、書き終えられたことは事実である。

指導教員の檜垣立哉先生、副指導教員の村上靖彦先生、日本学術振興会特別研究員の受け入れ研究者として、どこの馬の骨かも分からない私を拾ってくださった合田正人先生、三人とともに博士論文の審査をしてくださり、この春退職された中山康雄先生、そして十四年前、ドゥルーズとの出会いを与えてくださった丹生谷貴志先生に、この場を借りて感謝を申し上げたい。研究室内外の先輩、同僚、後輩たちにも。とりわけ、平田公威は、私の博士論文を読んで批判的なコメントをくれるようお願いしたところ、容赦のない批判を浴びせてくれた。博士論文提

出当初からやたらと褒めてくれた福尾匠には、怪しいと思いつつも、ひそかに勇気をもらった。そして、野島那津子。あなたがいなければ、私はどこかでくたばっていただろう。ありがとう。いずれのひとたちの恩にも、友情にも、愛にも、本書によって報いたい。

本書を出版することができたのは、ひとえに人文書院の松岡隆浩さんのおかげである。哲学書をめぐる厳しい出版状況のなか、私は出版を諦めかけていた。「松岡さんの編集で出したい」と、とんでもないメールを送った気がする。松岡さんが尽力してくださらなかったら、本書が日の目を見ることはなかったはずである。これは方便ではなく、文字どおりの意味においてである。本書の出版によって、松岡さんにも報いたい。

「精神とは複数の眼を持つ獣である」（ドゥルーズ「恥辱と栄光」）。本書はみずからがそのような獣であることを望んでいる。著者の複数の眼と、読者の複数の眼によってみずからを構成する、そしてそれぞれに新しい眼を形成する、そんな獣である。

いい感じの決め台詞も言えたので、このあたりで筆を止めることにしたい。

両親に捧げる。

二〇一八年四月　大阪にて

著者

人 名 索 引

著者略歴

小倉拓也（おぐら　たくや）

1985 年大阪府生まれ。神戸市外国語大学卒業、大阪大学大学院人間科学研究科博士後期課程修了。博士（人間科学）。現在、大阪大学未来戦略機構特任助教。共著書に『発達障害の時代とラカン派精神分析』（晃洋書房）、共訳書にローズ『生そのものの政治学』（法政大学出版局）、サール『意識の神秘』（新曜社）、フィンク『後期ラカン入門』（人文書院）、フィンク『「エクリ」を読む』（人文書院）など。

カオスに抗する闘い
ドゥルーズ・精神分析・現象学

二〇一八年七月二〇日　初版第一刷印刷
二〇一八年七月三〇日　初版第一刷発行

著　者　小倉拓也
発行者　渡辺博史
発行所　人文書院
〒六一二-八四四七
京都市伏見区竹田西内畑町九
電話〇七五・六〇三・一三四四
振替〇一〇〇〇-八-一一〇三

装　幀　間村俊一
印刷所　モリモト印刷株式会社

落丁・乱丁本は小社送料負担にてお取り替えいたします

ISBN978-4-409-03100-1 C3010